상처받지 않는 영혼

The Untethered Soul

Copyright © 2007 by Michael A. Singer
All rights reserved.

Korean translation Copyrights © 2014 by Writing House.
This Korean edition was published by Writing House in 2014 by arrangement
with New Harbinger Publications, Inc.
through KCC(Korea Copyright Center Inc.), Seoul.

이 책의 한국어판 저작권은 (주)한국저작권센터(KCC)를 통한
저작권자와의 독점 계약으로 (주)라이팅하우스에 있습니다.
저작권법에 의해 한국 내에서 보호를 받는 저작물이므로 무단 전재와 복제를 금합니다.

# 상처받지 않는 영혼

내면의 자유를 위한 놓아 보내기 연습

The Untethered Soul

마이클 A. 싱어 지음 | 이균형 옮김 | 성해영 감수

라이팅하우스

추 천 의 글

마이클 싱어는 우아하고도 단순한 방법으로 독자를 한 걸음 한 걸음씩 지혜의 근원으로 데려간다. 이 책을 주의 깊게 읽으면 당신은 영원을 맛볼 것이다.

― 디팩 초프라 (초프라 행복센터 대표, 영성철학자)

동양은 동양이고 서양은 서양이다. 하지만 마이클 싱어는 영적 탐구로부터 일상의 고난에 이르기까지 성공을 이루는 방법에 관한 이 뛰어난 책을 통해 이 위대한 두 전통 사이에 다리를 놓아 준다. 프로이트는 삶은 사랑과 일로 이루어진다고 말했다. 싱어의 지혜가 번뜩이는 이 책은 훌륭한 웅변과 재치 그리고 강력한 논리로써 이 말을 완결시켜 준다. 일과 사랑은 사심 없는 헌신의 양극임을 보여줌으로써 말이다.

― 레이 쿠르츠바일 (발명가, 저술가)

마이클 싱어는 나의 마음을 완전히 새로운 사고의 차원으로 열어 주었다. 이 책을 통해 나는 새롭고 흥미로운 방식으로 심리학적이고도 지적인 도전을 받았다. 많은 시간 동안의 내적 성찰을 요구할지도 모르겠지만 이 책은 자신과 진리에 대한 깊은 이해를 추구하는 모든 이들이 반드시 읽어야 할 책이다.

― 루이스 시아바치 (메릴린치 부사장)

세상의 가장 위대한 스승들은 중도中道를 가르친다. 그러나 이들이 표현하는 영적 언어들은 비밀스럽고 일상적이지 않다. 양극단을 피하고 중간의 길을 가는 것이 중도일까? 양 끝의 한가운데가 중도일까? 중도란 '영원히 있다'는 편견과 '완전히 없다'는 편견을 모두 벗어나 무수한 원인과 조건들의 관계 속에서 균형과 조화의 중심이 순간순간 지금 여기에서 드러남을 말한다. 다양한 영적 전통을 경험한 마이클 싱어는 이 심오하고 알쏭달쏭한 중도의 가르침을 실제 삶의 예화 속에서 쉽고 명쾌한 언어로 풀어낸다. 중도의 비밀을 확실히 알고 싶은가? 『상처받지 않는 영혼』의 일독을 권한다.

- 미산 스님 (상도선원 원장, 옥스퍼드대 철학박사)

『상처받지 않는 영혼』은 명쾌하고 실질적인 방법으로 인간 삶의 진정한 목표인 깨달음을 성취하는 길을 보여 준다.

- 비크람 초두리 (비크람 요가 창시자, 인도 요가대학 설립자)

마이클 싱어의 『상처받지 않는 영혼The Untethered Soul』은 대단히 흥미로운 책이다. 이미 적지 않은 수의 명상 서적이 시중에 나와 있지만, 이 책은 여러 모로 주목할 만하다. 영어 원제가 간명하게 보여 주듯 우리의 영혼을 속박이나 굴레tether, 즉 자신을 규정하는 한계로부터 자유롭게 하는 방법에 대한 논의가 이 책의 요지이다. 그리 길지 않은 분량임에도 불구하고 명상의 현대적 의미와 중요성을 참으로 친절하게 되짚어 주는 이 책이 독자들에게 소개되어 무척 기쁘다. 일견 평범해 보이는 일상적 삶의 이면에 경이로운 신비가 숨겨져 있다는 가슴 뛰는 진실을 이 책을 통해 확인할 수 있기를 기원한다.

- 성해영 (서울대학교 종교학과 교수)

『상처받지 않는 영혼』은 '지금 여기'에 살지 못하고 고통 받는 사람들에게 내면의 중심 속에 머물며 매 순간을 온전히 사는 생생한 삶의 길을 친절하게 안내한다. 삶의 고난 속에서 가슴을 닫고 사는 우리들에게 마음의 벽을 넘어서, 삶의 흐름에 저항하지 않고 기꺼이 '예'라고 말할 수 있는 실천의 가능성을 보여 준다. 이 책의 안내가 궁극적으로 깨어 있는 마음챙김mindfulness 수련의 실천으로 이어질 수 있다면 더할 나위 없이 큰 선물이 될 것이다.

— 안희영 (서울불교대학원학교 심신통합치유학과 교수, 한국심신치유학회회장)

정직하게 말해서, 비길 데 없이 훌륭한 책이다. 마이클 싱어는 단순하고도 심오한 역설적 방법으로 독자를 깊은 영적 여행으로 데려간다. 그것은 에고에 얽매인 의식으로부터 출발해서 근시안적이고 억눌린 자아상을 넘어 내적 자유와 해탈의 경지에서 끝을 맺는다. 마이클 싱어의 책은 구도의 결실을 맺지 못한 채 깊고 충만한 삶을 갈구하는 모든 이에게 더없이 귀한 선물이다. — 요기 암릿 데자이

이 책은 영적 의식의 길을 명쾌하고 강력하게 다뤄 놓은 명석한 담론이다. 마이클 싱어는 영적 여정을 가고 있는 이들에게 확고한 디딤돌을 제공해 준다.

— 압둘 아지즈 사이드 (아메리칸 대학교 평화학 교수)

『상처받지 않는 영혼』은 내가 여행 갈 때 반드시 챙겨 가는 다섯 가지 물건 중 하나이자 가장 사랑하는 책이다. 내가 이 책에서 가장 좋아하는 부분은 '마음속 가시 빼내기'이다. 여러분에게도 영적 여행을 시작할 수 있는 소박한 시작점이 될 것이다.

— 오프라 윈프리 (방송인, 작가)

당신의 신성한 자아를 비쳐 보여 줄 거울이 이 속에 있다. 이 책 속에서 당신은 깊은 영성을 맛볼 것이다. 교의와 의식으로 덧칠되지 않은 알짜 영성을 찾고 있다면 이 책을 읽어야 한다.

— 랍비 잘만 샤흐터 샬로미

마이클 싱어는 꾸밈없고 명쾌한 문장으로 위대한 영적 가르침들의 핵심을 전한다. 이 책의 각 장들은 속박된 인간의 상황에 대한 깊은 성찰로서, 그 낱낱의 매듭을 우아하게 풀어내어 영혼을 자유롭게 해줄 방법을 알려 준다. 그 단순함과 정확성이 이 책의 놀라운 경지를 말해 준다.

— 제임스 오데어 (이지과학연구소장)

『상처받지 않는 영혼』은 의식의 본성과 그것을 실제로 의식적으로 사용하는 법에 대해 내가 읽은 책 중에 실로 가장 뛰어난 담론이다. 이것은 우리의 진면목, 드러나고 있는 인간성 속에서 우리가 대면하는 그것에 대한 가장 명쾌한 설명이다.

— 진 휴스턴 (철학자, 심리학자, 『신화적 삶과 가능성에 대한 열망』 저자)

**옮긴이의 글**

이 책은 아주 드문 종류의 책입니다. 얼굴은커녕, 짤막한 저자 소개 외에는 자신의 홈페이지에서조차 신상을 알리지 않고 있던 어떤 스승의 책 한 권이 조용히 서점의 한 귀퉁이에 놓여 있다가, 아마존 독자들의 호평이 여러 해에 걸쳐서 하나둘씩, 그러나 꾸준히 쌓여 가면서 소문이 퍼져 드디어 어떤 임계점에 다다랐는지, 급기야는 오프라 윈프리가 자신의 쇼에서 이 책과 저자를 소개하면서 일약 베스트셀러가 된 후로 지금까지도 독자들의 식을 줄 모르는 사랑을 받고 있으니 말입니다.

아직도 저자는 세상에 나서기를 저어하지만, 이 책이 저자를 충분히 이야기해 줍니다. 저자는 마음의 일상적 지껄임에 대한 관찰로부터 시작해서 깊은 영적 경지로 이어지는 내면의 여행을 누구나 당장 출발할 수 있도록 쉽고도 부드럽게 안내해 주는 보기 드문 스승입니다.

이 책을 읽고 나면 문외한이라도 명상이니 수행이니 영성이니 하는 것의 진정한 의미를 철학적이지도, 신비적이지도 않은 일상적 언어를 통해 이해하게 되고, 무엇보다도 그것을 실천할 수 있는 지극히 단순한 방법을 확실히 알게 될 것입니다. 그 다음은 독자의 몫입니다. 하지만 독자의 몫으로 남겨진 그것도 시간을 따로 내어서 복잡하고 힘들게 해야 하는 '수행'이 아니라 즉각적인 보상을 가져다주는, 일상 속의 흥미로운 게임이 될 것입니다.

저자는 이렇게 말합니다. 삶 속의 온갖 자잘한 일들을 대면하여 늘 중심에 머물게 하는 이 마음의 기술을 연마하는 게임에 맛을 들이다 보면, "어느 날 문득 당신은 자신이 정말 중대한 문제 앞에서도 중심을 지킬 수 있게 된 것을 발견할 것이다. 과거 같았으면 당신을 파멸로 몰아갔을 종류의 사건도 당신을 완벽하게 평화로운 중심에 남겨둔 채 왔다가 그냥 지나가게 할 수 있다."

 삶의 한가운데서부터 출발해서 초월적인 영성의 세계로 이어지는 여행을 안내하고 있지만, 사실 이 책은 명상이란 단어조차 몇 번 언급하지 않습니다. 다만 우리의 마음속에서 지금도 벌어지고 있는 우스꽝스러운 현상들을 보여주면서 거기서 어떤 오해와 착각과 잘못이 일어나고 있는지를 분명히 일러 주고, 그것을 현장에서 바로잡을 수 있도록 도와줍니다.
 여기에 이 책의 매력이 있습니다. 한마디로 이 책은 수행자들의 전유물처럼 보이던 '명상'을 나날의 생활과 직결된, '제대로 사는 삶'의 방식, 곧 삶의 도道로서 소개해 줍니다. 그러니 삶 자체를 깊은 수행의 도장으로 바꿔 놓는 이것이야말로 현대의 생활인들에게 가장 알맞은 형태의 마음공부라고 생각됩니다. 당신에게 무엇으로 다가오든 간에, 이 책에 담겨 있는 그것을 당신의 두레박으로 양껏 길어 올리시기를.

옮긴이 이균형

### 한국어판 서문

『상처받지 않는 영혼』은 미국과 서구 국가들 그리고 그 밖의 많은 나라에서 엄청난 성공을 누렸습니다. 이 같은 세계적인 호응의 원인은, 이 책이 우리가 사는 외부세계에 관한 것이 아니라 내면세계에 관한 것이기 때문입니다. 국적과 언어를 막론하고 우리는 모두가 자기만의 내면세계에서 살고 있고, 시시각각 변해 가는 주변 환경에 적응하기 위해 최선의 노력을 기울이고 있습니다. 자신의 내면에서 편안하면 우리 삶의 모든 것도 훨씬 더 아름답고 흥미롭고 영감에 넘치게 됩니다. 하지만 내면이 불편하면 삶도 짐스럽고 위협적인 것이 되어 우리를 압도합니다.

한국과 같은 성공적인 나라의 사람들에게는 외면적인 성공뿐만 아니라 내면의 상태를 다루는 법을 터득하는 것이 매우 중요합니다. 사람들은 종종, 이런저런 것을 하고 싶은데 살기에 바빠서 할 시간이 없다고들 합니다. 『상처받지 않는 영혼』의 가르침이 멋진 점은, 그것이 시간과는 상관없는, 우리가 이미 하고 있는 나날의 생활을 어떻게 바라보고 다가갈 것인지를 논하고 있다는 점입니다. 자신이 내면의 삶을 어떻게 살아가고 있는지를 깨닫고, 내면의 상태를 개선하는 데 필요한 일을 하는 것은 일상생활을 제쳐두고 해야 하는 일이 아니라 그 속에서 할 수 있는 일입니다. 그러므로 궁극적으로는, 나날이 경험하는 기쁨과 사랑과 만족의 수준을 끌어올리는 이 능력은 모든 사람이 갖추고 있는 것입니다. 그리고 그렇게 하는 것은 개인적으로 만족스러운 일일 뿐만 아니라 사회적으로도 매우 책임성 있는 일입니다. 그것은 주변의 모든 사람들에게 빛을 비춰 주니까요.

한국은 매우 긍정적이고 열심히 일하는 국민들이 '하면 된다'는 정신을 증명해 보여 준 나라입니다. 이 세상은 그와 같은 역할 모델을 절실히 요구하고 있습니다. 한국민들이 평화와 조화의 본보기가 되어서 깨달음의 시대를 열어 준다면 정말 멋지겠습니다.

깊은 사랑과 존경으로
마이클 싱어*
뉴욕타임스 베스트셀러 1위 『상처받지 않는 영혼』 저자

---

★ 마이클 싱어는 플로리다 대학교 Harn 박물관 Cofrin 아시아 미술부의 한국미술 영구전시관 창설 기금을 마련한 기부자이다. 이 한국미술 보존센터는 한국 국립문화재연구소, 코리아 재단, 대한민국 문화재관리국의 관대한 후원을 받아 창설되었다.

### 감사의 글

이 작업은 여러 해 전에 린다 빈이 나의 강의 중 일부를 받아 적으면서 나에게 책을 써보도록 부추겼을 때 그 씨가 뿌려진 것이다. 그녀는 내가 마침내 책 쓰기에 착수할 때까지 끈기 있게 기록을 해나갔다. 이 일에 대한 그녀의 헌신과 노고에 깊이 감사드린다.

책 쓰기를 시작하자 카렌 에트너가 자료를 정리하고 내용에 대한 제안과 함께 원고를 정리하는 일을 도와줬다. 우리는 단어들의 흐름이 가슴과 마음과 영혼에 평화로운 느낌을 가져다줄 때까지 함께 글을 다듬고 다듬었다. 그녀의 헌신과 정성 어린 노고에 깊이 감사드린다.

차례

| | |
|---|---|
| 추천의 글 | 4 |
| 옮긴이의 글 | 8 |
| 한국어판 서문 | 10 |
| 감사의 글 | 13 |
| 들어가는 글 | 16 |

**PART 1   잠든 의식을 일깨우기**     21

| | | |
|---|---|---|
| 제1장 | 마음의 소리 | 23 |
| 제2장 | 마음속 룸메이트와 결별하기 | 35 |
| 제3장 | 당신은 누구인가 | 49 |
| 제4장 | 깨어 있는 자아 | 61 |

**PART 2   에너지를 경험하기**     73

| | | |
|---|---|---|
| 제5장 | 열려 있기 | 75 |
| 제6장 | 가슴을 정화하기 | 88 |
| 제7장 | 닫는 습관 깨기 | 104 |

| PART 3 | 자기를 놓아 보내기 | 121 |

| 제8장 | 지금 놓아 보내지 않으면 떨어진다 | 123 |
| 제9장 | 마음속 가시 빼내기 | 139 |
| 제10장 | 마음과 새로운 관계 맺기 | 151 |
| 제11장 | 고통의 층 너머로 가기 | 168 |

| PART 4 | 그 너머로 가기 | 183 |

| 제12장 | 벽 허물기 | 185 |
| 제13장 | 심리적 한계 넘기 | 198 |
| 제14장 | 가짜 덩어리 놓아 보내기 | 210 |

| PART 5 | 삶을 살기 | 229 |

| 제15장 | 조건 없이 행복하기 | 231 |
| 제16장 | 저항을 다루는 법 | 243 |
| 제17장 | 죽음이 주는 의미 | 256 |
| 제18장 | 중도의 비밀 | 269 |
| 제19장 | 사랑 가득한 신의 눈으로 보라 | 281 |

참고문헌　295
감수의 글　296

## 들어가는 글

'무엇보다도 너 자신에게 진실하라. 그러면 낮이 가면 절로 밤이 오 듯이, 너는 누구에게도 거짓될 수가 없을 테니까.' - 윌리엄 셰익스피어

햄릿의 1막에서 폴로니우스가 아들 라에르테스에게 하는 이 유명한 대사는 그 뜻이 너무나 분명하다. 우리가 타인과 정직한 인간관계를 유지하려면 먼저 자신에게 정직해야 한다는 것이다. 하지만 라에르테스는 곧 깨달을 것이다. 자신에게 온전히 정직해지기보다 차라리 바람을 붙드는 편이 더 쉬우리라는 것을. 과연 우리는 도대체 어느 '자아'에게 진실해야 할까? 기분이 나쁠 때 나타나는 자아에게? 아니면 실수를 저지르고 겸연쩍어할 때 거기 있는 그 자아에게? 우리가 우울하거나 화 나 있을 때 가슴속 어두운 구석에서 투덜거리고 있는 그에게? 아니면 삶이 너무나 가뿐하고 환상적으로 느껴지는 그 찰나적 순간에 나타나는 그에게?

이 의문으로부터 우리는 '자아self'라는 개념이 처음 생각했던 것보다 훨씬 복잡한 것임을 깨닫는다. 라에르테스가 전통 심리학의 자문을 구할 수 있었더라면 거기서 약간의 답을 얻었을지도 모른다. 심리학

의 아버지인 프로이트는 마음을 이드id와 에고ego와 슈퍼에고superego로 나누었다. 이드는 우리의 원초적이고 동물적인 본성이고 슈퍼에고는 사회가 우리 안에 주입시켜 놓은 분별적인 반응체계, 그리고 에고는 이 두 가지 강력한 힘의 균형을 유지시키려고 애쓰는, 외부세계에 대한 우리의 대변자라는 것이었다. 하지만 이것도 젊은 라에르테스에게 크게 도움이 되지는 않았을 것이다. 아무튼 이 갈등하는 힘들 중에서 어느 것에게 진실해야 하는 것일까?

우리는 또다시 매사가 겉보기만큼 단순하지는 않다는 사실을 깨닫는다. 용기를 내서 '자아'라는 말의 껍질을 들추고 그 속을 들여다보다 보면, 많은 사람들이 그냥 지나쳐 버리는 의문이 일어난다. '내 존재의 이 많은 측면들이 모두 동등하게 나의 '자아'인가, 아니면 그중 하나만이 나인가? 만일 그렇다면 그중 어느 것이 언제 어디서부터 어떻게, 왜 그런가?'

이 책에서 우리는 '자아'를 탐사하는 여행을 떠날 것이다. 하지만 구태의연한 방법으로는 하지 않을 것이다. 심리학자나 위대한 철학가에게 자문을 구하지도 않을 것이고 오랜 종교의 지혜로운 답을 놓고 갑론을박하거나 여론을 조사한 통계자료에 기대지도 않을 것이다. 그 대신 우리는 이 주제에 관한 한 엄청난 직접적 지식을 보유하고 있는 유일한 정보원을 찾아갈 것이다. 이 큰 의문을 영원히 가라앉힐 만한 데이터를 수집하는 일에 평생의 날들과 하루의 매 순간을 바치고 있는 단 한 사람의 전문가를 찾아갈 것이다. 그 전문가는 바로 당신이다.

　하지만 흥분하기 전에, 혹은 당신은 그런 일을 할 준비가 안 돼 있다고 생각하기 전에, 우리가 이 주제에 관한 당신의 견해를 들으려는 것은 아님을 분명히 알아야 한다. 우리는 당신이 어떤 책을 읽고 어떤 공부를 했는지, 어떤 코스를 수료했는지 따위에는 관심이 없다. 우리는 단지 당신으로서 존재한다는 것이 어떤 것인지에 관한 당신의 직관적 경험에만 관심이 있다. 우리는 당신의 지식이 아니라 직접 체험을 구한다. 당신은 여기에 부응하지 못하려야 못할 수가 없다. 왜냐하면 당신의 '자아'야말로 언제 어디서든지 당신 자신이기 때문이다. 단지 이것은 약간의 정리가 필요할 것이다. 그 안은 상당히 복잡하고 어지러울 수 있기 때문이다.

　이 책의 각 장들은 당신의 '자아'를 여러 각도에서 비춰 보게 하는 하나의 거울일 뿐이다. 우리가 떠나려는 여행은 내면의 여행이지만 우리는 당신 삶의 모든 측면을 기웃거릴 것이다. 당신에게 필요한 유일한 것은 아주 편안하고 정직하게, 자신을 직관적으로 들여다보고자 하는 의욕이다. 명심하라, 우리가 '자아'의 근원을 탐사해 갈 때, 실제로 찾아가게 되는 것은 바로 당신 자신임을.

　이 글을 읽어가는 동안 당신은 일부 심오한 주제에 관해 자신이 생각보다 훨씬 더 많은 것을 알고 있음을 깨닫게 될 것이다. 사실, 당신은 이미 자신을 발견하는 법을 알고 있다. 단지 방향을 잃고 헤매고 있을 뿐이다. 초점을 되찾으면 당신은 자신을 찾을 능력뿐만 아니라 자신을 해방시킬 힘도 지니고 있음을 깨달을 것이다. 그것을 하느냐 마느냐는 전적으로 당신에게 달려 있다. 하지만 이 책을 통해 여행을 마칠 때쯤이면 당신은 더 이상 혼란도 없고 더 이상 무기력하지도 않으며 더 이상 남을 탓하지도 않게 될 것이다. 당신은 무엇을 해야 할지를 정확히 알게 될 것이다. 곧 시작될 깨달음의 여행에 자신을 바친다면 당신은 자신의 진정한 본성에 대해 크나큰 존경을 갖게 될 것이다. 오로지 그 때에만 당신은 '무엇보다도 너 자신에게 진실하라.'는 이 충고의 깊은 의미를 제대로 음미할 수 있게 될 것이다.

PART 1

# 잠든 의식을 일깨우기

**제1장**

## 마음의 소리

'이름이 기억나지 않네. 뭐였더라? 이런, 벌써 그녀가 저기 오고 있는데. 뭐더라…… 샐리, 수우? 바로 어제 들었는데 내가 왜 이러지? 이거 참 난감하군.'

알고 있겠지만 당신의 머릿속에서는 한시도 끊임없이 마음의 독백이 이어지고 있다. 그것은 꼬리에 꼬리를 물고 끝없이 이어진다. 그것이 왜 거기서 그렇게 주절대는지 궁금해 한 적이 있는가? 그것은 언제 무슨 말을 할지를 어떻게 결정할까? 그 말이 어디까지 맞을까? 그것이 얼마나 의미가 있기나 한 것일까? '무슨 말이야? 머릿속에서 무슨 말이 들린다는 말이야?' 바로 지금, 속에서 이런 말이 들린다면, 우린 바로 그것을 이야기하고 있는 것이다.

현명한 사람이라면 잠시 한걸음 물러서서 이 목소리를 살펴보고 그것을 이해해 보려고 할 것이다. 문제는, 그것을 객관적으로 바라보기에는 아직도 거리가 너무 가깝다는 것이다. 저만큼 멀찍이 물러나서 그 지껄이는 모습을 바라봐야만 한다. 운전을 하고 있을 때도, 속에서 끝없이 이어지는 소리가 들린다.

'참, 프레드에게 전화를 하기로 했잖아? 맞아. 이런, 내가 왜 그걸 까먹어 버렸지? 난리 났겠는데. 이젠 나하고 말도 안 하려고 하겠는걸. 당장 차를 세워서 전화를 할까? 아냐, 지금은 차를 세울 수가 없어······.'

목소리는 양쪽의 대사를 다 읊는다는 사실에 주목하라. 그것은 계속 지껄일 수만 있다면 어느 쪽의 대사를 읊든 상관하지 않는다. 피곤해서 잠을 청하려고 해도 목소리는 계속 지껄인다.

'내가 뭘 하고 있지? 아직 자면 안 돼. 프레드에게 전화한다는 걸 잊어 버렸어. 차에서 기억이 났는데 전화를 안 했어. 지금 걸지 않으면······ 아냐, 시간이 너무 늦었어. 지금은 안 돼. 전화 걸 생각은 왜 하고 있는 거야? 난 잠을 자야 돼. 이거 참, 이젠 잠이 안 와. 피곤하던 것도 지나가 버렸어. 하지만 내일 중요한 일이 있는데······ 그리

고 아침 일찍 일어나야 해.'

잠이 안 오는 것이 이상할 것도 없다! 아니, 당신은 왜 그 목소리가 쉴 틈 없이 지껄이도록 내버려 두고 있는가? 그게 설사 위안을 주는 좋은 말이라고 하더라도 그것은 당신이 하는 일을 사사건건 어수선하게 어지럽혀 놓는다.

이 마음의 소리를 잠시 관찰해 보면 가장 먼저 깨닫게 되는 것은, 그것이 한시도 입을 다물지 않는다는 사실이다. 내버려 두면 그것은 그저 밑도 끝도 없이 지껄여댄다. 어떤 사람이 혼잣말을 계속 주절거리면서 어슬렁거리는 모습을 상상해 보라. 당신은 그가 이상한 사람이라고 생각할 것이다. '혼자서 말하고 자기가 듣는다면 무슨 말을 할지를 말하기도 전에 뻔히 알 텐데, 도대체 왜 저러는 거야?' 당신은 이렇게 생각할 것이다. 우리의 머릿속에서 들리는 목소리도 역시 마찬가지다. 왜 지껄이는 걸까? 지껄이는 것도 당신이고 듣는 것도 당신이다. 그리고 그 목소리가 혼자서 입씨름을 하고 있다면 상대는 대체 누구일까? 승부가 나기나 할까? 정말 복잡한 일이다. 어디 들어 보자.

'아무래도 결혼을 해야겠어. 아냐! 아직 준비가 안 된 걸 알면서 그래. 후회할 텐데. 하지만 난 그를 사랑해. 웃기지 마, 넌 톰한테도 그랬어. 그와 결혼했으면 어쩔 뻔했어?'

유심히 살펴보면 그것은 단지 좀 쉴 만한 편안한 지점을 찾고 있다는 것을 알게 된다. 도움이 된다 싶으면 그것은 서슴없이 편을 바꾼다. 그리고 자신이 틀렸다는 것을 깨달아도 목청을 낮추는 법이 없다. 그저 관점만 얼른 바꾸고는 계속 떠들어댄다. 잘 살펴보면 이 마음의 꿍꿍이수는 빤히 드러난다. 하지만 사실 끊임없이 지껄여대는 자신의 마음을 처음으로 발견할 때는 충격을 느낀다. 그것의 입을 다물게 하려고 헛되이 소리를 질러 보기까지 할 것이다. 하지만 당신은 곧 그것도 또 하나의 목소리가 다른 목소리에게 지르는 소리일 뿐임을 깨닫는다.

'입 다물어! 잠 좀 자자. 넌 왜 말을 안 하면 안 되니?'

이런 식으로는 그것의 입을 막을 수 없는 것이 분명하다. 이 끊임없는 지껄임에서 자신을 해방시키는 최선의 길은 거기서 물러나서 그것을 객관적으로 바라보는 것이다. 그 목소리를 그저 그 속에 누군가가 있어서 당신에게 말하는 것처럼 느껴지게 만드는 '소리 기계'라고 생각하라. 그것에 대해서 생각하지 말고 그저 지켜만 보라. 그것이 무슨 말을 하든지 간에 그것은 모두가 똑같은 '말'이다. 상냥한 말을 하든 정나미 떨어지는 말을 하든, 저속한 말을 하든 고상한 말을 하든, 하나도 다를 게 없다. 그래 봤자 모두가 마찬가지로 머릿속에서 지껄이는 하나의 목소리일 뿐이다. 사실 이 목소리로부터 떨어져 있는 유일한 방법은 그 말의 내용에 신경을 쓰지 않는 것이다. 그것이 말하는 어떤 것은 나이고 어떤 것은 내가 아니라고 느끼지 말라. 말하는 그것은 결코 당신이 아니다. 당신은 목소리를 듣고 있는 그다. 당신은 그것이 지껄이는 것을 알아차리는 자이다.

그것이 지껄일 때 당신은 그 소리를 듣는다. 그렇지 않은가? 그것에게 지금 '안녕' 하고 말하게 하라. 그것을 몇 번 되풀이해 보라. 속으로 크게 소리쳐 보라! 자신이 속에서 '안녕' 하고 말하는 게 들리는가? 물론 들린다. 지껄이는 목소리가 있고, 그 목소리가 지껄이는 것을 알아차리는 당신이 있다. 문제는, 목소리가 '안녕' 하고 말하는 것을 알아차리기는 쉽지만 그 목소리가 무슨 말을 하든 상관없이 말하는 것은 목소리이고 듣는 것이 당신임을 알아차리는 것이 어렵다는 점이다. 목소리가 말하는 것은 그 어느 것도 당신이 아니다. 우리가 어떤 세 가지 대상을 바라보고 있다고 가정해 보자. 예컨대 화분과 사진과 책이 있다. 누가 이렇게 묻는다. '이 중에 어느 게 당신이오?' 그러면 당신은 이렇게 대답한다. '어느 것도 아니오! 나는 내 앞에 놓인 저것들을 바라보는 자요. 당신이 내 앞에 무엇을 갖다 놓든 상관없소. 난 언제나 그것을 바라보는 자일 테니까.' 알겠는가, 이것은 이런저런 대상을 인식하는 주체에 관한 이야기다. 내면의 목소리를 듣는 것도 마찬가지다. 그것이 무슨 말을 하든지 그 내용은 아무런 상관이 없다. 당신은 그것을 인식하는 자이다. 그것이 말하는 것 중 어떤 것은 자신이고 어떤 것은 자신이 아니라고 생각하는 순간 당신은 객관성을 놓쳐 버린다. 당신은 목소리가 좋게 말하는 쪽이 자기라고 생각하고 싶을 테지만 그것도 매한가지로 지껄이는 목소리일 뿐이다. 그것이 하는 말이 아무리 마음에 쏙 든다고 해도 그것은 당신이 아니다.

진정한 성장을 위해서는 당신이 마음의 소리가 아님을, 당신은 그것을 듣는 자임을 깨닫는 것보다 더 중요한 것은 없다. 이것을 이해하지 못하면 당신은 목소리가 말하는 온갖 것들 중에 어느 것이 진짜 자신인지를 알아내려고 끙끙댈 것이다. 사람들은 '자신을 찾기 위한 노력'이라는 이름하에 온갖 변화를 경험한다. 그들은 이 목소리들 중에서, 자신의 인격 중에서, 어느 측면이 진정한 자신인지를 밝혀내려고 애를 쓴다. 그 대답은 간단하다. 어느 것도 아니다.

객관적으로 관찰해 보면 당신은 목소리가 하는 대부분의 말들이 아무런 의미도 없다는 것을 알게 될 것이다. 대부분은 그저 시간과 에너지의 낭비일 뿐이다. 사실을 말하자면, 삶의 대부분은 당신의 마음이 삶에 대해 지껄이는 말과는 전혀 상관없이 당신의 통제력을 훨씬 넘어선 힘의 흐름에 따라 전개될 것이다. 그것은 잠자리에 누워서 내일 아침에 해가 뜨게 할 건지 말 건지를 결심해야 한답시고 고민하는 것과도 같다. 변하지 않는 것은, 태양은 떴다가 진다는 것이다. 이 세상에는 무수한 일이 일어나고 있다. 그것에 대해서 당신이 원하는 바를 얼마든지 생각해 볼 수는 있겠지만 삶은 변함없이 펼쳐질 것이다.

사실 당신의 생각이 이 세상에 미치는 힘은 당신이 희망하는 것보다 훨씬 미미하다. 객관적인 눈으로 자신의 모든 생각을 잘 들여다보면 그 대부분의 생각이 정말 아무런 의미도 없음을 깨달을 것이다. 그것은 당신을 제외하고는 그 어떤 사물이나 사람에게도 아무런 영향을 미치지 못한다. 그것은 그저 지금 일어나고 있는 일에 대해서, 과거에 일어났던 일에 대해서, 아니면 앞으로 일어날지도 모를 일에 대해서 당신의 기분이 좋아지거나, 아니면 나빠지게 만들고 있을 뿐이다. 내일은 비가 오지 않기를 바라면서 시간을 보낸다면 헛일을 하는 것이다. 당신의 생각은 비를 그치게 하지 못한다. 언젠가는 당신도 마음속의 끊임없는 지껄임이 아무짝에도 쓸모없는 것임을, 그리고 끊임없이 모든 것에 간섭하고 알려고 하는 그것이 다 부질없는 짓임을 알게 될 것이다. 그리고 마침내 문제의 진정한 원인은 삶 자체가 아니라는 것을 깨달을 것이다. 문제의 진정한 원인은 삶을 놓고 벌이는 마음의 온갖 소동이다.

여기서 중요한 의문이 올라온다. 즉, 내면의 목소리가 하는 말이 그토록 부질없고 의미 없는 것이라면 그것은 애당초 왜 거기 있는 것일까? 이 질문에 대한 답의 열쇠는 그것이 말할 때 무엇을 어떤 이유로 하는지를 이해하는 데에 있다. 예컨대 어떤 경우, 마음의 소리는 물이 끓을 때 주전자가 소리를 내는 것과 같은 이유로 말을 한다. 그러니까, 풀어내야 할 에너지가 속에 많이 쌓여 있는 것이다. 객관적으로 잘 관찰해 보면, 마음속에 불안하고 두려워하는 에너지나 욕망의 에너지가 쌓여 있을 때는 이 목소리가 극도로 활발해진다. 당신이 누군가에게 화가 나서 야단을 쳐주고 싶을 때, 이것을 쉽게 관찰할 수 있다. 그를 실제로 만나기도 전에 벌써 내면의 목소리가 얼마나 여러 차례 야단을 쳐대고 있는지를 살펴보라. 마음속에 에너지가 쌓이면 그것으로 뭔가를 하고 싶어진다. 목소리가 지껄이는 것은 마음이 편하지 않기 때문이고, 지껄임은 그 불편한 에너지를 풀어 준다.

하지만 특별히 거슬리는 것이 없을 때조차 목소리는 여전히 지껄이고 있는 것을 발견할 것이다. 길을 걸어가다가도 그것은 이렇게 지껄인다.

'저 개 좀 봐! 래브라도 좋이야! 야, 저 차 안에는 또 다른 개가 있네. 저놈은 옛날의 우리 개 얼룩이를 닮았어. 우와 올즈모빌도 있네. 알래스카 번호판을 달고 있어. 저건 이 근방에는 흔치 않은 건데!'

그것은 사실 당신에게 세상을 중계방송해 주고 있다. 하지만 그게 다 무슨 소용인가? 밖에서 일어나는 일들을 당신은 이미 눈으로 훤히 보고 있는데 마음의 소리가 그것을 새삼스럽게 되뇌어 주는 게 무슨 도움이 된단 말인가? 이것을 아주 잘 따져 봐야 한다. 당신은 한번 흘끗 보는 것만으로도 사물의 세세한 내용을 그대로 파악한다. 나무를 본다면 당신은 힘들이지 않고 가지와 잎사귀, 꽃봉오리들을 다 본다. 그렇다면 이미 본 것을 왜 말로 표현해야 하는가 말이다.

'저 말채나무를 좀 봐. 푸른 잎사귀 위에 핀 흰 꽃이 너무 아름다워. 꽃이 참 많이 피었어. 정말 만발했네!'

이것을 잘 관찰해 보면 당신은 마음이 이렇게 해설해 주는 덕분에 주변 세상에 대해 더 편한 느낌을 갖게 된다는 사실을 깨닫게 될 것이다. 그것은 마치 자동차 뒷좌석에 느긋하게 기대앉아서 드라이빙을 나가는 것처럼 당신이 상황을 제대로 통제하고 있다는 느낌을 갖게 한다. 나무는 더 이상 당신과 아무런 상관없는 세계의 어떤 나무가 아니다. 그것은 당신이 보고 판단하고 이름 붙인 나무이다. 마음속에서 말로 표현함으로써 당신은 세상에 대한 처음의 직접경험을 당신의 생각의 세계 속으로 가져온 것이다. 거기서 그것은 당신의 가치 체계나 과거 경험을 이루고 있는 다른 생각들과 어우러진다.

외부세계에 대한 당신의 경험과 마음속 세계에 대한 당신의 상호작용 사이에는 어떤 차이점이 있는지를 잠시 살펴보자. 당신이 그저 생각을 하고 있을 때는 어떤 생각이든 마음속에서 마음대로 만들어낼 수 있다. 그리고 이 생각들은 목소리로 표현된다. 당신은 마음의 놀이터에 죽치고 앉아서 생각을 만들어내고 주물럭거리는 일에 매우 익숙하다. 이 내면의 세계는 당신이 지배할 수 있는 하나의 대체 환경이다. 하지만 외부세계는 자체의 법칙에 발맞추어 행진한다. 목소리가 외부세계를 당신에게 해설해 줄 때, 그 생각들은 이제 당신의 다른 모든 생각들과 뒤섞여서 주변 세계에 대한 당신의 경험을 물들인다. 결국 당신이 경험하는 것은 여과되지 않은, 있는 그대로의 진짜 세계가 아니라 당신의 해석에 따른 당신만의 세계인 것이다. 외부세계 경험에 대한 이 마음의 조작은 있는 그대로의 현실에 대한 완충작용을 한다. 예컨대, 한순간에 당신이 보는 것은 무수히 많지만 목소리는 그중 단 몇 가지만을 중계한다. 마음속에서 거론되는 것들은 당신에게 중요한 것들이다. 이 미묘한 사전 처리 과정을 통해서 당신은 당신의 현실 경험이 마음에 잘 맞아떨어지게끔 조작할 수 있게 된다. 사실 당신의 의식은 현실 그 자체가 아니라 마음이 만들어낸 현실의 모조품을 경험하는 것이다.

이것을 매우 유심히 관찰해야 한다. 왜냐하면 바로 이것이 당신이 끊임없이 벌이고 있는 일이기 때문이다. 겨울에 외출했다가 추위에 몸이 떨리면 목소리가 말한다. '어이, 추위!' 이 말이 무슨 도움이 되는가? 춥다는 사실은 이미 알고 있었다. 추위를 경험하고 있는 것은 바로 당신이다. 목소리는 왜 그것을 당신에게 말하고 있는가? 그것은 마음속에다 세상을 재창조하기 위한 것이다. 당신이 세상을 통제하지는 못해도 마음은 통제할 수 있기 때문이다. 그 때문에 마음속으로 지껄이는 것이다. 세상을 원하는 대로 바꾸지는 못해도 그것을 마음속으로 말하고 판단하고 불평하고 그것에 대해 어떻게 할 것인지를 결정할 수는 있다. 이것은 당신에게 아직 힘이 있다는 느낌을 들게 한다. 몸이 추위를 느낄 때 기온을 바꿔 놓기 위해서 당신이 할 수 있는 일은 없다. 하지만 마음이 '추워!'라고 말하면 '집에 거의 다 왔어. 조금만 더 가면 돼.' 하고 다독거릴 수는 있다. 그러면 기분이 한결 나아진다. 생각의 세계에는 경험을 조절하기 위해 할 수 있는 일이 많이 있다.

그러니까 당신은 외부세계를 내부에다 재창조한다. 그리고 마음속에서 살아간다. 그런데 이것을 그만두기로 한다면 어떻게 될까? 세상에 대한 해설을 중단하고 그냥 의식적으로 그것을 관찰하기만 한다면 당신은 문이 더 활짝 열리고 무방비로 노출되어 있는 느낌을 받게 될 것이다. 그것은, 다음에 어떤 일이 일어날지를 전혀 예상할 수 없는 데다, 마음이 지금까지 당신을 돕는 일에 너무 익숙해져 있었기 때문이다. 마음은 현재의 경험을 처리하여 그것이 당신의 과거에 대한 견해와 미래에 대한 전망에 맞아떨어지도록 조작해 준다. 이 모든 것이 최소한 겉보기에는 만사가 통제되고 있는 것 같은 느낌이 들도록 만들어 주는 것이다. 마음이 이렇게 하지 않으면 당신은 당장 불안에 빠진다. 대부분의 사람들에게 현실은 불편할 정도로 '현실적'이어서, 마음으로써 그 현실을 순하게 길들여야만 한다.

당신이 그 일을 맡겼기 때문에 마음이 그토록 끝없이 지껄였다는 것을 이제 당신도 깨닫게 될 것이다. 당신은 그것을 하나의 보호 장치, 일종의 방어 수단으로 사용한다. 그래서 그것은 당신을 더 안전하게 느끼게 한다. 그것이 당신이 원하는 바인 한은, 당신은 삶을 그저 사는 대신 마음을 시켜서 삶의 충격으로부터 당신을 늘 경호하게 할 것이다. 세상은 당신이나 당신의 생각과는 무관하게 그 변화무쌍한 모습을 펼쳐내고 있다. 그것은 당신이 오기 전부터 있었고 당신이 떠난 뒤에도 오래도록 남아 있을 것이다. 사실 당신은 세상을 지킨다는 핑계 아래 자신을 지키려고 발버둥 치고 있는 것이다.

개인의 진정한 성장이란, 불안해하면서 보호를 요청하는 자기 안의 어떤 부분을 극복해내는 것에 관한 문제이다. 그것은 속에서 지껄이는 목소리가 아니라 그 목소리를 알아차리는 것이 바로 당신임을 끊임없이 스스로 상기시키는 작업을 통해서 해낼 수 있다. 이것이 탈출로이다. 당신이 늘 자신에게, 자신에 대해 말을 하고 있다는 사실을 아는 내면의 그는, 언제나 말이 없다. 그것은 당신 존재의 심층으로 들어가는 문이다. 지껄이는 목소리를 지켜보고 있는 자신을 인식하는 것은 환상적인 내면의 여행을 향한 문턱을 넘는 첫걸음이다. 잘 이용하기만 한다면, 근심과 혼란과 온갖 신경증의 근원이었던 그 마음의 소리를 진정한 영적 각성의 발판으로 바꾸어 놓을 수 있다. 목소리를 지켜보는 그를 알면 당신은 창조의 가장 깊은 비밀을 알게 될 것이다.

제2장

# 마음속 룸메이트와 결별하기

내면의 성장은, 자신에 대해 생각하기를 그치는 것이 평화와 만족을 찾는 유일한 길임을 깨닫느냐 마느냐에 전적으로 달려 있다. 마음속에서 늘 지껄이고 있는 '나'는 결코 만족을 찾지 못한다는 것을 마침내 깨달을 때, 당신은 성장을 시작할 준비가 된 것이다. '나'는 늘 뭔가로 골치를 썩인다. 정직하게 말해 보라, 최근 들어 정말 아무런 문제도 없었던 때가 언제인가? 현재의 문제로 골치를 썩이기 전에는 다른 문제가 있었다. 그리고 현명한 사람이라면 이 문제가 지나가면 또 다른 문제가 생기리라는 것도 알 것이다.

결국, 문제에 에워싸여 있는 마음속의 그 부분으로부터 해방되기 전에는 결코 문제로부터 자유로워질 수가 없을 것이다. 문제 때문에 혼란스러울 때, '이걸 어떻게 해야 하지?' 하고 묻지 말고 '이것 때문에 혼란스러워하고 있는 것은 나의 어떤 부분일까?' 하고 물어보라. '이걸 어떻게 해야 되지?'라고 묻는다면 당신은 벌써 문제가 외부에, 실제로 존재한다고 믿는 함정에 빠진 것이다. 문제를 눈앞에 두고도 마음이 평온한 경지를 누리고 싶다면 당신이 특정 상황을 문제로 인식하게 되는 원인을 제대로 이해해야만 한다. 어떤 것에 대해 시기심을 느낀다면, 어떻게 자신을 방어하고 보호할까를 궁리하지 말고 이렇게 물어보라. '나의 어떤 부분이 시기심을 느끼는가?' 이것이 시기심 때문에 문제를 느끼는 당신의 그 부분을 들여다보게 할 것이다.

문제를 느끼는 부분이 분명히 보이면 이렇게 물어보라. '이것을 보는 것은 누구일까? 이 마음의 혼란을 누가 인식하고 있는 걸까?' 이렇게 묻는 것이 모든 문제의 해결책이다. 혼란을 인식한다는 사실 자체가 당신은 그것이 아님을 뜻한다. 인식이란 주체와 대상이라는 관계가 있어야만 일어날 수 있는 과정이다. 주체는 '목격자'라 불리는데, 왜냐하면 그것은 일어나는 일을 지켜보는 자이기 때문이다. 대상은 당신이 보는 그것으로, 이 경우에는 내면의 혼란이다. 내부의 문제를 객관적으로 지켜보는 태도를 유지하는 것이 외부의 상황에 넋을 뺏기는 것보다 언제나 낫다. 이것이 영적인 사람, 곧 내면을 탐구하는 사람과 세속적인 보통 사람의 가장 중요한 차이이다. 세속적이라는 것은 돈이 많다거나 신분이 높은 것을 뜻하는 게 아니라 내부 문제의 해결책이 외부에 있다고 생각하는 것을 말한다. 당신은 외부의 조건을 바꾸면 문제가 없어지리라고 생각한다. 하지만 지금까지 어느 누구도 외부 조건을 바꾸어 문제를 진정으로 해결한 적이 없다. 언제나 그 다음 문제가 일어난다. 진정하고 유일한 해결책은 '지켜보는 의식'이 됨으로써 관점을 완전히 바꾸는 것이다.

내면의 자유를 성취하기 위해서는 문제에 넋을 빼앗기지 않고 그것을 객관적으로 지켜볼 수 있어야만 한다. 문제 속에 빠져들어 있는 동안에는 어떤 해결책도 존재할 수 없다. 문제에 대해 초조해하거나 두려워하고 화를 내서는 그 상황에 제대로 대처할 수 없다는 것은 삼척동자도 다 아는 사실이다. 그러니 맨 먼저 다루어야 할 문제는 자신의 반응이다. 상황이 내 마음에 미치는 영향을 다루기 전에는 외부의 어떤 문제도 해결할 수가 없을 것이다. 대부분의 문제는 겉으로 보이는 것과 같지 않다. 사태를 충분히 들여다보면 진정한 문제는, 모든 일과 사사건건 말썽을 일으킬 소지가 바로 당신의 내부에 들어 있다는 사실임을 깨달을 것이다. 먼저 해야 할 일은 당신의 그 부분을 처리하는 것이다. 그러려면 '외부의 해결책'을 찾는 태도로부터 '내부의 해결책'을 찾는 태도로 마음을 바꾸어야 한다. 문제에 대한 해결책은 외부의 조건을 바꾸는 것이라고 생각하는 버릇에서 빠져나와야만 한다. 당신의 문제에 대한 영구적이고 유일한 해결책은 내면으로 들어가서 현실과 온갖 말썽을 일으키고 있는 당신의 그 부분을 해방시키는 것이다. 그러고 나면 그 나머지 것은 어떻게 처리해야 할지를 확연히 알게 된다.

모든 것을 문제로 삼는 당신의 그 부분을 풀어 놓는 방법이 실제로 있다. 그것은 불가능한 것처럼 보이지만 그렇지 않다. 삶의 통속극으로부터 빼내올 수 있는 당신 존재의 어떤 부분이 실제로 있다. 당신은 시기를 느끼거나 화를 내는 자신을 지켜볼 수 있다. 그것에 대해 생각하거나 분석할 필요가 없다. 이 모든 것을 보는 것은 누구인가? 마음속의 이 변화를 누가 인식하는가? '그 사람하고 말할 때마다 신경질이 나.'라고 말할 때, 신경질이 나는 것을 당신은 어떻게 아는가? 당신은 거기에 있고 거기서 일어나는 일을 보기 때문에 신경질이 나는 것을 아는 것이다. 그 감정과 당신 사이에는 분리가 있다. 당신은, 그런 것을 알아차리는 '그'다. 일단 그러한 의식의 자리를 찾아내기만 하면 마음의 혼란을 쓸어낼 수 있다. 지켜보는 것으로써 그 작업을 시작해 보자. 당신이 거기서 일어나는 일을 인식하고 있음을 그저 알아차리면 된다. 그것은 쉽다. 그러면 당신은 자신이 온갖 강점과 약점을 다 지닌 한 인간의 인격을 목격하고 있음을 깨달을 것이다. 그것은 마치 어떤 사람과 함께 있는 것과도 같이 느껴질 것이다. 실제로 당신은 '룸메이트'와 함께 살고 있다고 말할 수도 있다.

　당신의 룸메이트를 만나고 싶다면 잠시 완전한 침묵 속에서 홀로 자신 속에 앉아 있어 보라. 당신은 그럴 권리가 있다. 그것은 당신의 내면세계니까. 하지만 거기에는 침묵은 없고 끊임없는 지껄임만 들릴 것이다.

'내가 왜 이런 짓을 하고 있지? 해야 될 더 중요한 일이 있는데 말이야. 이건 시간 낭비야. 이 안에는 나밖엔 아무도 없어. 이게 다 뭔 짓이란 말이야?'

당신의 룸메이트가 바로 나타난다. 당신은 마음을 침묵시키겠다는 분명한 의지를 품었을지 몰라도 룸메이트는 협조해 주려 들지 않는다. 그건 당신이 침묵하려고 할 때만이 아니다. 룸메이트는 보는 것마다 입을 뗀다. '난 그걸 좋아해, 저건 싫어. 이건 좋은 거고 저건 나쁜 거야.' 그는 끊임없이 지껄인다. 대개는 이것을 알아차리지도 못한다. 왜냐하면 거기서 한 걸음 뒤로 물러서 본 일이 없기 때문이다. 그것과 너무나 밀착되어 있어서 자기가 마치 홀린 듯이 그 소리를 듣고 있다는 사실조차 깨닫지 못한다.

하지만 분명한 것은, 당신은 혼자가 아니라는 것이다. 당신의 내적 존재에는 서로 뚜렷이 구별되는 두 측면이 있다. 첫째는 의식이며 지켜보는 자이며 의지의 중심인 당신이고, 둘째는 당신이 지켜보는 그것이다. 문제는, 당신이 지켜보는 그 부분은 결코 입을 다물 줄 모른다는 것이다. 그 부분을 어떻게 잠시 동안만이라도 없애 버릴 수만 있다면 그 고요와 평화는 당신이 가져 본 적이 없는 가장 황홀한 안식이 될 것이다.

그 부분을 가는 데마다 데리고 다니지 않아도 된다면 어떨지를 상상해 보라. 진정한 영적 성장이란 바로 이 문제로부터 벗어나는 것이다. 하지만 먼저 당신은 자신이 한 미치광이와 한 방에 갇혀 있음을 깨달아야 한다. 어떤 상황에서든 당신의 룸메이트는 갑자기 이렇게 마음먹을 수 있다. '난 여기 있고 싶지 않아. 이건 하고 싶지 않아. 이 사람과 얘기하고 싶지 않아.' 그러면 당신은 당장 긴장과 불편을 느낄 것이다. 룸메이트는 아무런 예고도 없이 모든 일을 훼방 놓을 수 있다. 그는 결혼식을 망쳐 놓을 수도 있고 첫날밤을 망쳐 놓을 수도 있다! 당신의 그 부분은 어떤 일이든지 망쳐 놓을 수 있고, 그게 전공이다.

　당신은 멋진 새 차를 산다. 하지만 운전을 할 때마다 마음속의 룸메이트는 뭔가 흠을 집어낸다. 마음의 목소리는 작은 소음 하나, 진동 하나까지 다 꼬투리를 잡아서, 마침내는 당신도 그 차를 전혀 좋아하지 않게 만든다. 이것이 인생에 어떤 영향을 미칠 수 있는지를 깨닫는다면 당신은 영적 성장을 시작할 준비가 된 것이다. '이것 좀 보게, 바로 이게 내 인생을 망치고 있었군. 난 평화롭게, 의미 있게 살려고 애쓰는데 이건 마치 화산 꼭대기에 올라앉아 있는 기분이잖아. 이 녀석은 언제든지 변덕을 부리고 훼방 놓고 사사건건 시비를 걸 준비가 돼 있군. 이 녀석이 가는 데마다 난리를 벌이는 통에 내 인생이 완전히 엉망진창이야.' 이것만 자각하고, 룸메이트와 자신을 동일시하지 않기를 배우면 당신은 스스로를 해방시킬 준비가 된 것이다.

　아직도 이런 자각에 도달하지 못했다면 그저 지켜보기만을 시작하

라. 하루 동안 당신의 룸메이트가 하는 짓을 낱낱이 지켜보라. 아침부터 시작해서, 그것이 어떤 상황에서 무슨 말을 하는지를 모두 알아차릴 수 있는지를 살펴보라. 누군가를 만날 때마다, 전화벨이 울릴 때마다 그저 지켜보도록 노력하라. 그것의 지껄임을 지켜보기 좋은 때는 샤워를 할 때이다. 그 목소리가 뭐라고 하는지를 그저 지켜보라. 당신이 평화롭게 샤워만 할 수 있도록 그것이 결코 내버려 두지 않는다는 것을 깨닫게 될 것이다. 샤워는 몸을 씻으려는 것이지 마음이 끊임없이 지껄이는 꼴을 구경하려고 하는 것이 아니다. 샤워를 다 마칠 때까지 자신이 깨어 있는 의식으로서 실제로 일어나는 일들을 다 알아차릴 수 있는지를 보라. 당신은 목격한 사실에 충격을 받을 것이다. 그것은 이 생각에서 저 생각으로 마치 널뛰듯이 뛰어다닌다. 그 끊임없는 지껄임은 너무나 미친 듯해서 그게 항상 그 짓을 벌이고 있다는 것 자체를 믿을 수가 없을 것이다. 하지만 실제로 그렇다.

거기서 해방되고 싶다면 그것을 지켜봐야만 한다. 그것에 대해서 아무것도 할 필요는 없다. 다만 당신이 처한 곤경을 지혜롭게 바라봐야 한다. 자신이 마음속의 룸메이트와 화목하게 지내지 못하고 있음을 깨달아야 한다. 그것이 얌전하게 지내 주기를 바란다면 이 상황을 바로잡아야 할 것이다.

룸메이트가 정말 어떤 존재인지를 알아내는 방법은 그것을 외부적으로 인격화하는 것이다. 당신의 룸메이트가 몸을 가지고 있다고 상상하라. 내부에서 지껄이는 이 인격체를 외부로부터 말을 걸어오는 한 사람으로 상상하라. 이제 그 사람이 내면의 목소리가 하는 모든 말을 하고 있다고 상상하라. 그리고 그 사람과 하루를 지내라.

당신은 좋아하는 TV 쇼를 보려고 막 소파에 앉았다. 그러면 이 사람도 바로 곁에 같이 앉는다. 이제 속에서 늘 들려오던 똑같은 독백을 듣게 될 것이다. 다만 이제 그것은 당신 곁에 앉아서 독백을 늘어놓는다.

'아래층 불 껐어? 가서 확인해 보는 게 좋겠다. 지금은 안 돼, 좀 있다가. 저걸 마저 봐야 돼. 아냐, 지금 해. 그러니까 전기세가 그렇게 많이 나오지.'

당신은 이 모든 것을 지켜보며 앉아서 말없는 놀라움에 빠진다. 옆에 앉은 사람은 조금 있다가 또 말씨름을 벌인다.

'야, 먹을 거 없니? 피자 좀 먹었으면 좋겠는데. 피자는 지금 먹을 수가 없어. 사러 가려면 너무 멀어. 하지만 난 배고픈 걸. 언제 뭘 좀 먹지?'

놀랍게도 이 불안증 환자 같은 말씨름은 하염없이 꼬리를 물고 이어진다. 그리고 그것만으로는 부족하다는 듯이 이 사람은 가만히 앉아서 TV를 보는 것이 아니라 화면의 모든 장면에 말로써 반응하기 시작한다. 쇼에 붉은 머리의 인물이 등장하자 그는 갑자기 고통스러웠던 이혼 소동의 기억을 떠올리고 전남편에 대한 험담을 늘어놓기 시작한다. 그리고는 마치 그가 방안에 있는 것처럼 소리를 지르기 시작한다. 그러다가는 시작할 때 그랬던 것처럼이나 갑자기 뚝 그친다. 당신은 이 정신 사나운 사람에게서 최대한 멀리 떨어지려고 소파 저쪽 끝을 부둥켜안고 있는 자신을 발견한다.

당신도 이런 실험을 한번 해보겠는가? 그 사람이 말을 그치게 만들려고 애쓰지 말라. 그저 그 목소리를 외부화함으로써 당신이 마음속에서 무엇과 함께 살고 있는지를 알아차리기만 하면 된다. 그것에게 몸을 주어 다른 사람들처럼 세상 속에다 내놓아 보라. 속에서 마음의 소리가 하는 것과 똑같은 말을 밖에서 하는 사람을 상상하라. 이제 그를 당신의 가장 가까운 친구로 삼아 보라. 사실, 모든 시간을 함께 지내면서 그가 하는 모든 말에 완전히 귀를 기울이는, 그런 친구가 몇이나 있겠는가?

외부의 어떤 사람이 정말로 당신의 마음의 소리와 똑같은 말을 걸어오기 시작한다면 당신은 어떤 기분이겠는가? 마음의 소리가 하는 말을 똑같이 그대로 하는 사람을 만나면 어떻게 하겠는가? 얼마 지나지 않아서 당신은 그에게 당장 꺼지고 다시는 나타나지 말라고 소리를 지를 것이다. 하지만 마음속의 친구가 끊임없이 말을 해대면 떠나라는 말조차 못한다. 그가 어떤 말썽을 부려도 당신은 듣고 있어야만 한다. 당신이 온전히 주의를 기울이지 않아도 되는 말은 거의 없다. 그것은 당신이 지금 무슨 일을 하고 있는지, 그것이 얼마나 즐거운 일인지 따위는 아랑곳하지 않고 당신을 거기서 곧장 끌어내어 자신의 말에 귀를 기울이게 만든다. 당신이 연애에 깊이 빠져서 곧 결혼을 할 참이라고 해보자. 당신은 청혼을 하려고 하는데 목소리가 말한다.

'어쩜 이 사람은 아닐지도 몰라. 정말 이 문제는 불안해. 어떻게 해야 되지?'

외부의 누군가가 이렇게 말했다면 당신은 그것을 무시했을 것이다. 하지만 왠지 이 목소리에는 대답을 해줘야만 할 것 같다. 불안해하는 마음에게 이 사람이야말로 진정한 짝이라는 확신을 심어 줘야 한다. 그러지 않으면 그것은 결혼식을 올리도록 놔두지 않을 것이다. 당신이 이 마음속의 불안증 환자를 얼마나 애지중지 모시고 있는지를 알겠는가? 그의 말을 듣지 않았다간 그것이 당신을 평생 동안 괴롭힐 것임을 당신은 안다.

'결혼하지 말라고 했잖아. 자신이 없다고 했잖아!'

이 한 가지는 확실하다. 어떻게든 그 목소리가 외부의 몸으로 나타날 수 있다면, 그리고 그를 가는 데마다 데리고 다녀야만 한다면 당신은 단 하루도 못 견딜 것이다. 누가 당신에게 그가 누구냐고 묻는다면 당신은 이렇게 말할 것이다. '이 사람은 정말 심각한 환자예요. 사전에서 노이로제란 말을 찾아보면 무슨 뜻인지 정확하게 알 수 있을 거예요.'

그렇다면 그와 함께 그렇게 하루를 보내고 난 당신이 그에게 더 이상 무엇을 기대하겠는가? 그가 얼마나 자주 변덕을 부리고 사사건건 얼마나 많은 갈등을 일으키고 얼마나 감정적인지를 다 알고 나서도 재정적인 충고를 부탁하거나 사귀자고 접근하겠는가? 놀랄지 모르겠지만, 실제로 당신은 평생을 내내 지치지도 않고 그렇게 한다. 당신 마음속의 자기 자리로 돌아온 그것은 여전히 당신 인생에 감 놔라 배 놔라 참견하는 똑같은 그 '사람'이다. 그가 과연 그럴 자격이 있는지를 따져볼 생각을 품어본 적이나 있는가? 그 목소리가 완전히 헛다리를 짚었던 적이 얼마나 많은가?

'그녀는 이제 더 이상 널 생각하지 않아. 그러니까 전화를 안 하지. 오늘 밤엔 헤어지자는 말을 꺼낼 거야. 난 예감이 있어. 그냥 알아. 전화가 오면 받지도 말아야 돼.'

30분 후에 애인에게서 전화가 온다. 만난 지 일주년이 된 오늘을 기념해서 깜짝 만찬을 준비하느라고 늦었다는 것이다. 일주년을 완전히 잊고 있었던 당신에게 그것은 완전히 뜻밖의 일이다. 그녀는 당신을 데리러 오고 있는 중이라고 했다. 좋은 일이다. 당신은 무척 흥분해 있고 마음의 소리는 그녀가 얼마나 멋지냐는 둥 찬사를 늘어놓는다. 하지만 뭐 잊어버린 건 없는가? 조금 전 30분 동안 당신을 괴롭혔던 그 목소리의 엉터리 충고는 잊어버렸는가?

만일 당신이 고용한 연애상담사가 그런 끔찍한 충고를 했다면 어쨌겠는가? 그는 상황을 완전히 오판한 것이다. 그 충고를 귀담아들었다면 수화기를 들지도 않았을 것이다. 그를 당장 해고해야 되지 않겠는가? 그토록 형편없는 오판의 현장을 보고도 어떻게 두 번 다시 그의 충고를 믿을 수가 있겠는가? 자, 당신은 마음속의 룸메이트를 해고할 건가? 그가 상황을 분석하고 충고한 내용은 완전히 빗나갔다. 하지만 아니다. 당신은 그가 일으킨 문제에 결코 책임을 묻지 않는다. 기실, 다음에 그가 또 충고를 하면 당신은 또다시 거기에 온통 주의를 빼앗긴다. 이게 말이 되는가? 목소리가 얼마나 여러 번 틀렸는가? 당신이 어떤 자에게 충고를 들으러 가는지를 정말 잘 따져 봐야 할 것이다.

이처럼 깨어서 자신을 관찰하는 훈련을 진지하게 했다면 당신은 자신이 얼마나 큰 문제에 빠져 있는지를 깨달을 것이다. 당신은 일생에 중요한 문제란 단 하나밖에 없고, 지금 자신이 바로 그것을 들여다보고 있는 중임을 깨달을 것이다. 그것이야말로 당신이 겪어온 모든 문제의 근원이다. 이제 의문은, 이 내부의 말썽꾼을 어떻게 제거할 것인가 하는 것으로 바뀐다. 맨 먼저 깨닫는 것은, 당신이 진정으로 원하기 전에는 그것을 제거할 가망이 없다는 것이다. 당신의 룸메이트를 충분히 오랫동안 관찰하고 자신이 빠져 있는 곤경을 진정으로 이해하기 전에는 결코 마음을 다룰 수 있게 해줄 본격적인 연습의 토대를 가지지 못한다. 일단 마음의 통속극으로부터 자신을 해방시키기로 각오를 다졌다면 당신은 마음에 대한 가르침과 기술을 배울 준비가 된 것이다. 이제 당신은 그것을 진정으로 활용할 수 있게 된다.

당신이 이 문제를 최초로 겪는 사람이 아니라는 것을 알면 마음이 놓일 것이다. 똑같은 상황에 놓여 있는 자신을 발견한 선배들이 있었다. 그들은 이 분야의 노하우를 통달한 사람들에게서 가르침을 구했다. 그들은 이런 과정을 돕기 위해 고안된 가르침과 기법들을 배웠다. 명상이나 요가는 신체의 건강을 돕기도 하지만 단지 그것만을 위한 것은 아니다. 이것은 당신을 곤경에서 구해줄 비결, 당신을 해방시켜 줄 비결에 관한 것이다. 영혼의 자유를 당신 삶의 목적으로 삼는다면, 그것을 도와줄 영적 수련의 전통들이 있다. 이것은 당신을 자신으로부터 구해내기 위해 스스로 시간을 내서 하는 수행법이다. 당신은 결국 마음으로부터 자신을 멀찍이 떼놓아야만 한다는 것을 깨달을 것이다. 정신이 맑을 때 삶의 목표를 정하고, 마음이 변덕으로 그것을 훼방

하지 못하게 함으로써 그렇게 할 수 있다. 마음의 소리에 귀를 빼앗기는 습관보다 당신의 의지가 더 강하다. 당신이 할 수 없는 일은 없다. 의지는 이 모든 것을 장악하고 다스린다.

자신을 해방시키고자 한다면 먼저 자신의 곤경을 이해할 수 있을 만큼 의식을 일깨워야 한다. 그 다음엔 해방을 위한 내적 작업에 투신해야만 한다. 마치 당신의 삶이 오로지 여기에 달려 있는 것처럼 하라. 왜냐하면 실제로 그러니까. 지금도 그런 것처럼 당신의 삶은 당신의 것이 아니다. 그것은 당신 마음속 룸메이트의 것이다. 당신은 그것을 되찾아 와야 한다. 지켜보는 자의 자리에 확고히 자리 잡고, 당신을 사로잡고 있는 습관적인 마음의 손아귀를 풀어 놓아야 한다. 이것은 다른 누구도 아닌 당신의 삶이다. 그 권리를 되찾아라.

제3장

# 당신은 누구인가

위대한 침묵의 성자 라마나 마하리쉬1879-1950는 내면의 자유를 얻기 위해서는 진지하게, 끊임없이 자신에게 '나는 누구인가?' 하고 물어보아야만 한다고 했다. 그는 이것이야말로 경전을 읽는 것보다, 주문을 외우는 것보다, 성지를 순례하는 것보다도 더 중요하다고 가르쳤다. 그저, '나는 누구인가? 눈에 보이는 이것을 누가 보는가? 귀에 들리는 이것을 누가 듣는가? 인식한다는 것을 누가 인식하는가? 나는 누구인가?' 하고 물어보라.

한 가지 생각게임을 통해서 이것을 좀 더 살펴보자. 당신과 내가 대화를 하고 있다고 상상해 보자. 서양에서는 누군가가 '당신은 누구신가요?' 하고 물어도, 그런 심오한 질문은 곤란하다고 하지는 않고 그저 이름으로 대답한다. 예컨대, 샐리 스미스라고. 하지만 나는 종이를 꺼내서 샐리 스미스라고 적고는 그것을 당신에게 보여 준다. 그리고 이렇게 따진다. '이 글자가 당신이란 말입니까? 그 글자가 그것을 보고 있는 그인가? 물론 그렇지 않다. 그래서 당신은 이렇게 말한다.

'미안해요. 당신 말이 맞네요. 난 샐리 스미스가 아니에요. 그건 사람들이 날 부르는 이름일 뿐이죠. 그건 꼬리표예요. 사실 나는 프랭크 스미스의 아내예요.'

천만에. 그건 정치적으로도 맞는 말이 아니다. 당신이 어떻게 프랭크 스미스의 아내가 될 수가 있는가? 프랭크를 만나기 전에는 당신이 존재하지도 않았다는 건가? 그리고 그가 죽으면, 혹은 재혼을 하면 당신은 존재하기를 멈추기라도 한다는 건가? 프랭크 스미스의 아내는 당신일 수가 없다. 이 또한 하나의 꼬리표로서 당신이 연루된 어떤 사건이나 상황의 소산일 뿐이다. 그렇다면 당신은 누구인가? 이번에 당신은 이렇게 대답한다.

'좋아요. 이제 제대로 말해 볼게요. 내 이름은 샐리 스미스이고 1965년 뉴욕에서 태어났어요. 부모님인 해리와 매리 존스와 함께 다섯 살 때까지 퀸즈에서 함께 살았고 그 후에 뉴저지로 이사 가서 뉴어크 초등학교에 다녔어요. 학교 성적은 최고였고 5학년 때는 오즈의 마법사 연극에서 도로시 역을 맡았어요. 9학년 때 연애를 시작했는데 첫 번째 남자친구는 조였어요. 루트거즈 대학에 다니면서 프랭크 스미스를 만나서 결혼했죠. 그게 저예요.'

잠깐, 이건 흥미로운 사연이긴 하지만 나는 당신이 태어난 이후로 일어난 일들에 대해서 물어본 게 아니다. 나는 '당신은 누구신가요?' 하고 물었다. 당신은 이 모든 경험들을 묘사했지만, 그것을 누가 경험했는가? 다른 대학교에 입학했다고 하더라도 당신은 마찬가지로 자신의 존재를 의식하면서 거기에 있지 않았겠는가?

그래서 당신은 곰곰이 생각해 보다가 이제까지 한 번도 스스로 이런 질문을 정말 진지하게 해본 적이 없었다는 사실을 깨닫는다. 나는 누구인가? 이것이 라마나 마하리쉬가 던진 질문이다. 그래서 당신은 좀 더 진지하게 생각해 보고 나서 이렇게 대답한다.

'좋아요, 나는 이 공간을 점유하고 있는 몸이에요. 키는 165센티이고 몸무게는 50킬로그램이지요. 이게 나예요.'

5학년 때 도로시 역할을 했을 때 당신은 165센티가 아니라 120센티였다. 당신은 165센티인 사람인가, 아니면 120센티인 사람인가? 도로시였을 때 당신은 그 속에 없었는가? 당신은 있었다고 했다. 당신은 5학년 때 도로시 역을 경험한 그였고 지금은 내 질문에 대답하려고 애쓰고 있는 그가 아닌가? 이 둘은 다 똑같은 당신이 아닌가?

   핵심적인 질문으로 돌아가기 전에 잠시 한 발짝 물러나서, 몇 가지 질문을 통해 탐사를 해볼 필요가 있을 것 같다. 당신은 열 살이었을 때 거울 속에서 열 살짜리 소녀를 보지 않았는가? 지금 성인이 된 몸을 보고 있는 그는 옛날의 그와 동일한 당신이 아닌가? 그 존재는 지속되고 있지 않은가? 그 세월 동안 거울 속을 들여다본 것은 동일한 존재가 아닌가? 이것을 매우 깊이 생각해볼 필요가 있다. 여기 또 다른 질문이 있다. 당신은 밤마다 잠 속에서 꿈을 꾼다. 누가 꿈을 꾸는가? 꿈을 꾼다는 것은 무엇을 의미하는가? 당신은 이렇게 대답한다. '글쎄, 그건 마음속에서 영화가 상영되는데 내가 그걸 보고 있는 것과 같지요.' 누가 본다고? '내가 보지요!' 거울을 들여다보던 그 당신 말인가? 이 글을 읽고 있는 당신이 거울을 들여다보고, 꿈을 꾼다는 말인가? 잠에서 깨면 당신은 자신이 꿈을 꿨다는 것을 안다. 거기에는 지속적으로 이어지는 존재의 인식이 있다. 라마나 마하리쉬는 아주 단순한 질문을 던지고 있다. 눈에 보이는 그것을 누가 보는가? 귀에 들리는 그것을 누가 듣는가? 꿈을 누가 꾸는가? 거울 속을 누가 들여다보는가? 이 모든 경험을 누가 하고 있는가? 여기에 그저 정직하게, 직관적으로 대답해 보려고 애쓴다면 당신은 그저 이렇게 대답하게 될 것이다. '나요. 그건 나예요. 내가 이 안에서 이 모든 것을 경험하고 있어요.' 이것이 당신이 발견할 최선의 대답이다.

눈앞의 대상이 당신이 아니라는 것은 사실 간단히 알 수 있다. 그것은 전형적인 주체-대상의 문제다. 대상을 바라보고 있는 것은 주체인 당신이다. 그러므로 우주의 모든 대상을 일일이 다 따져서 그것들이 모두 당신이 아니라고 할 필요도 없다. 그저 간단히 일반화해서 당신이 어떤 것을 바라보는 자라면 그 어떤 것은 당신이 아니라고 말할 수 있다. 그러니 무엇이 당신이 아닌지는 단숨에 알 수 있다. 당신은 외부세계가 아니다. 당신은 안에서 세상을 내다보고 있는 그다.

여기까지는 쉽다. 이제 우리는 최소한 외부의 무수한 사물들을 제거했다. 하지만 그렇다면 당신은 누구란 말인가? 가만히 살펴보면 외부의 사물이 모두 사라져도 당신은 여전히 안에서 온갖 느낌을 경험하고 있다는 것을 깨닫게 된다. 당신이 얼마나 많은 두려움을 느끼는지를 생각해 보라. 불만과, 때로는 분노도 느낄 것이다. 그런데 이런 느낌들을 누가 느낄까? 당신은 이번에도 이렇게 대답한다. '나요!' 잘 대답했다. 똑같은 '나'가 외부세계와 내면의 감정을 경험한다.

이것을 확실히 따져 보기 위해서, 당신이 마당에서 놀고 있는 개를 지켜보고 있다고 해보자. 그때 갑자기 등 뒤에서 무슨 소리가 들린다. 방울뱀이 쉭쉭거리는 소리 같다! 그러면 당신은 이전과 똑같은 강도의 주의로 개가 노는 모습을 지켜볼 수 있게 될까? 속에서 엄청난 두려움이 올라오는 것을 느낄 것이다. 눈앞에는 여전히 개가 놀고 있지만 당신의 마음은 그 두려운 느낌에 완전히 사로잡힐 것이다. 모든 주의가 순식간에 그 감정 속으로 빨려 들어갈 것이다. 그런데, 그 두려움을 누가 느끼는가? 그것은 개를 지켜보던 것과 동일한 당신이 아닌가? 사랑을 할 때, 누가 그 사랑을 느끼는가? 눈을 뜨고 무엇을 바라보고 있기가 힘들 만큼 너무나 깊은 사랑을 당신은 느껴본 적이 없는가? 이처럼 외부의 대상에 집중하기가 힘들 정도로 마음속의 너무나 아름다운 느낌에, 혹은 두려운 느낌에 완전히 빠져들 수 있다. 실제로, 내부의 대상과 외부의 대상들이 서로 앞다퉈 당신의 주의를 빼앗는다. 거기서 당신은 외부의 경험과 내부의 경험을 하고 있다. 그런데 그 당신은 누구인가?

이것을 좀 더 깊이 들여다보기 위해서, 또 한 가지 질문에 대답해 보자. 당신은 아무런 감정도 경험하지 않고 그저 마음속의 고요함만을 느껴본 적이 없는가? 그때, 거기에도 당신은 있지만 이번에는 그저 그 평화로운 고요함만을 인식한다. 결국 당신은 외부세계의 대상들과 마음속 감정들은 그 위를 물처럼 지나가는 것임을 깨닫기 시작할 것이다. 하지만 이런 것들을 경험하는 당신은 자기 앞을 지나가는 그 모든 것을 그대로 의식하면서 있다.

하지만 어디에 있다는 말인가? 생각 속에 있을까? 철학자 르네 데카르트는 말했다. '나는 생각한다, 고로 나는 존재한다.' 하지만 그게 사실일까? 사전에는 '생각하다'라는 말이 '생각을 형성하고 마음을 사용하여 개념을 숙고하고 판단을 내림'이라고 정의되어 있다. 문제는, 누가 마음을 사용해서 생각을 형성하고 그것을 개념화하고 판단하는가, 하는 것이다. 생각을 경험하는 그것은 생각이 없을 때도 존재할까? 다행히도 그것에 대해서는 생각을 안 해도 된다. 당신은 자신의 존재를, 자기 존재의 느낌을 생각의 도움 없이도 잘 인식한다. 예컨대 깊은 명상에 들어가면 생각이 멎는다. 당신은 생각이 멎은 것을 안다. 그것을 '생각하는' 것이 아니라 그저 '생각이 없는 상태'를 인식한다. 명상에서 빠져나와서 당신은 이렇게 말한다. '우와, 명상에 깊이 들어갔더니 처음으로 생각이 완전히 멎어 버렸어. 난 완전히 평화롭고 조화롭고 고요한 그런 자리에 있었어.' 당신이 그 안에서 생각이 멎을 때 일어나는 평화를 경험하고 있었다면 당신의 존재는 생각이라는 행위에 의존하지 않는 것이 분명하다.

생각은 멎을 수 있다. 생각은 또 엄청나게 시끄러울 수도 있고 어떤 때는 다른 때보다 훨씬 많은 생각이 일어날 수도 있다. 당신은 이렇게 말할지도 모른다. '내 마음이 날 미치게 해. 그가 나한테 그런 말을 한 이후로는 잠도 못 자겠어. 마음이 입을 닫질 않는걸.' 누구의 마음 말인가? 그 생각들을 누가 알아차리는가? 당신이 아닌가? 당신이 마음 속의 생각들을 듣고 있지 않은가? 그것들의 존재를 당신이 인식하지 않는가? 당신은 그것을 제거할 수가 없는가? 좋아하지 않는 생각이 자꾸 떠오르기 시작하면 그것이 사라지게 할 수 없는가? 사람들은 늘 생각과 씨름을 한다. 생각을 알아차리는 것은 누구이며 그것과 싸우는 것은 누구인가? 여기서도 역시 당신은 생각과 주체–대상의 관계를 이루고 있다. 당신은 주체이고 생각들은 그저 당신이 인식할 수 있는 또 다른 대상일 뿐이다. 당신은 생각이 아니다. 당신은 단지 생각들을 인식한다. 마침내 당신은 이렇게 말한다.

'그래, 나는 외부세계의 어떤 것도 아니고 감정도 아니야. 외부와 내부의 이 대상들은 왔다가 지나가고 나는 그것들을 경험하는 거야. 나는 생각도 아니야. 그것은 잠잠할 수도, 시끄러울 수도 있고 행복할 수도, 슬플 수도 있어. 생각은 내가 인식하는 또 다른 대상일 뿐이야. 하지만 그럼 난 무엇이란 말이야?'

그것은 심각한 의문이 된다. '나는 무엇일까? 이 모든 육체적, 감정적, 정신적 경험을 하고 있는 그것은 무엇일까?' 그래서 당신은 이 의문을 조금 더 깊이 살펴본다. 그러면 경험들을 지나 보낸 뒤에 남아 있는 자를 알아차리기 시작할 것이다. 경험을 경험하는 그를 인식하기 시작할 것이다. 당신은 마침내 경험자인 그 당신이 어떤 특별한 속성을 지니고 있음을 깨닫는, 내면의 어떤 지점에 도달할 것이다. 그 속성이란 순수한 인식, 의식함, 존재한다는 어떤 직관적 느낌이다. 당신은 자신이 거기에 있음을 알게 된다. 그것을 생각할 필요가 없다. 그저 안다. 원한다면 그것에 대해 생각할 수도 있다. 하지만 그러면 자신이 그것을 생각하고 있다는 사실을 알아차릴 것이다. 당신은 생각을 하든지, 말든지 상관없이 존재한다.

　이것을 조금 더 경험적으로 알기 위해 의식적인 실험을 한번 해보자. 방안이나 창문 밖을 한번 흘끗 바라봄으로써 눈앞의 모든 것을 한순간에 자세히 볼 수 있는지 보라. 가깝든 멀든 당신은 시야에 들어오는 것들을 애쓰지 않고 인식할 수 있다. 당신은 머리나 눈을 돌리지 않고도 보이는 것들을 즉석에서 자세히 인식한다. 모든 색깔들과 다채로운 빛과 목가구의 결과 건물의 생김새와 나무껍질과 잎을 바라보라. 이 모든 것을 생각할 필요 없이 단숨에 인식한다는 것을 알아차리라. 생각할 필요도 없이 그저 본다. 이제 당신이 보는 것을 생각으로써 낱낱이 떼어내어 이름 붙이고 자세히 묘사해 보라. 그냥 바라보는 의식의 순간 포착에 비하면 마음의 소리가 그 모든 사항을 당신에게 묘사하는 데는 얼마나 긴 시간이 걸리는가? 생각을 만들어내지 않고 그저 보기만 하면 당신의 의식은 애쓰지 않고도 보이는 모든 것을 알아차리고 온전히 인식한다.

　의식Consciousness이란 당신이 말할 수 있는 가장 높은 수준의 단어이다. 의식보다 더 높거나 깊은 것은 없다. 의식은 순수한 인식이다. 하지만 인식한다는 건 또 뭔가? 또 다른 실험을 해보자. 당신이 여러 명의 사람들과 피아노가 있는 방에 있다고 하자. 이제 당신의 세계에는 피아노가 존재하지 않는다고 상상하라. 그것 때문에 큰 문제가 있을까? 당신은 이렇게 대답한다. '아뇨, 그렇지 않아요. 난 피아노에 관심 없어요.' 좋다, 그러면 방안의 사람들이 존재하지 않는다고 상상해 보자. 그래도 괜찮은가? 견딜 수 있는가? 당신은 대답한다. '물론이죠. 난 혼자 있는 게 더 좋아요.' 이제 당신의 의식이 존재하지 않는다고 상상해 보자. 그저 그것의 스위치를 꺼버려라. 이젠 어떤가?

당신의 의식이 존재하지 않게 되면 어떨까? 사실 그건 아주 간단하다. 당신은 거기에 없을 것이다. '나'라는 느낌이 없을 것이다. '어, 내가 여기 있었는데 이젠 없어.'라고 말할 자도 없을 것이다. 더 이상 존재의 인식이 없다. 존재의 인식, 곧 의식이 없으면 아무것도 없다. 대상은 있을까? 누가 알겠는가? 대상을 인식할 자가 없다면 그것이 존재하는지 않는지를 따진다는 것은 완전히 무의미한 일이 된다. 당신 앞에 아무리 많은 것들이 있어도 의식의 스위치를 끄면 아무것도 없게 된다. 하지만 의식이 있으면 눈앞에 아무것도 없더라도 당신은 아무것도 없음을 온전히 인식한다. 사실이지, 이것은 복잡하고 어려운 일이 아니라 매우 큰 깨달음을 주는 것이다.

그래서 이제 내가 당신에게, '당신은 누구신가요?' 하고 물으면 당신은 이렇게 대답한다.

'나는 보는 자입니다. 나는 이 안의 어딘가에서, 내 앞을 지나가는

사건과 생각과 감정들을 내다보고 인식합니다.'

아주 깊숙이 들어가면, 거기가 당신이 사는 곳이다. 당신은 의식의 자리에서 살고 있다. 거기에 진정한 영적 존재가 아무런 노력도 없이, 아무런 의도도 없이 살고 있다. 우리의 눈이 아무런 애도 쓰지 않고 보이는 모든 것을 내다볼 수 있는 것과 마찬가지로, 언젠가는 당신도 내면의 깊은 자리에 그윽이 앉아서 아무런 애도 쓰지 않고 모든 생각과 감정과 외부의 형상들을 내다보고 있게 될 것이다. 이 모든 대상들이 당신 앞에 있다. 생각은 가장 가까이 안쪽에 있고 감정은 그보다 약간 떨어져 있고 형상들은 저 밖에 멀리 있다. 그 모든 것들의 배후에, 당신이 있다. 깊이깊이 들어가다가, 바로 거기가 자기가 늘 있었던 그곳임을 깨닫는다. 당신은 삶의 각 단계마다 다른 생각과 감정과 대상들이 앞을 지나가는 것을 보아 왔다. 하지만 당신은 언제나 있는 모든 것을 그대로 받아들이는 의식이었다.

이제 당신은 의식의 중심에 있다. 당신은 만물의 배후에서 그저 지켜보고 있다. 거기가 당신의 진정한 본향이다. 그 밖의 모든 것을 없애버려도 모든 것이 없어진 것을 인식하면서 당신은 여전히 거기에 있다. 그 중심 자리가 참나*참자아, Self*의 자리이다. 당신은 그 자리로부터 감각을 통해 생각과 감정과 온 세상이 들어오는 것을 인식한다. 하지만 이제 당신은 자신이 그것을 인식하고 있음을 안다. 그것이 불교의 불성*, 힌두교의 아트만**, 유대교와 기독교의 영혼의 자리이다. 그 깊은 내면의 자리를 차지하는 순간, 위대한 신비가 시작된다.

---

\* 불성 Buddhist Self : 『대열반경』에서의 부처의 설법에 따름(야마모토 코쇼 역 1973).
\*\* 아트만 Atman : 개별 인간 존재의 영원한 핵(미리엄-웹스터 사전 2003).

**제4장**

# 깨어 있는 자아

자각몽이라 불리는 종류의 꿈이 있다. 자각몽 lucid dreaming, 自覺夢 속에서는 자신이 꿈을 꾸고 있다는 것을 인식한다. 꿈속에서 날고 있다면 당신은 이렇게 생각한다. '야, 이것 봐! 내가 나는 꿈을 꾸고 있어, 저쪽으로 한번 날아가 볼까.' 실제로 당신은 자신이 꿈속에서 날고 있고 그 꿈을 꾸고 있다는 것을 알아차릴 정도로 의식이 맑다. 이것은 꿈속에 완전히 빠져들어 버리는 보통의 꿈과는 사뭇 다르다. 이 차이는 일상생활 속에서 자신이 경험을 인식하고 있음을 아는 것과 모르는 것의 차이와도 같다. 인식하는 자로서 있을 때는 주변의 사건 속에 완전히 빠져들지 않는다. 대신 당신은 자신이 그 사건과 생각과 감정을 경험하고 있는 자임을 늘 인식하고 있다. 이 같은 의식 상태에서 하나의 생각이 일어나면 당신은 그 생각에 넋을 뺏기지 않고 자신이 그 생각을 하는 자임을 안다. 당신은 깨어 있다.

이것은 매우 흥미로운 의문을 제기한다. 만일 당신이 이 모든 것을 경험하는 내면의 존재라면 이처럼 다양한 인식의 수준들이 존재하는 이유는 뭘까? 참나의 인식 속에 자리 잡고 있을 때, 당신은 깨어 있다. 그렇다면 참나의 자리에 깊이 자리 잡고 경험하는 모든 것을 의식적으로 경험하고 있지 않을 때는, 당신은 어디에 있을까?

우선, 의식은 '집중'이라는 능력을 가지고 있다. 그것은 의식의 성질 중 하나다. 의식의 핵심은 인식인데, 인식은 어떤 것을 다른 것보다 더 선명하게 인지할 수 있는 능력을 지니고 있다. 달리 말해서, 그것은 어떤 대상에 자신을 집중시키는 능력을 갖고 있다. 선생님들은 '내 말에 집중해.'라고 말한다. 이것은 무슨 뜻인가? 그것은 의식을 거기에 모으라는 말이다. 선생님들은 학생들이 그렇게 하는 방법을 안다고 생각한다. 누가 그것을 가르쳤는가? 의식을 움직여서 어떤 것에다 모으는 방법을 어느 학년 어느 과목에서 가르쳐 주었던가? 아무도 가르치지 않았다. 그것은 그저 자연스럽고 천부적인 기능이다. 당신은 그 방법을 처음부터 알고 있었다.

우리는 의식이 존재한다는 것을 안다. 단지 그것을 평소에 화제의 대상으로 삼지 않을 뿐이다. 아마 당신이 초등학교, 중고등학교, 대학교를 졸업할 때까지 의식의 성질에 대해서는 아무도, 단 한마디 이야기도 하지 않았을 것이다. 다행히도 요가와 같은 심오한 공부가 의식의 본질을 매우 깊이 파고든다. 실제로 고대 요가의 가르침은 온통 의식에 관한 것뿐이다.

의식에 대해 배우는 최선의 방법은 직접 경험하는 것이다. 예컨대 당신은 의식이 광범위한 대상을 인식할 수도 있고 어떤 한 대상에 집중해서 다른 것은 인식하지 못할 수도 있음을 너무나 잘 알고 있다. 이것이 생각에 빠질 때 일어나는 일이다. 책을 읽다가 문득 자신이 책을 전혀 읽지 않고 있음을 깨닫는다. 이것은 늘 일어나는 일이다. 뭔가 다른 생각을 하고 있는 것이다. 외부의 대상이나 어떤 생각이 언제든지 주의를 앗아갈 수 있다. 하지만 외부의 대상에 뺏기든 생각에 뺏기든 빼앗기는 그것은 동일한 의식이다.

중요한 것은, 의식이 대상에 집중하는 능력을 지니고 있다는 것이다. 주체인 의식은 특정한 대상에 선택적으로 의식을 모을 수 있다. 한 걸음 뒤로 물러나서 보면 정신적, 감정적, 육체적 차원의 대상들이 당신 앞을 끊임없이 지나가고 있음을 똑똑히 볼 수 있다. 중심을 잡고 있지 않으면 당신의 의식은 여지없이 그중 어떤 대상에 이끌려서 거기에 집중된다. 의식이 거기에 너무 몰입 되면 대상 속에서 인식의 느낌이 실종되어 버린다. 당신은 대상을 인식하고 있음을 인지하지 못한다. TV를 보는 데 열중한 나머지 자신이 어디에 앉아 있는지, 방안에서 무슨 일이 일어나고 있는지를 까맣게 몰랐던 때가 없었는가?

우리 의식의 중심이 참나의 인식으로부터 떨어져 나와 집중한 대상

속에서 미아가 되어 버리는 과정을 살펴보는 데는 TV의 비유가 안성맞춤이다. 다만 다른 점은 당신이 TV에 정신이 뺏긴 채 거실에 앉아 있는 대신, 생각과 감정과 외부세계의 형상들이 등장하는 화면에 주의를 뺏긴 채 의식의 중심에 앉아 있다는 것뿐이다. 육체적 감각의 세계에 의식이 집중되면 그것은 당신을 그 안으로 불러들인다. 그러면 감정적, 정신적 반응이 당신을 더욱 안으로 끌어들인다. 그렇게 되면 당신은 더 이상 참나의 자리에 중심을 잡고 앉아 있지 않다. 당신은 마음의 TV 쇼 속으로 빨려 들어가 있는 것이다.

이 마음의 TV 쇼를 한번 들여다보자. 거기에는 늘 상영되고 있는 배경의 습관적 생각이 있다. 이 습관적 생각은 거의 변하지 않는다. 자기 집 거실 공간이 그런 것처럼, 평소의 습관적인 생각은 당신에게 익숙하고 편안하다. 당신은 또 약간의 두려움과 약간의 사랑과 약간의 불안감 같은, 바탕에 깔려 있는 감정도 가지고 있다. 당신은 어떤 일이 일어나면 이 중의 어떤 감정이 부풀어 올라서 당신의 인식을 지배할지를 이미 알고 있다. 하지만 그것도 결국은 평소의 상태로 되돌아온다. 당신은 이것을 너무나 잘 알고 있기 때문에 이런 소란을 일으킬 일이 생기지 않게 하느라고 마음이 매우 분주하다. 사실 당신은 생각과 감정과 신체감각의 세계를 통제하느라고 너무나 바쁜 나머지 자신이 그 안에 있다는 사실조차 모른다. 이것이 대부분의 사람들의 평소 상태이다.

이처럼 헤매고 있을 때 당신은 생각과 감정과 감각이라는 대상 속에 완전히 빠져 있어서 자기라는 주체를 인식하지 못하는 것이다. 자, 지금 당신은 마음의 TV 쇼를 보면서 의식의 중심 자리에 앉아 있다. 하지만 의식을 미혹하는 재미있는 대상들이 너무나 많아서 당신은 그 속으로 빠져들고 만다. 그것은 압도적이고 입체적이며, 당신을 온통 둘러싸고 있다. 생각과 감정뿐만 아니라 시각, 청각, 미각, 후각, 촉각 등 모든 감각이 당신을 에워싼다. 하지만 당신은 이 모든 대상들을 내다보면서 정말 고요하게 앉아 있다. 태양이 대상들에 빛을 비춰 주기 위해 하늘의 자기 자리를 떠날 필요가 없듯이 의식도 형상과 생각과 감정이라는 대상들에 인식을 비추기 위해서 자신의 자리를 떠날 필요가 없다. 다시 중심을 잡고 싶다면 일단 속으로 '안녕' 하고 그저 반복해서 말을 건네라. 그러면서 당신이 그 생각을 인식하고 있음을 '알아차려라'. 인식하고 있다고 '생각하지' 말라. 그것은 또 하나의 생각일 뿐이다. 그저 편안하게 '안녕' 하는 말이 마음속에서 메아리쳐 들려오는 것을 알아차리기만 하면 된다. 거기가 의식의 중심 자리이다.

자, 이제 작은 화면에서 더 큰 화면으로 가보자. 영화의 예를 사용해서 의식을 살펴보자. 영화를 보러 가면 우리는 자신이 그 속으로 빠져들게 한다. 그것이 영화를 본다는 경험 중 일부다. 영화를 볼 때는 두 가지 감각, 즉 시각과 청각을 사용한다. 그리고 이 두 가지 감각이 동시에 장단 맞춰 일어나는 것이 매우 중요하다. 그것이 서로 일치하지 않으면 영화 속으로 잘 빠져들지 않을 것이다. 007 영화를 보는데 사운드트랙이 장면과 일치하지 않는다고 생각해 보라. 당신은 영화의 마술 속으로 빠져들지 않고 자신이 극장에 앉아 있고, 뭔가가 잘못되고 있음을 의식하게 될 것이다. 하지만 보통은 화면과 대사가 완벽하게 일치하기 때문에 영화가 마음을 사로잡아서, 당신은 극장에 앉아 있다는 사실조차 잊어버린다. 당신은 자신의 생각과 감정을 잊어버리고 영화 속으로 마음이 끌려들어 간다. 사실 어둡고 썰렁한 극장에서 낯선 사람들 사이에 앉아 있는 경험과 영화에 온통 열중해서 주변을 까맣게 잊어버리는 경험의 차이를 생각해 보면 그것은 꽤나 놀랍다. 사실 정말 재미있는 영화는 두 시간 동안 자신에 대한 인식을 까맣게 잊어버리게 만들 수도 있다. 그러니까 영화에 빠지게끔 만들기 위해서는 장면과 소리의 일치가 매우 중요하다. 그런데 이것은 단지 두 가지 감각에 지나지 않는다.

냄새와 맛까지 느낄 수 있는 영화를 경험한다면 어떤 일이 일어날까? 누가 음식을 먹고 있는데 당신도 그 맛과 냄새를 느낄 수 있는 영화를 보고 있다고 상상해 보자. 틀림없이 그 속으로 홀딱 빠져들 것이다. 감각의 입력이 두 배로 늘어났으므로 당신의 의식을 끌어당기는 대상도 두 배로 늘어난다. 소리, 광경, 맛, 냄새, 그리고 아직 큰 것 하나는 말하지도 않았다. 촉감도 느낄 수 있는 영화를 보러 가본다면 어떨까? 다섯 가지 감각이 총동원되면 당신은 꼼짝없다. 그것이 모두 감쪽같이 서로 장단을 맞추면 당신은 그 경험 속에 완전히 매몰되어 버릴 것이다. 그러나 반드시 그렇지만은 않다. 당신은 극장에 앉아서 이처럼 압도적인 감각의 경험을 하고 있으면서도 영화가 지겨워질 수 있다. 그게 별로 재미가 없다. 그래서 생각이 이리저리 꿈틀대기 시작한다. 집에 가서 할 일을 생각하기 시작하고 과거에 일어났던 일을 생각하기도 한다. 잠시 후면 당신은 자신의 생각에 완전히 빠져서 자신이 영화를 보고 있다는 사실조차 인식하지 못한다. 이것은 당신의 오감이 이 영화의 모든 메시지를 전하고 있는 와중에도 일어난다. 이것은 당신의 생각이 영화와는 상관없이 일어날 수 있기 때문에 생길 수 있는 현상이다. 의식이 집중될 다른 장소를 생각이 제공해 주는 것이다.

이번에는 영화가 다섯 가지 감각만 제공하는 것이 아니라 당신의 생각과 감정까지도 장면과 일치되게 만든다고 상상해 보라. 이 영화 속에서 당신은 듣고 보고 맛보다가 문득 등장인물의 감정을 느끼고 그가 생각하는 것을 생각하기 시작한다. 주인공이, '이것 참 미치겠네. 그녀에게 청혼을 할까 말까?'라고 말하면 당신 속에서 갑자기 초조한 느낌이 밀려 올라온다. 이제 우리는 오감에다 생각과 감정까지 덧보탠 총체적인 경험을 하고 있다. 극장에 가서 이런 영화를 본다고 상상해 보라. 조심하라. 그것이 자신을 인식하는 마지막 순간이 될지도 모르니까. 경험과 일치되지 않는 의식의 대상은 더 이상 없다. 당신의 의식이 미치는 모든 곳이 영화 속의 일부다. 영화만이 생각을 통제한다,

끝. '이 영화는 재미없어. 나가야겠어.'라고 말하는 '당신'은 없다. 그러려면 독립적인 생각을 해야 하는데, 당신의 생각은 영화가 장악하고 있다. 이제 당신은 완전히 미아가 됐다. 거기서 어떻게 빠져나올 수 있겠는가?

끔찍하게 들리겠지만, 이것이 바로 당신이 삶에서 당면해 있는 문제이다. 당신이 인식하는 모든 대상들 또한 서로 완벽하게 장단을 맞추고 있고, 당신은 거기에 빨려 들어가서 자신이 대상과 별개의 존재임을 알아차리지 못하고 있기 때문이다. 생각과 감정은 광경과 소리에 장단 맞춰 움직인다. 모든 감각이 밀려들어 오고 당신의 의식은 그 속에 완전히 빠져든다. 지켜보는 자의 의식에 온전히 자리 잡고 있지 않은 한 당신은 자신이 이 모든 것을 지켜보는 자임을 인식하면서 느긋하게 앉아 있을 수가 없다. 미아가 된다는 것은 이런 뜻이다.

미아가 된 영혼이란 한 인간의 생각과 감정과 시각, 청각, 미각, 후각, 촉각이 모두 감쪽같이 일치하는 곳에 빠져든 의식이다. 그 모든 메시지가 한 점에서 일치한다. 그러면 어떤 것이든 인식할 수 있는 의식이 어쩌다가 그 한 점에 너무 가까이 다가가게 된다. 그렇게 해서 의식이 빨려 들어가면, 그것은 자신을 더 이상 자신으로 인식하지 못한다. 그것은 자기가 경험하고 있는 대상이 바로 자기인 줄 안다. 달리 말해서 당신은 자신을 그것대상으로 오인한다. 당신은 자신이 겪어온 모든 경험의 총합을 당신이라고 생각한다.

이것이 당신이 이 하이테크 영화관에 갔을 때 일어날 일이다. 그런 영화를 볼 때는 시작하기 전에 되고자 하는 인물을 고르게 할 것이다. '난 제임스 본드가 될 거야.' 하고 결정했다고 치자. 좋다. 하지만 일단 스위치를 누르면 그걸로 끝이다. 스위치에 타이머를 달아 놓는 게 좋을 거다! 당신이 지금 자신이라고 알고 있는 그는 더 이상 거기에 없다. 당신의 모든 생각은 이제 제임스 본드의 생각이므로 이전의 자아 관념은 통째로 사라진다. 당신의 자아 관념이란 당신 자신에 관한 생각들의 집합에 지나지 않는다는 점을 명심하라. 감정도 마찬가지로 제임스 본드의 것이고, 당신은 그의 눈과 귀를 통해 영화를 본다. 동일하게 남아 있는 당신 존재의 유일한 측면은, 이 대상들을 인식하는 의식이다. 그것은 당신의 이전의 생각, 감정, 감각 입력물 등을 인식했던 그것과 동일한 인식의 중심이다. 이제 누군가가 영화를 멈춘다. 그러면 즉시 제임스 본드의 생각과 감정은 당신의 이전의 생각과 감정으로 대치된다. 당신은 다시 자신이 마흔 살의 여자라고 생각한다. 모든 생각이 맞아떨어진다. 모든 감정도 맞아떨어진다. 모든 것이 이전처럼 보이고 맡고 느껴진다. 하지만 그것은 그 모두가 의식이 경험하는 무엇일 뿐이라는 사실을 바꿔 놓지 못한다. 그것은 모두가 의식의 대상이고, 당신은 의식이다.

　의식적이고 중심 잡힌 사람과 의식이 깨어 있지 못한 사람의 차이는 간단히 의식의 초점의 차이이다. 의식 자체의 차이가 아니다. 태양에서 나오는 모든 빛이 같듯이 모든 의식은 같다. 의식은 순수하지도 불순하지도 않다. 의식은 성질이 없다. 그것은 그저 자신이 인식함을 인식하면서 있을 뿐이다. 차이는, 의식이 안에서 중심을 잡고 있지 않으면 그것은 대상에 완전히 함몰된다. 그러나 당신이 중심 잡힌 존재라면 의식은 언제나 자신이 인식함을 알고 있다. 자신의 존재를 인식한다는 것은 당신이 인식하고 있는 내외부의 대상들과는 무관한 일이다.

이 차이를 정말 이해하고 싶다면 의식은 어떤 것에나 집중할 수 있음을 깨닫는 데서부터 출발해야 한다. 그렇다면, 만일 의식이 자기 자신에 집중한다면 어떻게 될까? 그런 일이 일어날 때, 당신은 생각을 인식하는 대신 자신이 생각을 인식하고 있음을 인식하게 된다. 의식의 빛을 의식 자체에다 되비춘 것이다. 당신은 언제나 뭔가를 의식하지만, 이번에는 의식을 의식하는 것이다. 이것이 진정한 명상이다. 진정한 명상은 단순한 일념집중 이상의 것이다. 가장 깊은 명상에 들려면 의식을 하나의 대상에다 모으는 집중력이 있어야 할 뿐만 아니라 인식 그 자체를 대상으로 만들 수 있어야만 한다. 가장 높은 경지에서는 의식의 초점이 자신(참나)에게로 돌려진다.

참나의 본성을 들여다볼 때, 당신은 명상을 하고 있는 것이다. 그것이 가장 높은 경지이다. 그것은 당신 존재의 뿌리, 곧 '인식하고 있음에 대한 인식'으로 돌아가는 것이다. 일단 의식 그 자체를 의식하게 되면 당신은 전혀 다른 상태를 경험한다. 이제 당신은 자신을 아는 것이다. 깨어난 존재가 된 것이다. 그것은 정말 세상에서 가장 자연스러운 일이다. 나는 여기 있다. 여기에 늘 있었다. 그것은 마치 당신이 소파에 앉아서 TV를 보고 있었는데 쇼에 너무나 넋이 빠져 버린 나머지 자기가 어디에 있는지를 잊어버렸던 것과도 같다. 그런데 누군가가 당신을 흔들었다. 그래서 이제 당신은 자신이 소파에 앉아서 TV를 보고 있다는 것을 다시 알아차리게 된 것이다. 그 밖에는 아무것도 달라진 게 없다. 자기의 존재감을 의식의 특정한 대상에다 투사하기를 멈춘 것일 뿐이다. 당신은 깨어났다. 이것이 영성이다. 이것이 참나의 본성이다. 이것이 당신이다.

의식 속으로 물러나서 제자리로 돌아오면 이 세상은 더 이상 골칫거리가 아니다. 그것은 당신이 지켜보고 있는 무엇일 뿐이다. 세상은 끊임없이 변한다. 하지만 그것이 문제라는 느낌은 없다. 세상을 그저 당신이 인식하는 그대로의 모습으로 놔두기만 하면 세상도 당신을 있는 그대로 있게끔 놔둘 것이다. 있는 그대로의 당신은 의식이고 참자아이고 아트만이며 영혼이다.

당신은 스스로 자기라고 생각했던 그가 아님을, 깨닫는다. 당신은 인간도 아니다. 어쩌다가 한 인간을 지켜보게 되었을 뿐이다. 당신은 의식의 중심에서 깊은 체험을 하기 시작할 것이다. 그것은 참나의 진정한 본성에 대한 깊은 직관적 체험이 될 것이다. 당신은 자신이 엄청나게 광대무변함을 깨달을 것이다. 형상들 대신 의식을 탐사하기 시작하면 당신은 오직 작고 한정된 대상에 집중할 때만 의식이 작고 한정된 것으로 느껴진다는 사실을 깨닫게 될 것이다. TV에 온통 마음이 빼앗겨 있을 때 일어나는 일이 바로 그것이다. 당신의 우주는 온통 그것밖에 없다. 하지만 거기서 물러서면 TV가 놓여 있는 방 전체가 보인다. 마찬가지로 인간의 생각과 감정과 감각의 세계에 온통 집중해 있는 대신 물러나서 모든 것을 바라볼 수 있다. 유한으로부터 무한으로 옮겨갈 수 있다. 그리스도, 붓다, 모든 시대와 모든 종교의 위대한 성자와 현자들이 우리에게 들려주려고 애썼던 것이 바로 이것 아니겠는가?

그 위대한 성자들 중 한 사람인 라마나 마하리쉬는 이렇게 묻곤 했다. '나는 누구인가?' 이제 우리는 이것이 매우 심오한 질문임을 안다. 이것을 끊임없이 물어보라. 그렇게 묻다 보면 당신은 자신이 바로 그 답임을 깨달을 것이다. 그 어떤 지적인 대답도 있을 수 없다. 당신이 그 답이다. 그 답이 되라. 그러면 모든 것이 달라질 것이다.

PART 2

## 에너지를 경험하기

제5장

# 열려 있기

 의식이 삶의 큰 미스터리 중 하나라면 내면의 에너지는 또 다른 미스터리다. 내면의 에너지 법칙에 대한 서양의 관심이 너무나 얕은 것은 사실 부끄러운 일이다. 우리는 외부의 에너지를 연구하고 에너지 자원을 매우 중요시하면서 내부의 에너지는 거들떠보지도 않는다. 사람들은 한평생 생각하고 느끼고 행동하지만 무엇이 그런 활동이 일어나게 하는지는 모르고 있다. 사실은, 몸의 모든 움직임, 일어나는 모든 감정, 마음을 스치는 모든 생각들이 에너지를 소비한다. 외부의 물질세계에서 일어나는 모든 현상이 에너지를 필요로 하듯이, 우리 내면에서 일어나는 모든 일들도 에너지를 필요로 한다.
 예컨대, 어떤 생각에 집중하려고 하는데 거기에 다른 생각이 끼어든다면, 당신은 그 끼어드는 생각을 밀어내기 위해서 반대의 힘을 써야만 한다. 그것은 에너지를 필요로 하고, 그것이 당신을 녹초로 만들어 놓을 수도 있다. 마찬가지로 마음속에 꼭 명심하려고 애쓰는 생각이 있는데 그것이 자꾸만 잊혀져 버린다면 당신은 그것을 다시 불러오기 위해서 의도적으로 마음을 집중해야만 한다. 이럴 때는 실제로 그 생각을 제자리에 붙들어 두기 위해서 더 많은 에너지를 보내고 있는 것이다. 감정을 다루는 데도 에너지를 쓴다. 좋아하지 않는 감정이 일어나서 하고 있는 일을 방해할 때, 당신은 그것을 한쪽으로 밀어낸다. 그것은 거의 본능적인 반응으로서, 그 달갑지 않은 감정이 일에 훼방을 놓지 못하게 한다.

  생각을 만들어내고, 어떤 생각에 집중하고, 무엇을 기억해내고, 감정을 만들어내고, 감정을 억제하고, 강한 충동을 길들이는 등의 이 모든 일들이 엄청난 에너지 소비를 요구한다. 이 모든 에너지가 대체 어디서 나오는 것일까? 왜 어떤 때는 기운이 넘치고 어떤 때는 완전히 녹초가 된 느낌이 들까? 정신과 감정의 에너지가 고갈됐을 때는 음식도 별 도움이 되지 않는다는 것을 깨달은 적이 있는가? 거꾸로, 사랑에 빠졌을 때나, 어떤 일에 흥분하고 고무되었을 때 기운이 너무나 충천한 나머지 밥 먹는 것도 잊어버린 적은 없었는가? 우리가 이야기하는 이 에너지는 몸이 음식을 태워서 내는 칼로리에서 나오는 것이 아니다. 내부로부터 끌어낼 수 있는 에너지의 원천이 있다. 그것은 외부의 에너지원과는 다르다.

이 에너지원을 논하려면 예시를 들어 보는 것이 가장 빠르다. 당신이 이십대인데 애인과 헤어지게 됐다고 가정하자. 당신은 실의에 빠져서 혼자 집안에 처박혀 지낸다. 청소할 기운도 없어서 집안은 이내 엉망진창이 된다. 잠자리에서 일어나지도 못하고 늘 잠만 잔다. 피자 박스가 사방에 널려 있는 걸 보니 먹긴 하는 것 같다. 하지만 아무것도 사태를 도와주지는 못하는 것 같다. 사태에서 빠져나올 기운이 하나도 없다. 친구들이 나오라고 부르지만 당신은 거절한다. 기운이 나지 않아서 아무것도 하기가 싫다.

대부분의 사람들이 살다가 이런 때를 겪는다. 헤어날 길도 없이 영원히 그렇게 살 것만 같다. 그런데 어느 날 갑자기 전화가 걸려 온다. 애인이다. 그래, 석 달 전에 당신을 차버렸던 바로 그 애인이다. 그녀가 울면서 이렇게 말한다. '하나님 맙소사! 날 기억해? 전화는 받아 줄 수 있겠지? 난 지금 너무 끔찍한 기분이야. 널 떠난 건 내 일생에 가장 끔찍한 실수였어. 네가 나에게 얼마나 소중한 존재인지를 이제야 깨달았어. 너 없인 못 살겠다고. 내 삶에 정말 사랑을 느꼈던 때는 오직 너와 함께했던 날들뿐이었어. 날 용서해 줄 수 있어? 용서해 줘, 제발…… 지금 그리로 가도 돼?'

이제 당신의 기분은 어떤가? 정말이지, 이불을 박차고 일어나서 집안을 청소하고 샤워를 하고 얼굴에 화색을 되찾는 데 시간이 얼마나 걸렸는가? 그건 순식간이었다. 전화기를 내려놓는 순간 당신은 기운이 충만해진다. 어떻게 이런 일이 벌어졌는가? 당신은 완전히 기진맥진해 있지 않았는가? 몇 달 동안이나 기운이 하나도 없었다. 그런데 순식간에 당신을 벌떡 일으켜 놓은 에너지가 난데없이 솟아난 것이다.

이처럼 엄청난 에너지의 전환은 쉽게 무시해 버릴 수 없는 일이다. 그 모든 에너지가 대체 어디서 솟아난 것일까? 식사나 잠자는 습관이 갑자기 바뀌었던 것도 아니다. 그런데도 애인이 왔을 때는 밤새도록 이야기를 나누다가 새벽에는 일출을 보러 나가기까지 한다. 당신은 전혀 피곤하지 않다. 둘은 다시 합쳐졌고 손에 손을 잡은 채 넘치는 기쁨에 어쩔 줄 모른다. 사람들은 당신들을 보고 광채가 넘친다고 말한다. 대체 이 모든 에너지가 어디서 솟아난 것일까?

잘 살펴본다면 발견하게 될 것은, 바로 당신의 내부에 엄청난 에너지가 숨어 있다는 것이다. 그것은 음식에서 나오는 것도, 숙면으로부터 나오는 것도 아니다. 이 에너지는 언제나 마음대로 쓸 수 있다. 어떤 순간이든지 그 에너지를 끌어낼 수 있다. 그것은 그저 속으로부터 솟아나서 당신을 가득 채운다. 에너지가 충만할 때는 마치 세상이 다 내 것인 것 같다. 기운이 강하게 흐를 때는 실제로 그것이 물결처럼 지나가는 것을 느낄 수 있다. 그것은 깊은 속으로부터 절로 솟아나서 당신을 채우고 신선하게 재충전시킨다.

이런 에너지를 항상 느끼지 못하는 유일한 이유는, 당신이 그것을 막고 있기 때문이다. 당신은 가슴을 닫음으로써, 마음을 닫음으로써,

그리고 내면의 비좁은 공간 속으로 자신을 끌어들임으로써 그것을 막아 버린다. 이것이 당신을 모든 에너지로부터 차단한다. 가슴을, 마음을 닫을 때, 당신은 내면의 어둠 속으로 숨어든다. 거기엔 빛이 없다. 에너지도 없다. 흐르는 것이 아무것도 없다. 에너지는 여전히 있지만 그 안으로 들어가지 못한다.

이것이 '막힌다'는 말의 뜻이다. 우리가 좌절했을 때 기운이 없는 이유가 바로 이것이다. 에너지가 흐르는 통로가 되어 주는 중추들이 있다. 그것을 닫으면 에너지가 없어진다. 그것을 열면 에너지가 생긴다. 우리 안에는 다양한 에너지 중추들이 있지만 그 닫힘과 열림을 우리가 직관적으로 가장 잘 느끼는 것은 가슴의 중추이다. 당신이 누군가를 사랑한다고 하자. 그 앞에서는 자신이 활짝 열려 있는 것을 느낀다. 그를 신뢰하기 때문에 당신의 벽이 사라지고, 그것이 큰 에너지를 느끼게 한다. 하지만 그가 당신이 싫어하는 짓을 했다면 다음에 만났을 때 당신은 기분이 그리 고양되지 않을 것이다. 이것은 당신이 가슴을 닫아 버렸기 때문이다. 가슴은 에너지의 중추로서, 열리기도 하고 닫히기도 한다. 요가 수행자들은 이 에너지 중추를 차크라(Chakra: '바퀴'라는 뜻의 산스크리트어로 에너지의 샘이자 관문 같은 곳 - 편집자 주)라고 부른다. 가슴의 중추를 닫아 버리면 에너지가 들어오지 못한다. 에너지가 못 들어오면 어둠이 생긴다. 얼마나 단단히 닫혔는가에 따라서, 당신은 엄청난 혼란을 겪기도 하고 무기력에 빠지기도 한다. 사람들은 종종 이 두 상태 사이를 오간다. 그러다가 애인에게 아무런 잘못이 없다는 사실을 깨닫게 되거나, 만족스러운 사과를 받는다면 가슴이 다시 열린다. 그러면 당신은 다시 에너지로 넘치고 사랑이 다시 흐르기 시작한다.

당신은 삶에서 이 같은 에너지의 작용을 몇 번이나 겪어 봤는가? 당신은 내부에 아름다운 에너지의 원천을 가지고 있다. 열려 있을 때, 당신은 그것을 느낀다. 닫혀 있을 때는 그것을 못 느낀다. 이 에너지의 흐름은 당신 존재의 깊숙한 곳에서부터 나온다. 그것은 여러 가지 이름으로 불린다. 고대 중국의 의학에서는 그것을 기氣라고 했고 인도철학에서는 샥티Shakti라고 불렀다. 서양에서는 그것을 영Spirit이라고 한다. 이름이야 내키는 대로 불러도 좋다. 모든 위대한 영적 전통들은 영적 에너지를 논한다. 이름만 다를 뿐이다. 영적 에너지란 당신의 가슴 속으로 순수한 사랑이 밀려올 때 경험하는 그것이다. 그것은 당신이 어떤 일에 고양됐을 때 경험하는 것이다. 이 모든 높은 에너지가 내부로부터 생겨난다.

이것은 당신의 것이기 때문에 당신도 이것에 대해 알아야만 한다. 그것은 당신의 타고난 권리이고, 한정이 없다. 원하는 때 언제든지 그것을 불러낼 수 있다. 그것은 나이와도 상관없다. 여든 살 노인도 아이와 같은 활기와 의욕을 가질 수 있다. 그들은 일주일 내내 장시간 일할 수도 있다. 그것이 모두 에너지이다. 에너지는 늙지 않는다. 지치지도 않는다. 음식을 필요로 하지도 않는다. 필요로 하는 것은 단지 열림과 받아들임이다. 이 에너지는 모든 사람에게 동등하게 주어진다. 태양은 사람을 차별하여 빛을 비추지 않는다. 당신이 착한 짓을 해도 비춰 주고 나쁜 짓을 해도 비춰 준다. 내부의 에너지도 마찬가지다. 단 한 가지 다른 것은, 내부의 에너지는 당신이 안에서 스스로 열고 닫을 수 있다는 것이다. 닫으면 에너지가 흐름을 멈춘다. 열면 안으로부터 모든 에너지가 솟아난다. 진정한 영적 가르침이란 이 에너지와, 그것이 열리게 하는 방법에 관한 것이다.

　당신이 알아야 할 단 한 가지는, 열면 에너지를 받고 닫으면 에너지를 막는다는 사실이다. 이제 당신은 자신이 이 에너지를 원하는지 않는지를 결정해야 한다. 얼마나 고양된 기분을 누리고 싶은가? 얼마나 많은 사랑을 느끼고 싶은가? 자신의 일에 얼마나 큰 의욕과 열의를 가지고 싶은가? 충만한 삶을 누린다는 것이 당신에게 늘 에너지가 충만하고 사랑과 의욕에 차 있는 것을 뜻한다면, 영원히 닫지 않기를 바란다.

　당신을 열려 있게 하는 아주 간단한 방법이 있다. 닫지 않기만 하면 된다. 그것은 이렇게 간단하다. 당신이 해야 할 일은 단지 자신이 열려 있기를 기꺼이 원하는지, 아니면 닫을 필요가 있는 것인지를 결정하는 것이다. 사실, 닫는 법을 잊어버리도록 자신을 훈련시킬 수도 있다. 마음을 닫는 것은 하나의 습관이다. 그리고 그것은 다른 모든 습관들과 마찬가지로 깰 수 있다. 예컨대 당신은 사람들을 무서워하는 무의식적 습관으로 사람들을 만나면 문을 닫아거는 습성을 가질 수 있다. 누군가가 당신을 향해 곧장 다가오면 당신은 실제로 긴장하고 마음의 문이 닫히는 느낌을 경험할 수도 있다. 그러나 이와 반대로 행동하도록 자신을 훈련시킬 수 있다. 사람을 만날 때마다 마음이 열리도록 자신을 훈련시킬 수 있는 것이다. 그것은 단지 당신이 마음을 열기를 원하는가, 닫기를 원하는가 하는 문제일 뿐이다. 그것은 궁극적으로 당신의 손에 달려 있다.

 문제는, 우리가 그 지배권을 행사하지 않는다는 것이다. 보통 때는 열림과 닫힘이 심리적 요인에 좌우된다. 기본적으로, 우리는 과거의 경험에 따라 마음을 열거나 닫도록 프로그램 되어 있다. 과거 경험의 인상은 아직도 우리 안에 남아 있어서, 현재의 여러 가지 경험이 그것을 자극한다. 그것이 부정적인 인상이라면 우리는 마음을 닫는 경향을 보인다. 반대로 긍정적인 인상이라면 마음이 열린다. 어렸을 적 어머니가 저녁 요리를 하던 그 냄새를 연상시키는 냄새가 난다고 하자. 이 냄새에 어떻게 반응하는지는 과거의 경험이 남겨 놓은 인상에 달려 있다. 당신은 가족과 함께 저녁을 먹던 그 경험을 즐겼는가? 음식은 맛있었는가? 그렇다면 그 냄새는 당신의 가슴을 따뜻하게 하고 열리게 한다. 함께 저녁을 먹는 일이 그리 즐겁지 못했다면, 혹은 당신이 좋아하지 않는 음식을 억지로 먹어야 했다면 당신은 긴장하고 마음을 닫는다. 그것은 정말 이토록 예민한 문제다. 하나의 냄새가 당신을 열리게도 하고 닫히게도 한다. 어떤 자동차나 어떤 색깔, 혹은 어떤 사람이 신고 있는 신발을 보는 것도 그렇게 만들 수 있다. 우리는 과거 경험의 인상에 의해 프로그램 되어 있어서, 거기에 사사건건 반응하여 마음이 열리기도 하고 닫히기도 하는 것이다. 주의 깊게 살펴보면 그런 일이 날이면 날마다 판에 박은 듯이 일어나고 있음을 깨달을 것이다.

하지만 이토록 중요한 에너지의 흐름을 결코 그런 우연의 손에다 맡겨 둬서는 안 된다. 그 에너지가 좋다면 결코 자신을 닫지 말라. 열려 있도록 하는 방법을 배울수록 더 많은 에너지가 흘러들게 할 수 있다. 닫지 않음으로써 열려 있게 하는 연습을 할 수 있다. 자신이 마음을 닫기 시작할 때마다 정말 에너지를 차단하기를 원하는지를 스스로 물어 보라. 왜냐하면, 원하기만 한다면 세상에 어떤 일이 일어나든 상관없이 열려 있을 수 있는 방법을 배울 수 있기 때문이다. 다만 자신이 무한한 에너지를 받아들일 수 있을지, 그 그릇을 살펴보겠다는 결심을 하라. 그리고 닫지 않겠다고 결심하라. 처음에는 그것이 부자연스럽게 느껴질 것이다. 왜냐하면 자기보호의 수단으로서 가슴을 닫는 것이 당신의 습관이기 때문이다. 하지만 자신을 닫아거는 것은 무엇으로부터도 진정으로 당신을 보호해 주지 못한다. 그것은 오히려 당신을 에너지원으로부터 차단시킬 뿐이다. 결국 그것은 당신을 자기 속에 가둬 놓을 뿐이다.

당신은 자신이 삶에서 진정으로 원하는 유일한 것은 기쁨과 사랑과 의욕을 느끼는 것임을 깨달을 것이다. 그것을 항상 느낄 수만 있다면 밖에서 어떤 일이 벌어지든 그게 무슨 상관이겠는가? 언제나 고양된 기분을 느낄 수 있다면, 순간의 경험에 늘 짜릿한 흥분을 느낄 수 있다면 그 경험이 어떤 것인지는 상관없다. 그게 무엇이든 간에 내면에서 그렇게 느끼는 것은 아름답다. 그래서 당신은 어떤 일이 일어나든지 항상 열려 있는 법을 배운다. 그렇게만 되면 당신은 다른 모든 사람들이 얻으려고 발버둥치는 그것, 즉 기쁨과 사랑과 열의와 에너지를 공짜로 얻는다. 열려 있게 하려면 무엇이 필요한지를 찾아 두리번거리는 것이 사실은 당신을 한정시키고 만다는 사실을 깨달아야 한다. 당신의 가슴이 열리도록 하려면 세상이 어때야 하는지를 적어 내려가고 있다면, 당신은 자신의 열림을 그 조건들에 한정 받게끔 만들고 있는 것이다. 무조건 열려 있는 편이 낫다.

열려 있는 방법의 터득은 당신에게 달려 있다. 궁극의 비결은 닫지 않는 것이다. 닫지 않는다면 열려 있기를 배운 것이다. 삶에서 일어나는 그 어떤 일도 당신이 거기에 가슴을 닫을 만큼 중요한 일이 되도록 버려두지 마라. 가슴이 닫히기 시작할 때, 그저 이렇게 말하라. '아니야. 나는 닫지 않겠어. 힘을 빼겠어. 나는 이 상황이 일어나게 하고, 거기에 함께 있겠어.' 그 상황을 존중하고 받들어라. 그것을 대면하라. 모든 수단을 다해서 그것을 해결하라. 할 수 있는 최선을 다하라. 다만 열린 마음으로 그것을 대하라. 흥분과 열의로써 그 일을 다루라. 그것이 무엇이든 간에 그것이 그날의 즐거움이 되게 하라. 시간이 지나면 당신은 마음을 닫는 법을 잊은 자신을 발견할 것이다. 누가 무슨 짓을 하든, 어떤 상황이 벌어지든 당신은 마음이 닫히려는 기미조차 느끼지 못할 것이다. 당신은 온 가슴과 영혼으로써 삶을 그저 포용할 것이다. 이처럼 높은 경지에 이르면 당신의 에너지 레벨은 엄청나게 높아질 것이다. 그저 이완하고 열라. 엄청난 에너지가 밀려들어 올 것이다. 당신은 열린 채로 있을 수 있는 능력에 의해서만 제한 받을 것이다.

진정으로 열려 있기를 원한다면, 사랑과 열의를 느낄 때 주의 깊게 살펴보라. 이 기분을 왜 언제나 느끼지 못하는지를 자신에게 물어보라. 그것은 왜 다시 사라져야 하는가? 대답은 분명하다. 당신이 가슴을 닫기로 마음먹었기 때문에 사라지는 것이다. 그렇게 닫음으로써, 당신은 사실 열림과 사랑을 느끼지 않기로 마음먹고 있는 것이다. 당신은 늘 사랑을 차버리고 있다. 당신이 싫어하는 말을 하기 전까지만 누군가와 사랑을 느끼고, 그 후에는 그 사랑을 포기해 버린다. 누군가가 비판을 하기 전까지만 자신의 일에 열의를 보이다가 그 후에는 그만둬 버린다. 그것은 당신이 선택한 것이다. 당신은 일어난 일이 마음에 들지 않기 때문에 마음을 닫아걸어 버릴 수도 있고, 아니면 그럼에도 마음을 닫지 않음으로써 사랑과 의욕에 찬 상태를 계속 누릴 수도 있다. 자기가 무엇을 좋아하고 무엇을 좋아하지 않는지를 분별하고 있는 한, 마음은 열리기도 하고 닫히기도 한다. 이것은 사실 자신의 한계선을 제 손으로 긋는 짓이다. 마음이 에너지를 여닫는 스위치를 만들어내는 것을 방관하고 있는 것이다. 그 분별을 놓아 버려라. 변신의 모험을 감행하라. 삶의 모든 것을 즐겨라.

더 많이 열려 있을수록 더 많은 에너지 흐름이 일어난다. 어느 지점에 이르면 너무나 많은 에너지가 들어와서 넘쳐나기 시작한다. 자신에게서 물결이 넘쳐 쏟아져 나가는 것처럼 느껴진다. 그것이 손과 가슴과 다른 에너지 중추들로부터 흘러 나가는 것을 실제로 느낄 수도 있다. 모든 에너지 중추들이 열리고 엄청난 에너지가 당신에게서 흘러 나가기 시작한다. 게다가, 그 에너지는 다른 사람들에게 영향을 미친다. 당신은 이 흐름으로써 그들에게 에너지를 주고, 그들은 당신의 에너지를 얻을 수 있다. 이보다도 더 크게 열리기를 당신이 기꺼이 원한다면, 그것은 멈춤이 없다. 당신은 주변의 모든 이들에게 빛의 근원이 된다.

그저 열려 있고, 닫지 말라. 어떤 일이 일어나는지를 보라. 에너지가 흐름으로써 몸의 건강에도 영향을 미칠 수 있다. 어떤 병이 나기 시작하는 것 같은 느낌이 든다면 그저 이완하고 마음을 열라. 마음을 열면 몸에 더 많은 에너지가 흘러들고, 그것이 치유를 일으킨다. 에너지는 치유의 능력이 있다. 사랑이 병을 치유할 수 있는 것도 이 때문이다. 내부의 에너지에 대해 배워가다 보면 눈앞에 새로운 세상이 펼쳐질 것이다.

삶에서 가장 중요한 것은 당신 내면의 에너지이다. 늘 지쳐 있고 의욕이 하나도 없다면 삶은 아무런 재미도 없다. 하지만 언제나 고양되어 있고 기운에 충만해 있다면 나날의 매 순간이 짜릿한 흥분의 경험이 될 것이다. 이것을 배워야 한다. 명상을 통해, 깨어 있는 의식을 통해, 그리고 의지를 통한 노력으로 에너지 중추가 열려 있게 하는 법을 배울 수 있다. 그저 이완하고 풀어놓음으로써 말이다. 마음을 닫아걸 만한 어떤 대상이 존재한다는 생각을 거부함으로써 말이다. 명심하라. 삶을 사랑한다면 마음을 닫아걸어야 할 것은 아무 데도 없다. 당신이 가슴을 닫아야 할 대상은 아무 데도, 아무것도 없다.

제 6 장

# 가슴을 정화하기

 가슴에 대해 제대로 이해하는 사람은 매우 드물다. 실로 가슴은 창조의 걸작품 중 하나이다. 그것은 엄청난 악기이다. 그것은 피아노나 현악기나 플루트 등의 아름다운 소리를 훨씬 능가하는 진동과 조화를 만들어낼 수 있다. 악기의 소리는 귀로 듣지만 가슴의 소리는 느껴야 한다. 어떤 악기 소리가 '느껴'진다면 그것은 오직 그것이 당신의 가슴을 건드렸기 때문이다. 가슴은 지극히 미묘한 에너지로 만들어진 악기여서 그것을 진정으로 음미할 수 있는 사람은 드물다.
 대부분의 인간들이 무심한 가운데 가슴은 홀로 자신의 일을 한다. 가슴의 작용이 우리의 삶을 좌우함에도 불구하고 우리는 그것을 이해하지 못한다. 어느 때 어떻게 해서건 가슴이 열리면 우리는 사랑에 빠진다. 어느 때 무슨 일로든 가슴이 닫히면 사랑도 끝난다. 가슴이 상처를 받으면 우리는 화를 내고 이 모두에 대한 느낌을 끊어 버리면 우리는 공허에 빠진다. 이런 온갖 일들이 가슴이 겪는 변화로 인해서 일어난다. 가슴에서 일어나는 이 에너지 전환과 변화가 당신의 삶을 좌지우지한다. 우리는 자신을 그것과 너무나 동일시하는 나머지 가슴속에서 일어나는 일을 가리킬 때 '나'라는 말을 쓴다. 하지만 사실 당신은 가슴이 아니다. 당신은 가슴을 경험하는 자이다.

가슴은 사실 이해하기가 아주 쉽다. 그것은 하나의 에너지 중추, 곧 차크라이다. 그것은 가장 아름답고 강력한 에너지 중추 중 하나이며 우리 나날의 삶에 힘을 미친다. 말했듯이 에너지 중추란 우리 존재 내부의 한 장소로서 에너지가 집중되고 분배되어 흐르는 곳이다. 우리는 앞서 이 에너지의 흐름을 샥티, 혹은 영, 혹은 기라고 부르고 그것은 삶에서 아주 복잡하고 미묘한 역할을 한다는 것을 배웠다. 우리는 늘 가슴의 에너지를 느끼고 산다. 가슴에서 사랑을 느끼는 것이 어떤 느낌인지를 생각해 보라. 가슴에서 영감과 열의가 솟아나올 때 어떤 느낌인지를 생각해 보라. 가슴에서 에너지가 솟아나서 확신에 차고 강해진 기분이 들 때, 그것이 어떤 느낌인지를 생각해 보라. 이 모두가 가슴이 에너지의 중추이기 때문에 일어나는 현상이다.

가슴은 열리고 닫히고 하면서 에너지의 흐름을 제어한다. 이것은 가슴이 밸브처럼 에너지의 흐름을 통과시키기도 하고 제한하기도 한다는 것을 뜻한다. 자신의 가슴을 잘 느껴 보면 가슴이 열릴 때는 어떤 느낌이고 닫힐 때는 어떤 느낌인지를 잘 알 수 있다. 실제로 가슴의 상태는 꽤 규칙적으로 변화한다. 어떤 사람과 함께 있을 때는 크나큰 사랑을 느낀다. 그러다가 그가 당신이 좋아하지 않는 말을 하면 가슴이 닫히고 더 이상 사랑을 느끼지 않는다. 우리는 누구나 이런 경험을 한다. 그런데 정확히 무엇이 이런 현상을 일으키는 것일까? 우리는 모두 가슴을 경험해야 하기 때문에 거기서 일어나는 일에 대해서도 이해해야만 한다.

한 가지 근본적인 질문으로써 이 분석을 시작해 보자. 가슴 중추의 구조에서 무엇이 그것을 닫히게 할까? 우리는 과거로부터 정리되지 않고 남아 있는 고정된 에너지 패턴이 막기 때문에 가슴이 닫힌다는 것을 발견한다. 일상적인 경험을 살펴보면 이것을 이해할 수 있다. 외부세계에서 사건이 일어나면 그것은 우리의 감각을 통해 들어와서 우리의 내면적 존재에 흔적을 남긴다. 그 사건의 경험은 약간의 두려움이나 불안감, 아니면 약간의 사랑을 일으킬 수도 있다. 세상이 당신을 거쳐 갈 때 당신이 그것을 어떻게 받아들이고 소화하느냐에 따라서 내면에서 일어나는 경험이 달라질 수 있다. 감각을 통해서 세상을 받아들일 때 사실 당신 존재 속으로 들어오는 것은 에너지이다. 사물 자체가 마음속으로 들어오는 것이 아니다. 사물은 밖에 남아 있고 당신의 감각이 그것을 마음과 가슴이 받아들여 경험할 수 있는 에너지 패턴으로 바꿔 준다. 과학은 감각의 이런 작용을 잘 설명해 준다. 눈은 사실 세상을 내다보는 창문이 아니다. 눈은 세상의 전자기적 이미지를 당신 속으로 보내 주는 카메라이다. 다른 모든 감각들도 마찬가지이다. 그것들이 세상을 감지해서 정보로 바꾸어 그 데이터를 신경 전기부호를 통해 보내면 그 인상이 마음에 의해 받아들여진다. 정말이지, 감각은 전자 감지장치이다. 하지만 당신의 마음에 들어오는 어떤 이미지가 말썽을 일으킨다면 당신은 그것을 가로막고, 지나 보내지 않는다. 이럴 때 그 에너지 패턴은 실제로 길이 막힌 채 당신 안에 남아 있다.

이것이 매우 중요하다. 이런 에너지가 당신 안에 남아서 저장되어 있다는 것이 어떤 것인지를 알아보기 위해, 먼저 아무것도 저장되어 있지 않을 때는 어떨지를 살펴보자. 모든 것이 당신을 곧장 통과해 버린다면 어떨까? 예컨대, 고속도로를 운전하면 당신은 수천 그루의 가로수를 지나쳐갈 것이다. 그것은 당신에게 인상을 남기지 않는다. 그것은 보이자마자 기억에서 사라진다. 운전을 할 때 나무와 건물과 자동차들이 보이지만 그 어떤 것도 당신에게 지속적인 인상을 남겨 놓지 않는다. 그것은 그저 일시적인 인상을 남겨서 당신이 그것을 볼 수 있게 한다. 그것은 감각을 통해 들어와서 마음에 인상을 만들어내지만 만들어지자마자 사라진다. 그것에 대해 개인적인 관심이 없으면 인상들은 걸림 없이 지나간다.

이것이 지각체계가 작용하는 전반적인 방식이다. 지각은 사물을 받아들여서 당신이 그것을 경험하고 지나 보내게 함으로써 당신이 다음 순간 속에 온전히 존재할 수 있게 한다. 이런 체계가 제대로 작동하고 있는 동안에는 당신도, 그 체계도 문제가 없다. 당신은 그저 꼬리에 꼬리를 무는 경험들을 해가고 있다. 운전은 하나의 경험이고 지나치는 가로수들도, 자동차들도 하나의 경험이다. 이 경험들은 한 편의 멋진 영화와도 같이 당신에게 주어지는 선물이다. 그것은 당신 안으로 들어와 지나쳐 가면서 당신을 깨우고 자극한다. 그것은 실제로 당신에게 깊은 영향을 미치고 있다. 매순간 경험이 들어오고, 당신은 배우고 성장해 간다. 가슴과 마음은 확장되고 당신은 매우 깊은 차원에서 건드려진다. 경험이 최상의 스승이라면 삶의 경험에 비견할 수 있는 것은 아무것도 없다.

인생을 산다는 것은, 자신을 지나쳐 가는 순간들을 경험하고 그 다음 순간을, 또 그 다음 순간을 경험해 가는 것을 뜻한다. 온갖 다양한 경험들이 들어와서 당신을 지나갈 것이다. 그런 상태로 살 수 있다면 당신은 완전히 깨어 있는 존재가 될 것이다. 이것이 깨어 있는 존재들이 '지금'을 사는 방식이다. 그들은 거기 있고 삶도 거기 있다. 그리고 삶 전체가 그들을 지나간다. 당신이 삶의 낱낱을 경험하는 동안 온전히 존재하여 그것이 당신 존재의 가장 깊은 곳을 건드리는 것을 상상해 보라. 매 순간이 자극적이고 감동적인 경험이 될 것이다. 당신은 완전히 열려 있고 삶은 당신을 관통하여 흘러갈 것이기에.

하지만 이것은 보통 사람들에게 일어나는 일이 아니다. 당신의 자동차는 거리를 지나간다. 가로수가 지나가고 자동차가 지나간다. 아무 말썽도 일으키지 않고 잘 지나간다. 그런데 그중에 그냥 곱게 지나가지 않는 뭔가가 어김없이 나타난다. 애인의 자동차와 비슷한 파란색 포드 무스탕이 나타났다. 그런데 이 차가 지나갈 때 앞자리의 두 사람이 부둥켜안고 있는 모습이 눈에 띄었다. 최소한 그 둘은 어깨를 껴안고 있었고, 그것은 틀림없이 애인의 자동차인 것 같았다. 하지만 그건 그저 다른 모든 자동차들과 마찬가지의 자동차가 아닌가? 아니다. 당신에게는 그것이 그저 다른 차들과 같은 종류의 차가 아니었다.

무엇이 일어났는지를 잘 살펴보자. 물론 눈의 카메라에게는 그 차나 다른 차들 사이에 아무런 차이가 없다. 대상에게서 반사되는 빛이 있고, 그것은 눈동자를 지나서 당신의 마음에 시각적 인상을 만들어낸다. 그러니 물리적 차원에서는 전혀 별다른 일이 일어나지 않았다. 하지만 마음의 차원에서는 그 인상이 그냥 지나가지 않았다. 다음 순간에 당신은 더 이상 다음의 가로수와 다음의 자동차들을 보고 있지 않다. 가슴과 마음은 이미 지나가 버린 그 자동차에 고정되어 있다. 여기서 문제가 생긴 것이다. 걸림이 생겼다. 사건이 지나가지 못하고 막혀 버린 것이다. 그 다음의 경험들이 당신을 지나가려고 하지만 마음 속에서 이 과거의 경험이 정리되지 않고 남아 있게 만드는 어떤 일이 일어났다.

지나가지 못한 경험은 어떻게 될까? 특히, 다른 것들처럼 그저 깊은 기억 속으로 사라져 버리지 않는 애인의 자동차의 모습은 어떻게 될까? 어느 시점, 예컨대 다음 신호등에 이르면 당신은 신호를 인식하기 위해서 거기에다 마음을 묶어 놓기를 멈춰야만 한다. 하지만 당신은 이제 바야흐로 그냥 지나가지 않은 그것 때문에 당신 삶의 경험이 통째로 변질되려고 한다는 사실을 깨닫지 못하고 있다. 이제 삶은 당신의 주의를 얻어내기 위해 이 지나가지 못한 사건과 다투어야만 하게 되었고, 그 사건의 인상은 얌전히 남아 있으려 하지 않는다. 당신은 그것을 끊임없이 떠올려서 생각하려고 하는 자신을 발견할 것이다. 이것은 그것을 마음속에서 지나 보낼 길을 찾아내려는 발버둥이다. 가로수들은 그럴 필요가 없었지만 이것은 어서 처리해야 한다. 당신이 저항했기 때문에 그것은 길이 막혀 버렸다. 그리고 이제 당신은 문제를 안고 있다. 생각이 올라오기 시작한다. '어쩜 그녀가 아닐지도 몰라. 아냐, 정말 그녀는 아니었어. 어떻게 그럴 수가 있겠어?' 속에서 생각이 꼬리를 물고 일어난다. 그것이 당신을 미치게 만든다. 이 모든 마음의 소음이 다만 그 걸려 버린 에너지를 처리해서 지나가게 만들기 위한 발버둥인 것이다.

당신을 지나쳐 가지 못한 오래 묵은 에너지 패턴들은 마음의 전면으로부터 밀려나와서 당신이 그것을 놓아 보낼 준비가 될 때까지 갇혀 있다. 관련된 사건의 시시콜콜한 정보를 다 꿰고 있는 이 에너지 패턴들은 실재한다. 그것은 그냥 사라져 버리지 않는다. 삶의 사건이 당신을 지나가도록 버려두지 못했을 때, 그것들은 안에 남아서 문제가 된다. 이 패턴들은 매우 오랫동안 당신 안에 남아 있을 수 있다.

에너지를 한곳에 오랫동안 지니고 있는 것은 쉬운 일이 아니다. 이런 사건들이 당신의 의식을 지나가게 하려고 의식적으로 애쓸 때, 그 에너지는 먼저 마음을 통해 드러남으로써 풀려나려고 한다. 마음이 늘 그토록 바쁜 것도 이 때문이다. 에너지가 다른 생각이나 관념들에 부딪혀서 마음을 지나가지 못하면, 그것은 가슴을 통해 풀려나려고 한다. 이것이 모든 감정의 움직임을 일으키는 것이다. 이것마저 당신이 저항하면 에너지는 뭉쳐져서 가슴속의 깊은 창고에 쑤셔 넣어진다. 인도철학의 전통에서는 이 정리되지 못한 에너지 패턴을 삼스카라 Samskara라고 부른다. 이것은 산스크리트어로서 '인상', 혹은 '각인'이란 뜻이다. 요가는 이것이 우리의 삶에 영향을 미치는 가장 큰 힘이라고 가르친다. 삼스카라는 하나의 걸림, 하나의 막힘이다. 과거로부터 생겨난 하나의 각인이다. 그것은 정리되지 못하고 고정된 에너지 패턴으로서 결국은 그것이 우리의 삶을 지배하고 나선다.

이것을 이해하기 위해서, 우선 이 걸려 있는 에너지 패턴에 작용하는 물리적 법칙을 깊이 들여다보자. 에너지의 파동이 그런 것처럼, 당신에게 들어오는 에너지는 계속 움직여야만 한다. 에너지가 속에서 막혀 있을 수 없다는 뜻은 아니다. 에너지는 계속 이동할 수도 있고 한 곳에 머물 수도 있다. 머문다는 것은 제자리를 맴도는 것이다. 이것은 원자와 행성의 궤도에서 찾아볼 수 있다. 모든 것이 에너지이고, 에너지는 담겨 있지 않으면 밖으로 퍼져나간다. 창조계가 존재하기 위해서는 에너지가 역학적으로 제자리를 맴돎으로써 고정된 단위체를 형성해야 한다. 이것이 원자의 모습을 띤 에너지가 온 물질 우주를 이루는 기본적인 벽돌의 역할을 하는 이유이다. 제자리를 맴도는 에너지. 그런데 과학이 발견했다시피 원자에 담겨 있는 에너지가 풀려나면 이 세계가 날아가 버릴 수도 있다. 하지만 달리 강제하지 않는 한 에너지는 자체의 평형상태로 인해 재갈이 채워진 채 한 곳에 머문다.

제자리를 맴도는 에너지의 이런 작용이야말로 정확히 삼스카라에서도 일어나고 있는 작용이다. 삼스카라는 저장된 과거 에너지 패턴의 맴돌이로서, 상대적인 평형상태에 있다. 이 에너지가 제자리를 맴돌게 하는 것은 그것을 경험하기 싫어하는 당신의 저항 때문이다. 그것은 달리 갈 데가 없다. 당신이 그것을 놔주지 않기 때문이다. 대부분의 사람들이 문제를 처리하는 방식이 바로 이런 식이다. 이 맴도는 에너지의 덩어리는 가슴의 에너지 중추에 문자 그대로 저장된다. 살면서 당신이 끌어 모은 모든 삼스카라가 거기에 저장된다.

이것이 무엇을 의미하는지를 제대로 이해하기 위해, 당신 애인의 자동차처럼 보였던 파란색 무스탕의 예로 돌아가 보자. 혼란된 에너지 패턴이 뭉쳐서 가슴에 저장되고 나면 그것은 기본적으로 활동을 하지 않는다. 그러므로 당신에게는 그 상황이 정리되어서 그 경험이 더 이상 문제가 안 되는 것처럼 보일 수도 있다. 질투하는 것처럼 보이기 싫어서 애인에게 그 일을 말하지 않았을 수도 있다. 당신은 어찌할 바를 몰라서 그 에너지에 저항했고, 그것은 말썽을 부리지 못하도록 뒷전으로 밀려나서 가슴속에 저장되었다. 그것은 끝난 일처럼, 이제는 없는 것처럼 보일지 모르지만 사실은 그렇지 않다.

당신이 저장해 놓은 낱낱의 삼스카라는 아직도 거기에 있다. 갓난아이 적부터 지금 이 순간에 이르기까지 당신을 지나가지 못한 모든 것들이 아직도 당신 안에 있다. 영적 가슴의 밸브 역할을 하는 것은 바로 이 각인, 이 삼스카라이다. 이 엉긴 덩어리가 갈수록 커지면서 에너지의 흐름을 막고 있는 것이다.

이제 우리는 가슴속의 막힘이 어디서 비롯되는지를 이해했고 어떻게 막히게 되는지를 알았다. 삼스카라가 쌓여서 에너지가 거의 흐르지 못하게 될 수도 있음을 분명히 안다. 삼스카라가 많이 쌓이면 사람은 우울증에 빠진다. 그 상태에서는 모든 것이 암울해진다. 이것은 가슴과 마음에 에너지가 거의 들어오지 못하기 때문이다. 결국 모든 것이 부정적으로 보이기 시작한다. 외부로부터의 감각이 당신의 의식에 도달하기 전에 이 억압된 에너지를 거쳐야 하기 때문이다.

우울증까지는 아니라 하더라도 당신의 가슴은 세월이 갈수록 막힌다. 삼스카라는 계속 쌓여 간다. 하지만 그것이 늘 막혀 있는 것만은 아니다. 삶의 경험에 따라 그것은 꽤 자주 열렸다 막혔다 한다. 이것은 다음의 의문을 제기한다. 가슴의 상태를 자주 바뀌게 하는 원인은 무엇일까? 잘 살펴보면 당신은 그것이 막힘을 일으켰던 과거의 각인과 관계됨을 알게 될 것이다.

저장된 에너지 패턴은 실재한다. 삼스카라는 지나가지 못한 사건의 구체적인 정황들로써 프로그램되어 있다. 애인이 자동차 안에서 누군가와 껴안고 있는 것을 봤다고 생각하기 때문에 질투를 느낀다면 그 사건에 관한 매우 세세한 데이터가 그 삼스카라 속에 저장되어 있다. 거기에는 그 사건의 분위기와 성격, 그리고 당신이 그 사건에 대해 얼마나 예민한지도 다 담겨 있다.

그 후에 일어나는 일을 통해 이것을 살펴보자. 5년이 지나고 당신은 옛 애인과 벌써 헤어졌다. 당신은 다른 여자와 결혼했고 이젠 훨씬 더 성숙했다. 어느 날 당신은 가족과 함께 즐겁게 차를 몰고 있다. 가로수가 지나가고 차들이 지나간다. 그때 파란 무스탕이 지나가고, 그 앞자리의 두 사람이 서로 껴안고 있다. 즉시 당신 가슴속에 어떤 변화가 일어난다. 가슴이 쿵쾅거리고 빠르게 뛰기 시작한다. 기분이 동요되고 예민해진다. 이제 더 이상 즐겁지가 않다. 이 모든 내면의 변화가 단지 당신이 어떤 특정한 자동차를 보고 가슴이 혼란되면서 일어난 것이다. 이 과정을 한 발짝 물러서서 살펴보면 정말 놀랍다. 5년 전에 아주 잠시 어떤 일이 일어났었다. 당신은 그것을 누구한테 말한 적도 없는데 이제 5년이 지난 후에 파란 무스탕이 지나가면서 가슴과 마음의 에너지 흐름을 바꿔 놓은 것이다.

이것은 믿기지 않는 만큼이나 엄연한 사실이다. 게다가 이것은 파란 무스탕의 경우에만 해당하는 일이 아니다. 당신을 그냥 지나가지 못한 모든 일에 대해서도 마찬가지이다. 우리가 이토록 짓눌린 채 살아가고 있는 것도 놀랍지 않고 가슴이 열렸다 닫혔다 하는 것도 놀라운 일이 아니다. 가슴에 저장된 에너지는 실재하고, 그것은 현재의 생각과 사건들의 흐름과 상호작용한다. 이 상호작용의 역학이 삼스카라로서 저장되어 있던 파동을 여러 해가 지난 후에도 일깨워지게 한다. 이것이 그 파란 무스탕으로 인해서 일어난 일이다. 하지만 저장된 에너지를 일깨우는 데는 똑같은 자동차가 있어야만 하는 것도 아니라는 사실을 명심하라. 그것은 까만 무스탕이 될 수도 있고 그냥 둘이 껴안고 지나가는 아무런 차라도 될 수 있다. 비슷한 것이면 무엇이든 삼스카라를 건드려 놓을 수 있다.

요는, 과거로부터 각인된 인상은 아주 해묵은 것조차 자극을 받아 일깨워질 수 있고 그것이 결국 당신의 삶을 좌지우지할 수 있다는 것이다. 현재의 사건으로부터 입력되는 감각은 오랜 세월 동안 당신이 저장해둔 모든 것들을 파헤쳐내고, 그것과 관련된 과거의 패턴을 정확하게 되살려 놓는다. 자극을 받으면 삼스카라는 마치 꽃잎처럼 열리면서 저장된 에너지를 풀어놓기 시작한다. 맨 처음의 사건이 일어났을 때 경험했던 기억이 갑자기 의식 속으로 밀려들어 온다. 그때의 생각과 느낌과, 때로는 냄새와 그 밖의 감각까지도. 삼스카라는 그 사건을 사진 찍듯 완전히 기록해서 저장할 수 있다. 그것은 인간이 만들어낸 컴퓨터 기억장치보다 월등하다. 그것은 당신이 느꼈던 것, 생각했던 것, 그 사건 주변에서 일어났던 모든 것들을 기록할 수 있다. 이 모든 정보는 작은 에너지의 거품이 되어 가슴속에 저장된다. 여러 해 후에 건드려지더라도 그것은 그 즉시 당신이 과거에 느꼈던 생생한 느낌을 경험하게 만든다. 육십이 되어서도 다섯 살 때 느꼈던 불안감과 두려움을 실제로 느낄 수 있다. 이때 실제로 일어나는 일은, 정리되지 않은 정신적, 감정적 에너지 패턴이 저장되어 있다가 일깨워지는 것이다.

하지만 당신이 받아들이는 경험들의 대부분은 걸리지 않고 통과한다는 사실을 아는 것도 중요하다. 그것들은 당신을 그대로 지나간다. 당신이 하루 종일 얼마나 많은 것들을 보는지 상상해 보라. 그것들이 모두 그처럼 걸리지는 않는다. 그 모든 인상들 중에서 걸리는 것은 단지 당신에게 문제를 일으키거나 매우 즐거운 감각을 제공하는 것들뿐이다. 그렇다. 당신은 긍정적인 인상도 저장한다. 멋진 경험이 일어나면 당신은 거기에 집착하게 되기 때문에 그것은 그냥 지나가 버리지 않는다. 집착이란, '이것이 지나가 버리기를 원치 않아. 그가 날 사랑한다고 말했을 때 정말 깊은 사랑과 보호받는 느낌을 받았어. 그 순간을 늘 떠올리고 싶어. 그 장면을 자꾸자꾸 보여줘…….'라는 뜻이다. 집착은 긍정적인 삼스카라를 만들어낸다. 이것은 자극되면 긍정적인 에너지를 풀어낸다. 그러므로 가슴을 막는 두 가지의 경험이 일어날 수 있는 것이다. 당신은 그 에너지가 싫어서 밀쳐내려고 하거나, 아니면 좋아해서 붙잡으려고 애쓴다. 어느 경우든 당신은 그것이 지나가도록 놔두지 않는다. 당신은 저항이나 집착으로 흐름을 막음으로써 귀한 에너지를 낭비하고 있는 것이다.

그 대안은, 삶을 밀쳐내거나 붙잡지 않고 그냥 즐기는 것이다. 그렇게 살 수 있다면 매 순간이 당신을 변화시킬 것이다. 삶과 씨름하지 않고 삶이 주는 선물을 기꺼이 경험하면 당신은 존재의 가장 깊은 곳까지 건드려질 것이다. 이런 경지에 이르면 당신은 가슴의 비밀을 깨닫기 시작할 것이다. 가슴은 당신을 부양하는 에너지가 지나가는 자리이다. 이 에너지는 당신을 키우고 고양시켜 준다. 그것은 당신을 싣고 삶을 지나가는 힘이다. 그것은 당신의 온 존재를 관통해 흐르는 아름다운 사랑의 경험이다. 이것이야말로 애초에 당신의 내면에서 늘 일어나게끔 계획되어 있었던 일이다. 당신이 경험했던 가장 고양된 상태는 단지 당신이 마음을 활짝 열었던 결과일 뿐이다. 당신이 닫지만 않으면 언제나 그런 상태로 있을 수 있다. 자신을 과소평가하지 말라. 끝없는 영감, 끝없는 사랑, 끝없는 열림, 이것은 늘 지속될 수 있다. 이것이 건강한 가슴의 본연의 상태이다.

이런 경지를 얻으려면 그저 삶의 다양한 경험이 당신 안으로 흘러와서 지나가도록 허락하라. 이전에 처리하지 못했기 때문에 오래 묵혀 있던 에너지가 다시 나타났다면 지금 그것을 떠나 보내라. 그것은 이렇게 쉽다. 파란 무스탕이 지나가면 두려움이든 질투든 느껴지는 대로 느끼고 그저 미소 지으면 된다. 오랜 세월 깊숙이 저장되어 있던 삼스카라가 드디어 당신을 지나갈 기회를 얻은 것을 기뻐하라. 그저 가슴을 열고 이완하고 용서하고 웃어라. 아니면 뭐든 당신이 하고 싶은 것을 하라. 단지 그것을 다시 밀쳐내지만 마라. 물론 그것이 올라오면 아프다. 그것은 고통과 함께 저장되어 있었다. 그리고 고통과 함께 풀려날 것이다. 그 저장된 고통이 가슴을 틀어막고 삶을 제약하도록 내버려둘 것인지 말 것인지를 당신은 결정해야 한다. 대답은 그것이 건드려질 때 기꺼이 그것을 놓아 보내는 것이다. 그것은 잠시 아릴 뿐, 그러고 나면 끝이다.

그러니 당신은 선택할 수 있다. 세상이 삼스카라를 건드리지 못하도록 세상을 바꿔 놓으려고 애쓸 것인가, 아니면 이 정화의 과정을 기꺼이 겪을 것인가? 건드려진 에너지가 시키는 대로 결정하지 마라. 그것이 올라오는 것을 그저 지켜볼 수 있게끔 중심 잡는 법을 연습하라. 저장된 에너지 패턴과 싸우기를 그칠 수 있을 만큼 내면의 깊은 자리에 자리 잡고 나면 그것들은 꼬리를 물고 올라와서 당신을 곧장 지나갈 것이다. 그것들은 낮에도 올라오고, 심지어는 꿈속에도 올라올 것이다. 당신의 가슴은 풀어내고 정화하는 이 과정에 익숙해질 것이다. 그 모든 일이 그저 일어나도록 놔두어라. 끝장을 보라. 그것을 하나씩 하나씩 처리하려 하지 마라. 그것은 너무 느리다. 그것들의 배후에 중심을 잡고 머물러 있으면서 그저 힘을 빼고 이완하라. 당신의 자연스러운 에너지 흐름이 저장된 에너지 패턴을 몸이 박테리아와 외부의 물질을 제거해내듯이 가슴으로부터 제거해낼 것이다.

그 보상은 영구적으로 열려 있는 가슴이다. 밸브는 이제 없다. 당신은 사랑 속에서 살고, 그것이 당신을 먹이고 힘을 준다. 그것이 열린 가슴이다. 그것이 애초에 가슴이라는 악기에 맡겨진 역할이다. 가슴이 연주할 수 있는 모든 음을 음미하도록 자신을 허용하라. 이완하고 풀어놓는다면 이 가슴의 정화는 정말 멋진 경험이 될 것이다. 당신의 눈을 상상할 수 있는 가장 높은 경지에다 고정시키고, 거기서 눈을 떼지 마라. 넘어지면 그저 다시 일어나라. 아무런 문제도 없다. 에너지 흐름을 해방시키는 이 과정을 가고자 한다는 사실 자체가 당신이 얼마나 훌륭하고 위대한지를 말해 준다. 당신은 거기에 다다를 것이다. 그저 계속 가기만 하라.

제7장

# 닫는 습관 깨기

개인의 깨어남과 영적 성장의 이론적 근거를 서양과학이 다져 주고 있다. 과학은 배후의 에너지 장이 원자를 만들어내고, 그것이 서로를 붙잡아 분자를 이루고 결국은 온 물질 우주를 지어내는 과정을 밝혀냈다. 우리의 내면에서도 이와 같은 일이 일어난다. 마음속에서 일어나는 모든 일들도 배후의 에너지 장에 그 근거를 두고 있다. 우리의 정신적, 감정적 활동과 내적 충동, 욕망, 본능적 반응 등을 만들어내는 것도 이 장의 활동이다. 이 내적 힘의 장을 기, 샥티, 영, 혹은 무어라 부르든 상관없이, 그것은 우리의 내적 존재를 관통해 흐르는 특정 패턴의 배후 에너지이다.

다른 생물들도 마찬가지지만, 우리 안의 이 패턴을 들여다보면 그 가장 기본적인 에너지 흐름은 생존본능이라는 것을 어렵지 않게 알 수 있다. 진화의 긴 세월을 통틀어 가장 단순한 유기체로부터 가장 복잡한 생물에 이르기까지, 자신의 존재를 지키고자 노심초사하는 끝없는 몸부림이 있었다. 이 생존본능은 고도로 진화된 우리의 협동적 사회구조 속에서도 진화적으로 변천해 왔다. 대부분의 사람들은 더 이상 음식이나 물, 의복, 주거지의 부족을 겪지 않는다. 생명을 위협하는 물리적 위험을 무릅써야 할 필요도 없다. 그 결과, 보호의 에너지는 개인의 신체적 안전보다는 심리적 안전을 지키는 쪽으로 기울여졌다. 이제 우리는 몸보다는 자신의 자아 관념을 수호해야 하는 나날의 요구를 느끼고 있다. 이제 우리의 중요한 싸움은 자신의 내적 두려움, 불안감, 파괴적인 행동습관 등과의 싸움이지, 외부의 힘과의 싸움이 아니다.

그럼에도 불구하고 사슴을 달아나게 하는 것과 동일한 충동이 여전히 우리를 달아나게 만들고 있다. 누군가가 당신에게 언성을 높여서 듣기 싫은 말을 하고 있다고 치자. 이것은 물리적인 위협의 상황이 아닌데도 당신의 심장은 조금씩 빨리 뛰기 시작한다. 이것은 갑작스런 소리가 들릴 때마다 사슴에게서 일어나는 현상과 똑같다. 사슴의 심장은 빨리 뛰기 시작하고, 제자리에 얼어붙든지, 아니면 도망간다. 하지만 당신의 경우에는 대개, 물리적으로 달아나게 하는 그런 종류의 두려움이 아니라 단지 보호를 갈구하는 깊은 심리적 두려움이다.

사슴처럼 숲속으로 달아나서 숨는 것은 사회적으로 용인되는 행동이 아니기 때문에 당신은 안으로 숨어든다. 안으로 물러나서 마음을 닫아걸고 자신의 보호막 뒤에 웅크린다. 이때 실제로 당신이 하는 일은 에너지 중추를 닫는 것이다. 당신은 에너지 중추란 것이 존재하는지조차 모름에도 불구하고 그것을 닫는 일을 유치원 때부터 줄곧 해 왔다. 당신은 가슴을 닫고 심리적 보호막을 치는 방법을 정확히 알고 있다. 자기 안으로 들어와서 두려움을 일궈 놓는 온갖 에너지를 함부로 받아들이다가 상처입지 않기 위해서, 에너지 중추를 단속하는 방법을 당신은 정확히 알고 있는 것이다.

가슴을 닫고 자신을 보호할 때, 당신은 자신의 취약한 부분을 가린다. 그것은 물리적 위협이 가해지고 있지 않는데도 보호를 갈구하는 것이 느껴지는 부분이다. 당신은 자신의 에고, 당신의 자아 관념을 감싸고 있는 것이다. 에고는 물리적 위협이 존재하지 않는 상황에서도 혼란과 두려움과 불안과 그 밖의 온갖 감정적 문제를 일으킬 수 있다. 그래서 자신을 보호할 필요를 느끼는 것이다.

문제는, 혼란을 느끼는 당신의 그 부분이 균형을 완전히 상실해 버렸다는 것이다. 그것은 너무나 예민해서 아무것도 아닌 일에 과민반응을 한다. 당신은 광막한 우주 공간을 돌고 있는 한 행성 위에서 살면서, 자신의 결점이나 새 차에 난 흠집이나 사람들 앞에서 트림한 일 따위로 고민을 하고 있다. 이것은 건전하지 못하다. 만일 몸이 그토록 예민했다면 당신은 그것을 병으로 간주했을 것이다. 하지만 우리 사회는 이 정도의 심리적 과민은 정상으로 생각한다. 우리들 대부분은 음식과 옷과 집 때문에 걱정할 일이 없어서 바지의 얼룩이나 너무 크게 웃은 일이나 뭔가를 잘못 말한 일로 고민에 빠지는, 그런 사치를 누리고 있다. 이처럼 과민한 마음을 만들어냈기 때문에 우리는 끊임없이 자기 주위에 에너지를 둘러치고 자신을 보호하는 것이다. 하지만 이것은 문제를 감춰 놓을 뿐, 해결해 주지 않는다. 당신은 병을 자기 안에다 가둬 둔다. 병은 갈수록 깊어진다.

성장 과정에서, 자신을 늘 보호하려고만 들면 결코 자유로워질 수 없다는 사실을 깨닫는 단계가 있다. 그것은 매우 단순한 사실이다. 당신은 두려움으로 집안에 숨어서 문을 닫아걸고 창문 가리개를 모두 내린다. 이제 캄캄해져서 햇빛을 보고 싶지만 당신은 그럴 수가 없다. 그것은 불가능하다. 마음을 닫고 자신을 감싸고 지키면 당신은 그 겁에 질려 불안해하는 사람을 가슴속에 가두는 것이다. 그렇게 해서는 결코 자유로워질 수가 없다.

그리하여 마침내 자신을 완벽하게 보호할 수 있게 된다면 당신은 더 이상 성장하지 않을 것이다. 당신의 모든 성격과 습관은 고스란히 남아 있을 것이다. 사람들이 자기 속에 쌓여 있는 문제를 감싸고 지키기만 하면 삶은 매우 따분해질 것이다. 사람들은 '아버지 앞에서는 그런 말을 하지 않는 법이란다.' 하는 식의 말을 한다. 일어나서는 안 될 일들에 대한 온갖 규칙이 있다. 왜냐하면 그것이 마음에 혼란을 일으켜 놓을 수 있기 때문이다. 이런 식의 삶은 자발적 기쁨과 의욕, 삶의 짜릿한 흥분 같은 것을 허용하지 않는다. 대부분의 사람들은 너무 큰 문제만 생기지 않도록 주위를 단속하면서 나날을 살아간다. 하루가 끝나고 누군가가, '오늘은 어땠어?' 하고 물으면 보통 하는 대답은, '나쁘진 않았어.' '나, 안 죽고 살았어.'이다. 이것은 그들의 인생관에 대해 무엇을 말해 주는가? 그들은 삶을 위협으로 여긴다. 좋은 날이란 다치지 않고 지나간 날이다. 이런 삶을 오래 살수록 당신은 더욱 더 꽁꽁 닫혀 간다.

진정으로 성장하고자 한다면 이와는 반대로 가야 한다. 진정한 영적 성장은 마음속에 당신이 하나뿐일 때 일어난다. 겁먹은 부분이 있고, 그 겁먹은 부분을 보호하는 부분이 또 있는 것이 아니다. 모든 부분들은 하나다. 당신이 들여다보고 싶어 하지 않는 당신의 부분이 없으므로 마음은 더 이상 의식과 잠재의식으로 나뉘지 않는다. 당신이 마음속에서 보는 것은 모두가 그저 마음속의 것들이다. 그것은 당신이 아니다. 그것은 당신이 보는 것들이다. 생각과 감정의 물결을 일으키는 순수한 에너지가 속에서 솟아나고 있고, 그것을 인식하는 의식이 있을 뿐이다. 마음의 춤을 지켜보는 당신이 있을 뿐인 것이다.

이런 의식 상태에 다다르려면 마음이 전부 표면으로 떠오르게 해야 한다. 분리된 낱낱의 작은 조각들이 당신을 지나가도록 보내야 한다. 지금도 무수한 조각들이 당신 마음 안에 갇혀 있다. 자유로워지고자 한다면 그것이 모두 동등하게 당신의 인식 앞에 노출되고 풀려나도록 해야 한다. 하지만 자신을 닫고 있으면 그것은 결코 노출되지 않을 것이다. 애초에 마음을 닫은 목적이 마음의 예민한 부분이 노출되지 않도록 하기 위한 것이었으니까. 그러므로 그 노출이 아무리 큰 고통을 가져온다고 할지라도 당신은 이제 자유를 위해 그 대가를 기꺼이 지불해야만 함을 이해한다. 자신을 무수한 조각들로 분열시키고 있는 당신의 부분과 더 이상 동일화되어 있기를 거부할 때, 당신은 진정으로 성장해 갈 준비가 된 것이다.

자신을 보호하고 지키려는 성향을 깨닫는 것에서부터 시작하라. 특히 자신의 보드라운 부분 근처에는 마음을 닫아걸려고 하는 매우 깊고 본능적인 성향이 있다. 하지만 결국 당신은 자신을 닫는 것이 엄청난 일거리를 만들어낸다는 사실을 깨달을 것이다. 자신을 닫으면 당신은 자기가 감싸고 지키는 그것이 행여나 건드려지지 않도록 매사를 조심해야 한다. 그리고 그 짓을 평생 해야 한다. 이것 대신 할 수 있는 나은 방법은, 끊임없이 자신을 지키려 하는 당신 존재의 그 부분을 그저 지켜보고 있을 수 있도록 충분히 의식을 일깨우는 것이다. 그러면 당신은 그 짓을 더 이상 하지 않아도 된다는 최상의 선물을 자신에게 줄 수 있다. 그 대신 당신은 그 부분을 제거하기로 마음먹는다.

당신은 삶을 지켜보고 날마다 부딪히게 되는 사람들과 상황들의 끊임없는 흐름을 알아차리는 것으로 이것을 시작한다. 당신은 자신이 연약한 부분을 감싸고 지키기 위해 애쓰는 것을 얼마나 자주 발견하는가? 마치 온 세상이 그곳을 향해 달려드는 것처럼 느껴진다. 가는 데마다 당신을 건드리려고 달려드는 일이나 사람이 있다. 그것을 그냥 가만히 내버려둬 보지 않겠는가? 당신이 그것을 정말 원하지 않는다면 그것을 감싸고돌지 말라.

자신의 마음을 감싸고돌지 않을 때, 돌아오는 대가는 해방이다. 당신은 마음에 걸림 없이 이 세상을 활보할 수 있다. 그저 매 순간 일어나는 일들을 경험하면서 즐긴다. 무서워하는 자신의 부분을 제거했으므로 다치거나 괴로워질 일을 걱정할 필요가 없다. '그들이 나를 어떻게 생각할까?'라든가, '이런 맙소사, 내가 왜 그런 멍청한 말을 했을까?' 하는 혼잣말을 들어야 할 필요가 없다. 당신은 그저 거리낌 없이 자신의 일을 하고, 일어나는 모든 상황 속에 자신의 온 존재를 투신한다. 자신의 과민반응 속에다 온 존재를 쏟아 넣는 대신 말이다.

내부의 그 겁에 질린 사람으로부터 자신을 해방시키겠다는 마음을 먹고 나면 당신은 자신의 성장이 시작되는 결정적인 지점이 있음을 발견할 것이다. 자기 안에서 에너지의 변화가 일어나기 시작하는 것을 감지할 때가 영적 성장에 중요한 시점이다. 예컨대 누가 어떤 말을 했을 때 당신은 속에서 에너지가 약간 이상해지는 것을 느끼기 시작한다. 긴장을 느끼기 시작하는 것이다. 그것은 성장할 때가 왔음을 알리는 신호이다. 그 순간은 자신을 방어해야 할 때가 아니다. 왜냐하면 당신은 방어하려는 당신의 그 부분을 원하지 않기 때문이다. 그렇다면 그것을 놔버려라.

마침내는 당신도 에너지가 이상하게 돌아가는 것을 감지하는 순간 자신을 멈출 수 있을 만큼 의식을 일깨울 수 있다. 그 에너지에 말려들기를 멈추는 것이다. 그것이 말을 하게 만든다면, 말하기를 멈춰라. 말을 하다가도 그 자리에서 그냥 멈춰라. 계속해 봤자 어떻게 될지는 당신이 너무나 잘 알고 있다. 안에서 에너지가 균형을 잃는 것을 알아차리는 순간, 가슴이 긴장하고 방어적인 태세를 갖추는 것을 알아차리는 순간 그저 멈춰라.

'멈추라'는 것은 정확히 무엇을 뜻할까? 그것은 마음속에서 하는 일이다. 그것은 '놓아 보내기'라고 한다. 놓아 보내면 당신은 당신을 끌어들이려는 에너지로부터 떨어져 나온다. 내면의 에너지는 힘을 지니고 있다. 그것은 매우 강력해서 당신의 의식을 그 안으로 빨아들인다. 망치가 발가락 위에 떨어지면 모든 주의가 그곳으로 집중된다. 갑자기 큰소리가 들려도 모든 주의가 거기에 쏠린다. 의식은 혼란스러운 곳에 집중되는 성질이 있다. 내부의 혼란스러운 에너지도 예외가 아니다. 이 혼란스러운 에너지는 당신의 주의를 끌어당긴다. 하지만 이것을 일어나게 둬서는 안 된다. 당신은 실제로 거기서 떨어져 나올 힘을 가지고 있다.

내부의 에너지가 움직이기 시작할 때, 당신은 거기에 따라갈 필요가 없다. 예컨대, 생각이 일어나기 시작해도 당신은 거기에 따라갈 필요가 없다. 산책을 하고 있는데 자동차가 지나간다고 하자. 생각이 일어나서 이렇게 말한다. '야, 저런 차를 가져 봤으면…….' 당신은 그저 예사롭게 가던 길을 계속 걸어갈 수도 있었겠지만 그 대신 심기가 불편해지기 시작한다. 당신도 저런 차를 갖고 싶지만 월급이 너무 적다. 그래서 어떻게 하면 월급을 더 받을 수 있을지, 아니면 다른 직업을 가질 수 있을지를 생각하기 시작한다. 이 모든 생각을 당신은 할 필요가 없었다. 그저 그 차가 다가왔다가 지나가고, 그 생각이 떠올랐다가 지나갔을 수도 있었다. 당신이 따라가지 않으면 그것들은 그저 사라져 버린다. 중심을 잡는다는 것은 바로 이것이다.

중심을 잡지 못하면 의식은 그저 무엇이든 주의를 끄는 것에 딸려 간다. 자동차가 지나가는 것을 보면 곧장 그것을 가지고 뭔가 일을 벌인다. 다음날 배를 보면 이번에는 배를 가지고 일을 벌인다. 자동차는 이미 잊어버렸다. 사람들은 이렇게 살아간다. 일도 잘 안 되고 인간관계도 잘 풀리지 않는다. 그들은 마음이 산만하고 에너지도 사방에 흩어져 있다.

당신은 이런 생각들에 끌려다니지 않을 힘을 지니고 있다. 그저 의식의 자리에 자리 잡고 모든 것을 놓아 보낼 수 있다. 어떤 생각이나 감정이 일어나면 당신은 그것을 알아차리고, 그러면 그것은 지나간다. 왜냐하면 당신이 보내 줬으므로. 자신을 해방하는 이 기술은 생각과 감정은 의식의 대상일 뿐이라는 사실을 분명히 이해할 때부터 구사할 수 있게 된다. 가슴이 불안해지기 시작할 때, 당신은 그 느낌을 분명히 인식한다. 그런데 누가 그것을 인식하는가? 그것은 의식, 내면의 존재, 영혼, 참나이다. 그것은 보는 자, 보는 그다. 내부의 에너지 흐름 속에서 감지되는 변화도 단지 이 의식이 인식하는 대상일 뿐이다. 자유로워지기를 원한다면 에너지 흐름에 어떤 변화를 감지할 때마다 힘을 빼고 그 뒤로 물러나라. 그것과 맞싸우지 마라. 그것을 바꿔 놓으려고 애쓰지도 말고 그것을 심판하지도 마라. '이런, 내가 아직도 이런 감정을 느끼다니, 믿을 수가 없어. 자동차에 대해서는 더 이상 생각하지 않기로 굳게 결심했는데 말이야.'라고 말하지도 마라. 그러면 당신은 자동차 대신 이번에는 자책하는 생각에 딸려가고 말 것이다. 그 모든 것을 놓아 보내야 한다.

하지만 이것은 단지 생각과 감정을 놓아 보내는 것에 관한 일만이 아니다. 이것은 사실 그 에너지가 당신의 의식에 미치고 있는 인력을 놓아 보내는 것에 관한 일이다. 혼란스러운 에너지는 그 안으로 당신을 끌어들이려고 애쓴다. 의지력을 발휘해서 거기에 딸려 가지 않고 내면의 자리에 남아 있으면 당신은 '의식의 대상'과 '의식'의 차이가 마치 낮과 밤의 차이만큼이나 뚜렷하다는 것을 알아차리게 될 것이다. 그것은 서로 완전히 별개의 것이다. 대상은 왔다가 사라진다. 의식은 그것이 왔다가 가는 것을 지켜본다. 그러면 의식이 지켜보는 눈앞에 다음 대상이 왔다가 간다. 대상들은 왔다가 지나가지만 의식은 아무 데도 가지 않는다. 그것은 그 자리에 그대로 머물러 있으면서 그저 모든 것을 지켜본다. 의식은 생각과 감정이 만들어지는 것을 경험하고, 그것이 어디서 오는지를 깨어서 선명히 알아차린다. 그것은 이 모든 것을 생각하지 않고 본다. 외부세계에서 일어나는 일을 눈을 통해 힘들이지 않고 보듯이, 안에서 일어나는 일도 힘들이지 않고 본다. 그저 지켜본다. 참나는 내부의 에너지가 내외부의 힘에 따라 변하는 것을 지켜본다. 그것이 지켜보는 모든 에너지들은 당신이 의식의 중심을 잃고 말려들지 않는 한 그저 왔다가 사라진다.

당신이 이 에너지에 말려들 때 어떤 일이 생기는지를 느린 화면으로 살펴보자. 먼저 당신은 어떤 생각이나 감정을 떠올리기 시작한다. 이 느낌은 에너지의 흐름이 긴장되고 방어적으로 변하기 시작할 때처럼 미묘한 것이거나, 그보다 훨씬 더 강한 어떤 느낌일 수도 있다. 이런 에너지가 의식을 사로잡으면 모든 주의가 거기에 집중된다. 그러면 그 주의가 그것을 강화시킨다. 의식은 엄청나게 강력한 힘이다. 의식이 생각과 감정에 집중하면 그 에너지와 힘이 거기에 충전된다. 주의를 쏟을수록 생각과 감정이 더 강력해지는 것은 바로 이 때문이다. 당신이 약간의 질투나 두려움을 느끼고 있다고 하자. 그것에 집중하면 그것은 중요성이 더욱 커지고 주의를 더 많이 요구한다. 집중된 주의에 의해 힘이 커진 그것은 더 큰 힘으로 주의를 끌어당기는 것이다.

그것은 이런 식으로 악순환한다. 처음에는 지나쳐 가는 생각이나 감정으로 시작했던 그것이 결국에는 삶의 중심이 되어 버린다. 놓아 보내지 않으면 그것은 결국 통제를 완전히 벗어나게 된다.

지혜로운 사람은 에너지가 방어적인 양상으로 기울 때마다 그것을 놓아 보낼 수 있도록 늘 마음의 중심에 머문다. 에너지가 움직이고 의식이 그것에 이끌려가기 시작하는 것을 감지하는 순간 힘을 빼고 놓아 보내라. 놓아 보낸다는 것은 에너지 속으로 딸려 들어가는 대신 뒤로 떨어져 나옴을 말한다. 나는 따라가지 않겠노라고 마음먹는 데는 그저 한순간의 의식적 노력만 있으면 된다. 그저 놓아 보내라. 그것은 에너지를 따라가는 것보다는 놓아 보내는 편이 낫다는 판단이 행여나 잘못된 것일지도 모르는 위험성만 감수하면 되는 문제다. 하지만 손해 볼 일은 없다. 당신을 지배하던 에너지의 손아귀에서 벗어나기만 하면 당신은 내면에 존재하는 희열과 자유의 드넓은 공간을 마음껏 누릴 수 있을 테니까.

그리하여 당신은 자신을 해방시키는 일에 삶을 바치기로 결심한다. 영혼의 자유를 위해서라면 어떤 대가도 기꺼이 치를 각오가 된다. 하지만 치러야 할 유일한 대가는 놓아 보내는 것뿐임을 곧 알게 될 것이다. 내면의 자유를 앗아 갈 수 있는 것도, 돌려줄 수 있는 것도 오로지 당신뿐이다. 다른 누구도 할 수 없다. 당신이 스스로 상관있다고 믿지 않는 한, 다른 사람들이 무슨 짓을 하든지 거기에는 아무런 상관도 없다. 작은 것에서부터 시작하라. 우리는 일상 속의 하찮고 사소한 일들 때문에 괴로워하곤 한다. 예컨대 신호등 앞에서 누군가가 당신에게 빨리 가라고 경적을 울린다. 이런 작은 일들이 일어날 때도 당신은 속에서 에너지가 움직이는 것을 감지한다. 그 변화를 감지하는 순간, 어깨에 힘을 빼고 가슴 주위를 이완하라. 에너지가 움직이기 시작하는 순간 그저 힘을 빼고 놓아 보내라. 약이 오르는 느낌을 놓아 보내고 뒤로 떨어져 나오는 이 놀이를 즐겨라.

사무실에서 당신이 사용하던 연필을 누가 가져가 버렸다고 하자. 매번 다른 연필을 찾아야 할 때마다 당신은 내부 에너지의 움직임을 느낀다. 아주 작은 움직임이라도 말이다. 자신을 해방하기 위해서, 쓰던 연필에 대한 온갖 생각과 감정을 기꺼이 놓아 버릴 수 있는가? 이것이 해방의 게임을 즐기는 방법이다. 약 오르는 대신 자유로워지기. 연필을 찾아 두리번거리면서 짜증이 올라올 때, 놓아 보내라. 마음은 이렇게 말할지도 모른다. '오늘은 연필이지만 내가 이걸 그냥 넘겨 버리면 저것들은 아예 날 가지고 놀려고 들 거야. 다음엔 내 책상, 우리 집, 어쩌면 내 남편까지 가지고 놀려 들지도 몰라.' 이것이 마음의 소리다. 꽤나 통속적이지 않은가? 하지만 당신은 연필을 대가로 즐겁게 수련하기로 마음을 먹는다. 마음에게 이렇게 타이른다. '자동차로 대가를 치러야 할 때가 오면 그 때 한 마디 하지 뭐. 지금은 연필 하나 값에 자유를 누릴 수 있잖아.' 그저 마음이 뭐라고 하든 당신은 말려들지 않겠다고 다짐하라. 마음과 싸우지 않는다. 마음을 바꾸려고 애쓰지도 않는다. 그저 눈앞의 통속극을 보면서 느긋하게 힘을 빼는 게임을 즐기는 것이다. 그 에너지 속으로 말려드는 습관에서 빠져나오는 기술을 연습하는 것이다. 열쇠는 의식이 이 에너지의 인력을 인식하는 그 자리에 있다.

에너지는 정말 당신을 끌어당기는 힘을 가지고 있다는 것을 당신은 깨달을 것이다. 그런 일이 일어나게 두지 않으리라고 마음을 다진 후에도 그것은 당신에게 엄청난 힘을 미쳐 온다. 그것은 직장에서도 일어나고 집에서도 일어난다. 아이들 앞에서도 일어나고 배우자 앞에서도 일어난다. 그것은 언제나, 모든 것과 모든 사람들과 부딪힌다. 성장의 기회는 끊임없이 찾아온다. 그 때마다 에너지가 당신을 끌어들이도록 놔두지 않겠노라고 다짐하라. 누군가가 당신의 가슴을 당기는 것처럼 그 끌어당기는 힘을 느낄 때, 그저 놓아 보내고 당신은 뒤에 떨어져 남으면 된다. 그냥 힘을 빼고 놓아 버려라. 아무리 자꾸만 잡아당기더라도 다시금, 다시금 힘을 빼고 놓아 버리면 된다. 말려드는 습관은 끈질기므로 놓아 보내고 뒤에 떨어져 남으리라는 의지 또한 꿋꿋해야만 한다.

의식의 중심은 그것을 끌어당기는 에너지보다 언제나 더 힘이 세다. 당신은 다만 깨어서 의지를 발동하기만 하면 된다. 하지만 그것은 싸움도, 몸부림도 아니다. 그것은 속에서 올라오는 에너지를 막으려고 애쓰는 것이 아니다. 두려움, 질투, 혹은 유혹이든 뭐든 에너지를 느끼는 것 자체는 아무런 잘못도 없다. 그런 에너지가 존재한다는 것이 당신의 잘못도 아니다. 모든 생각과 감정과 좋음과 싫음은 차이가 없다. 그것이 당신을 순수하게 만들지도 불순하게 만들지도 않는다. 그것들은 당신이 아니다. 당신은 지켜보는 자이고, 그것은 순수한 의식이다. 이런 식의 기분만 느끼지 않는다면 자유로울 텐데, 하고 생각하지 말라. 그것은 진실이 아니다. 그런 기분을 느낌에도 불구하고 자유로울 수 있다면 그것이야말로 진정 자유로운 것이다. 왜냐하면 이런저런 기분은 언제나 존재하기 때문이다.

　사소한 일들을 대면하여 늘 중심에 머물 수 있으면 그보다 더 큰 일에도 중심을 지킬 수 있음을 깨닫게 될 것이다. 시간이 지나면 당신은 정말 중대한 문제 앞에서도 중심을 지킬 수 있다는 것을 발견할 것이다. 과거 같았으면 당신을 파멸로 몰아갔을 종류의 사건도, 당신을 완벽하게 평화로운 중심에 남겨둔 채 왔다가 그냥 지나갈 수 있다. 당신은 심지어 크나큰 상실의 경험 앞에서도 태연할 수 있다. 에너지를 억누르지 않고 놓아 보내는 한, 평화롭게 중심을 지키고 있는 것이 잘못될 일은 전혀 없다. 마침내는 아주 끔찍한 일이 일어나더라도 당신은 아무런 감정적 상처도 입지 않고 살 수 있게 될 것이다. 그런 문제들을 속에 품고 있지만 않으면 심리적 상처 없이 삶 속을 자유롭게 활보할 수 있다. 삶에서 그 어떤 일이 일어나든지, 마음을 닫는 것보다는 놓아 보내는 편이 언제나 더 낫다.

　내면의 깊은 곳에 의식이 에너지를 접하는 자리가 있다. 그곳이 당신의 놓아 보내기 연습이 이루어지는 곳이다. 그 자리로부터 시작하라. 나날의 순간순간, 한 해 또 두 해, 그렇게 놓아 보내고 나면 거기가 당신이 살 곳이 된다. 어떤 것도 당신의 의식의 자리를 빼앗지 못할 것이다. 당신은 마침내 거기에 머무는 법을 터득할 것이다. 이것을 여러 해 동안 실천하여 아무리 깊은 고통에도 놓아 보내기를 터득한다면 당신은 위대한 경지를 이룰 것이다. 당신은 궁극의 습관, 곧 저급한 자아의 끊임없는 끌어당김을 박차고 나올 것이다. 그러면 진정한 존재의 근원이자 본성인 순수의식을 마음껏 탐사할 수 있을 것이다.

# PART 3
# 자기를 놓아 보내기

제8장

# 지금 놓아 보내지 않으면 떨어진다

참나의 탐사는 각자의 삶의 전개와 불가분하게 서로 얽혀 있다. 삶에서 일어나게 마련인 온갖 굴곡은 개인의 성장을 가져오거나, 아니면 두려움을 일궈 놓는다. 이 중 어느 쪽이 지배적이 될지는 변화를 대하는 우리의 태도에 전적으로 달려 있다. 변화는 기대와 흥분으로 받아들여질 수도 있고 끔찍한 것으로 받아들여질 수도 있다. 하지만 그것을 어떻게 바라보든지 상관없이 우리는 모두 변화야말로 삶의 속성 그 자체라는 사실을 인정해야만 한다. 겁 많은 사람이라면 변화를 좋아하지 않아서 예측하고 통제하고 정의할 수 있는 세계를 자기 주변에다 구축하려고 애쓸 것이다. 자신의 두려움이 자극받지 않는 환경을 만들려 할 것이다. 두려움은 자신을 경험하고 싶어 하지 않는다. 사실 두려움은 자신을 두려워한다. 그래서 당신은 마음을 써서 삶을 조작함으로써 두려움이 느껴지지 않게끔 한다.

사람들은 두려움도 하나의 대상이라는 사실을 이해하지 못한다. 그것은 이 우주에서 당신이 경험할 수 있는 무수한 대상들 중 하나일 뿐이다. 당신은 두려움에 대해 둘 중 한 가지를 택할 수 있다. 즉, 자신이 그것을 가지고 있음을 알아차리고 놓아 보내기, 아니면 그것을 계속 품고 있으면서 그것으로부터 자신을 숨기고 도망 다니기이다. 사람들은 두려움을 객관적으로 대하지 않기 때문에 제대로 이해하지 못한다. 그들은 결국 두려움을 그대로 지닌 채, 그것을 건드릴 일만 생기지 않게 하려고 애쓴다. 그들은 삶이 어떠어떠해야 문제가 없을지를 정의해 놓고, 매사를 통제함으로써 안전을 확보하려고 발버둥 치면서 살아간다. 이렇게 해서 세상은 갈수록 험한 곳이 되어 간다.

당신에게는 이것이 무섭기보다는 안심되는 말로 들릴지도 모른다. 하지만 그렇지 않다. 이렇게 산다면 세상은 정말 무서운 곳이 된다. 삶은 '그것과의 전쟁' 터로 변한다. 내면의 두려움, 불안, 혹은 약한 곳이 건드려지지 않게 하려고 노심초사한다면, 당신의 그런 노력을 위협하는 사건은 살다 보면 다반사로 일어나게 마련이다. 당신은 이런 변화에 저항하므로 마치 인생과 전투를 벌이고 있는 듯한 기분이 된다. 이 사람은 마땅한 방식대로 행동하지 않고, 저 사건은 당신이 원하는 대로 풀리지 않는다. 과거에 일어난 일들은 괴로움만 안겨 주고 저 앞에서 기다리는 일들은 잠재적인 말썽거리로만 여겨진다. 달가운 것과 달갑지 않은 것, 선과 악 등등 모든 것에 대한 당신의 정의는 당신에게 문제가 없게 하기 위해서는 만사가 어떻게 흘러가야만 한다고 당신이 정의했기 때문에 생겨난 것이다.

　우리는 모두가 이런 짓을 하고 있음을 알고 있다. 하지만 아무도 거기에 의문을 제기하지 않는다. 우리는 삶이 어떠해야 하는지를 따져 봐야만 하고, 또 그렇게 되도록 만들어야 한다고 생각한다. 이것을 깊이 들여다보고, 우리가 왜 삶이 이렇게 혹은 저렇게 전개되어야만 한다고 생각하는지를 의심해 본 사람만이 이 전제에 의문을 제기할 수 있을 것이다. 우리는 있는 그대로의 삶은 문제가 있다는, 혹은 펼쳐질 그대로의 삶은 문제가 있을 거라는 생각을 어떻게 하게 되었을까? 자연스럽게 흘러가는 그대로의 삶이 옳지 않다고 누가 말했는가?

　그 대답은 두려움이다. 두려움이 그렇게 말한다. 자신과 사이가 나쁜 당신의 그 부분은 상황을 마음대로 통제하지 못하기 때문에 펼쳐지는 그대로의 삶을 직면할 수 없는 것이다. 삶이 당신의 내부 문제를 건드리는 방향으로 흐른다면 그것은 정의에 따라 '문제가 있는' 것이다. 그것은 매우 단순하다. 당신을 귀찮게 하지 않는 것은 문제가 없고 귀찮게 하는 것은 문제가 있다. 우리는 외부의 모든 경험을 자기 내부의 문제에 비추어서 재단한다. 하지만 영적으로 성장하기를 원한다면 이것을 바꿔야만 한다. 당신 존재의 가장 엉망인 부분에 비추어서 이 세상을 정의한다면 그 세상이 어떻게 보이리라고 생각하는가? 그것은 끔찍한 난장판으로 보일 것이다.

영적으로 성장해 가는 동안 당신은 자신을 문제로부터 보호하려는 노력이 사실은 더 많은 문제를 만들어낸다는 사실을 깨달을 것이다. 사람들과 환경과 상황이 당신을 괴롭히지 못하도록 통제하려고 애쓴다면 당신은 마치 삶이 당신을 공격해 오는 것처럼 느끼기 시작할 것이다. 삶은 몸부림이고 하루하루가 괴롭다. 모든 것과 싸우고 모든 것을 통제해야만 하기 때문이다. 경쟁과 질시와 두려움이 있다. 누구라도, 언제든지 당신을 괴로움 속으로 밀어 넣을 수 있을 것만 같다. 그들이 한마디 말만 하면 다음 순간 당신의 내면에 혼란이 일어난다. 그것은 삶을 위협으로 만들어 놓는다. 당신이 그토록 걱정이 많은 것도 이 때문이다. 이 때문에 당신의 마음속에 그 모든 지껄임이 끊임없이 이어지고 있는 것이다. 당신은 이런 일을 막으려면 어떻게 해야 할지를 고민 중이거나, 아니면 그런 일이 일어났는데 어떻게 해야 할지를 고민하고 있다. 당신은 세상과 싸우고 있고, 그것이 세상 자체를 당신 삶에 가장 끔찍한 것이 되게 만든다.

대안은, 삶과 싸우지 않기로 결심하는 것이다. 삶이 내 마음대로 되는 것이 아님을 깨닫고 받아들여라. 삶은 끊임없이 변화해 가고, 그것을 통제하려고 해서는 결코 삶을 온전히 살 수 없을 것이다. 당신은 삶을 사는 대신 삶을 두려워하게 될 것이다. 하지만 삶과 싸우지 않기로 한다면 당신을 싸우게끔 부추긴 그 두려움을 직면해야 하게 될 것이다. 다행스럽게도 이 두려움은 반드시 지니고 있어야 할 필요가 없다. 두려움 없이 사는 것이 가능하다. 이 가능성을 탐사해 보려면 먼저 두려움 그 자체를 더 깊이 이해해야 한다.

　마음속에 두려움이 있으면 일상의 일들이 불가피하게 그것을 건드린다. 물에다 돌을 던지는 것처럼, 세상은 그 끊임없는 변화로써 당신의 마음에 걸려 있는 것들 속에 파문을 일으킨다. 이것 자체는 아무런 문제가 없다. 삶은 당신을 가장자리로 밀어붙이는 상황들을 일으킨다. 그것은 모두가 당신 속에 걸려 있는 것들을 제거해 주기 위한 것이다. 두려움의 뿌리는, 당신 안에 걸려서 쌓여 있는 그것들이다. 두려움은 에너지 흐름의 막힘에 의해서 생긴다. 에너지가 막히면 에너지가 가슴으로 올라와 양분을 공급하지 못한다. 그래서 가슴이 약해진다. 가슴이 약해지면 그것은 낮은 파동에 민감해지는데, 모든 파동 중에서 가장 낮은 것이 두려움이다. 두려움은 모든 문제의 원인이다. 그것은 선입견 그리고 분노, 시기, 소유욕 등 모든 부정적 감정의 뿌리이다. 두려움만 없다면 이 세상을 사는 것은 너무나 행복할 것이다. 어떤 것도 당신을 괴롭히지 않을 것이다. 당신은 모든 사람과 매사를 기꺼운 마음으로 맞이할 것이다. 왜냐하면 속에서 당신을 혼란시킬 두려움이 없기 때문이다.

　영적 진화의 목적은 두려움을 일으키는 이 막힘을 제거하는 것이다. 다른 방법은 반대로, 두려움을 느끼지 않도록 막힌 그것을 감싸고 보호하는 것이다. 그러나 그렇게 하려면 문제를 피하기 위해 만사를 통제해야만 할 것이다. 우리가 어떻게 내부의 문제를 피해 다니는 것이 지성적인 해결책이라고 판단하게 되었는지는 이해하기가 힘들지만, 아무튼 모든 사람들이 이 방법을 택하고 있다. 모두가, '이걸 지키기 위해서라면 무슨 짓이든 다 하겠어. 네가 날 건드리면 나는 자신을 방어하겠어. 고함을 지르고 널 사과하게 만들 거야. 내 속을 건드렸다간 후회하게 만들 거야.'라고 말한다. 달리 말해서, 만약 누가 내 두려움을 건드리는 짓을 하면 당신은 그가 잘못을 저지른 것으로 생각한다. 그러면 당신은 그가 다시는 그러지 못하도록 할 수 있는 모든 조치를 다한다. 우선 자신을 방어하고 그 다음에는 자신을 감싸고 보호한다. 괴로운 느낌을 느끼지 않게, 할 수 있는 모든 일을 다한다.

마침내 당신은 자신이 내부의 그 덩어리를 더 이상 원하지 않는다는 사실을 깨달을 만큼 지혜로워진다. 누가 그것을 건드리는가는 문제의 초점이 아니다. 어떤 상황이 그것을 건드리는지도 문제 되지 않는다. 그것이 말이 되는지, 그것이 정당해 보이는지 않는지도 문제 되지 않는다. 그러나 불행히도 우리들 대부분은 그리 지혜롭지 못하다. 실제로 우리는 그 덩어리로부터 해방되려고 하기는커녕 그것을 계속 품고 있을 평계를 만들어내려고 애를 쓰고 있다.

진정으로 영적 성장을 원한다면 당신은 그것을 품고 있는 것이 곧 자신을 함정에 가두는 짓임을 깨닫게 될 것이다. 어떤 대가를 치러서라도 거기서 빠져나오고 싶어 하게 될 것이다. 그리고 사실은 삶이 당신을 돕고자 한다는 것을 깨닫게 될 것이다. 삶은 당신의 성장을 자극해 줄 사람들과 상황들로 당신을 둘러싼다. 거기서 누가 옳고 누가 그른지를 당신이 판단할 필요가 없다. 다른 사람들의 문제를 당신이 걱정해야 할 필요가 없다. 당신은 어떤 상황에서나 가슴을 기꺼이 열어젖히기만 하면 된다. 그리고 정화의 과정이 일어나는 것을 수용하기만 하면 된다. 이렇게 할 때 가장 먼저 깨닫게 되는 것은, 당신의 그것을 건드려 줄 상황들이 스스로 펼쳐진다는 것이다. 하지만 사실 그것은 당신의 삶에서 늘 일어나고 있었던 일이다. 다른 점은 이제 당신은 그것을, 놓아 보낼 기회를 주는 좋은 일로 반긴다는 것이다.

  당신을 아래로 끌어내리는 것들이 수시로 머리를 쳐들 것이다. 그럴 때마다 놓아 보내라. 그 고통이 가슴으로 올라와서 지나가게 하라. 그러면 그것은 당신을 지나쳐 갈 것이다. 당신이 진정으로 진실을 추구하는 사람이라면 그 때마다 낱낱이 놓아 보낼 수 있을 것이다. 이것이 이 길의 시작이요, 끝이다. 자신을 비우는 과정에 자신을 바치는 것이다. 이것을 열심히 행하다 보면 놓아 보내기라는 과정의 미묘한 법칙을 터득하기 시작할 것이다.

  피해갈 수 없는 진실이기에 게임의 초반부터 일찌감치 깨닫게 될 법칙이 있다. 하지만 그것은 금방 배우기는 해도, 명심하려고 애쓰는 동안에 여러 번 실패를 겪을 것이다. 법칙은 매우 단순 명료하다. 덩어리가 건드려지면 그 자리에서 그대로 놓아 보내야만 한다는 것이다. 다음 순간이면 더 힘들어질 것이기 때문이다. 그것의 날카로운 날을 없앨 수 있을까 하여 그것을 들여다보고 만지작거려 봐도 더 쉬워지지 않을 것이다. 그것에 대해 생각하거나 이야기하거나, 한 번에 조금씩 놓으려고 애써 봐도 쉽지 않을 것이다. 존재의 속속들이 자유로워지기를 원한다면 그 자리에서 즉시 단번에 놓아 보내야 한다.

이 법칙에 준해서 살려면 그 원리를 이해해야 한다. 먼저, 풀어놓아야 할 무엇이 당신 안에 있음을 인식해야 한다. 그 다음에는 그것이 올라오는 것을 알아차리는 자인 당신은 경험되는 대상과 별개의 존재라는 사실을 알아야 한다. 당신은 대상을 알아차리고 인식하고 있다. 그러면 당신은 누구인가? 알아차리고 인식하는 자이다. 이 중심 잡힌 인식의 자리가 보는 자의 자리, 참나의 자리이다. 그것이 놓아 보낼 수 있는 유일한 자리이다. 당신의 가슴속에서 뭔가가 건드려진다고 하자. 그것을 놓아 보내고 인식의 중심 자리에 머물러 있으면 당신이 인식하는 그것은 지나갈 것이다. 만일 놓아 보내지 않고, 올라오는 혼란스런 감정과 생각 속에서 정신을 잃어버리면 사건들이 너무나 빨리 꼬리를 물고 일어나서 어느 것이 당신을 건드리는지조차 알아차리지 못할 것이다.

놓아 보내지 않으면 가슴속에서 건드려지는 에너지가 마치 자석처럼 작용하는 것을 깨달을 것이다. 그것은 당신의 의식을 그 안으로 끌어당기는 엄청난 인력이다. 그 다음 순간에 당신은 자신이 거기에 없다는 것을 깨달을 것이다. 당신은 그 혼란을 처음에 감지했을 때의 인식 상태를 더 이상 유지하지 못할 것이다. 가슴이 반응하기 시작하는 것을 지켜보던 그 객관적 인식의 자리를 떠나서 가슴에 일어나는 에너지 속으로 빨려 들어갈 것이다. 시간이 지난 후에 당신은 돌아와서 자신이 거기에 없었음을 깨달을 것이다. 자신의 감정 속에서 완전히 넋이 나가 버렸음을 깨달을 것이다. 그리고는 자기가 후회할 말이나 행동을 안 했기만을 빌 것이다.

시계를 보니 5분이 지났거나, 한 시간, 아니면 일 년이 지났을 수도 있을 것이다. 당신은 어디에 갔었는가? 어떻게 돌아왔는가? 이 의문은 곧 다루겠지만 정말 중요한 것은, 선명하게 지켜보고 있기만 하면 당신은 어디에도 가지 않는다는 것이다. 당신은 중심 잡힌 인식의 자리에 앉아 자신의 그것이 건드려지는 것을 지켜보고 있다. 지켜보고 있는 한 당신은 거기에 빠지지 않는다.

열쇠는, 즉시 놓아 보내지 않으면 일깨워진 에너지의 혼란스러운 힘이 당신의 주의를 빨아들인다는 사실을 철저히 이해하는 것이다. 혼란 통에 당신의 의식이 말려들 때, 당신은 참나의 선명한 자리를 잃어버린다. 그것은 순식간에 일어난다. 어디로 가는 듯한 느낌조차 없다. 책이나 TV 쇼에 빠져서 의식이 방 안을 떠날 때 그런 것과 마찬가지로 말이다. 주변을 객관적으로 인식하던 의식의 고정된 자리를 문득 잃어버리는 것이다. 당신의 의식은 다양한 에너지들을 지켜보던 중심 잡힌 자리를 떠나 그중 하나에 주의가 빨려 들어가 버린다.

참나의 자리를 떠나는 것은 대부분 의도적인 행위가 아니다. 그것을 일으키는 것은 끌어당김의 법칙이다. 의식은 언제나 부딪혀서 아픈 발가락이나, 큰소리, 아니면 아픈 가슴 등 가장 마음을 사로잡는 대상에 이끌려 간다. '갑자기 큰소리가 들리길래 그쪽을 봤지요,' 하는 말이 바로 이 뜻이다. 그것이 당신의 의식을 그쪽으로 끌어당겼다. 막혀져 있는 것이 건드려질 때, 이와 똑같은 끌어당김이 일어난다. 그러면 의식이 불편함의 근원에게로 끌려간다. 그러면 그 자리가 당신의 의식의 자리가 된다. 불편이 사라지면서 당신을 놔주면 그때야 당신은 저절로 더 높은 의식의 자리로 되돌아온다. 이곳이 당신이 혼란에 사로잡히지 않았을 때 앉아 있는 자리이다. 하지만 이 높은 자리가 중요한 만큼이나 혼란에 빠졌을 때 어떤 일이 일어나는지를 아는 것도 중요하다. 당신의 의식의 자리가 혼란이 일어나고 있는 곳으로 떨어지는 것이다. 그러면 온 세상이 달리 보인다.

이 떨어짐의 과정을 단계별로 분석해 보자. 그것은 당신이 혼란스런 에너지 속으로 끌려들 때 시작된다. 당신은 자기 자리가 아닌 곳에 있는 자신을 발견한다. 그 아래쪽 세계는 당신의 의식이 결코 가고 싶어 하지 않는 곳이다. 하지만 그곳이 의식을 끌어당기는 곳이다. 이제 그곳에서 그 혼란된 에너지를 통해서 밖을 바라보면 모든 것이 그 혼란의 안개에 의해 왜곡된다. 아름답게 보였던 것들이 이제는 추하게 보인다. 좋아했던 것들이 이제는 암울해 보인다. 하지만 사실은 아무것도 변하지 않았다. 단지 당신이 혼란의 자리에서 삶을 바라보고 있는 것일 뿐이다.

인식의 이런 변화들 하나하나가 당신을 환기시켜서, 놓아 보내게끔 만들어야 한다. 좋아했던 사람들을 싫어한다는 것을 깨닫기 시작하는 순간에, 삶이 완전히 달리 보이기 시작하는 순간에, 모든 것이 부정적으로 보이기 시작하는 순간에 ― 놓아 보내라. 그 전에 놓아 보냈어야 했지만 그러지 않았다. 문제는 이제는 그것이 더 어려워졌다는 것이다. 처음 끌어당김이 시작되었을 때는 단숨에 놓아 보낼 수 있었을 것이다. 이제는 한 바퀴 순례 행사를 치르지 않고 이전의 의식의 자리로 돌아가려면 진지한 작업이 필요하다.

그 한 바퀴란 상대적으로 선명한 의식의 자리를 떠나는 순간부터 돌아올 때까지 걸리는 시간이다. 이 시간은 최초의 혼란을 일으켰던 그 에너지가 얼마나 깊숙한 곳에서 막혀 있는가에 따라 달라진다. 일단 건드려지면 막혀 있던 에너지는 자신의 코스를 돌아야 한다. 놓아 보내지 않으면 당신이 그 속으로 말려든다. 당신은 더 이상 자유롭지 않다. 당신은 사로잡혔다. 상대적으로 선명한 자리로부터 떨어지면 당신은 혼란된 에너지의 손아귀에 놀아나게 된다. 그 막힘이 현재 진행 중인 상황에 의해 건드려진 것이라면 당신은 거기서 오랫동안 머물러야 할 것이다. 그것이 그저 지나가는 사건이고, 막혔던 것이 풀어놓은 에너지가 금방 흩어져 버린다면 당신은 이내 제자리에 돌아와 있는 자신을 발견할 것이다. 중요한 점은, 상황이 당신의 통제권 하에 있지 않다는 것이다. 당신은 통제력을 잃어버렸다.

이것이 떨어짐의 해부학이다. 이렇게 혼란 상태에 있을 때 당신이 흔히 하는 짓은 사태를 바로잡아 보려고 애쓰는 것이다. 하지만 이제 당신은 사태를 선명하게 파악할 눈이 없다. 그저 그 혼란을 멈출 수 있기만을 바랄 뿐이다. 그래서 당신은 생존본능 속으로 빠져들기 시작한다. 뭔가 과감한 조치를 취해야 한다고 느낄 수도 있다. 남편이나 아내를 떠나거나 집을 옮기거나 직장을 그만두고 싶어질 수도 있다. 현재의 상황이 싫어진 마음은 온갖 말을 늘어놓기 시작하고 할 수 있는 방법을 다 동원해서 떠나고 싶어 한다.

당신은 여기까지 떨어졌다. 이제 그 경지의 최고봉이 기다리고 있다. 혼란된 에너지에 말려들었을 때 마음이 시키는 일 중 몇 가지를 실제로 감행했다고 상상해 보자. 실제로 직장을 때려치웠다면 어떤 일이 일어날지 상상해 보라. 혹은, '나도 참을 만큼 참았어. 오늘은 본때를 보여줘야지 안 되겠어.' 하고 나섰다고 상상해 보라. 그것이 얼마나 깊이 떨어지는 나락인지 당신은 모를 것이다. 마음속에서 혼란이 일어나는 것은 일어나는 것이다. 하지만 그것이 자신을 표현하도록 허락하는 순간, 그 에너지가 당신의 몸을 움직이도록 허용하는 순간 당신은 전혀 다른 차원으로 하강하는 것이다. 이제 그것은 놓아 보내기가 거의 불가능하다. 상대방에게 소리를 지르기 시작하면, 이 선명하지 못한 상태에서 상대방에 대한 당신의 감정을 실제로 토해 놓기 시작하면 당신은 당신의 문제에 다른 사람의 마음과 가슴을 끌어들이고 있는 것이다. 이제부터 양쪽의 에고가 개입되는 것이다. 에너지를 이렇게 외면화하고 나면 당신은 자신의 행동을 방어하고 정당화하고 싶어진다. 하지만 상대방은 그것이 결코 정당하다고 생각해 주지 않을 것이다.

이제 더 많은 힘들이 당신을 끌어내린다. 먼저 당신은 어둠 속으로 떨어지고, 다음에는 당신이 그 어둠의 화신이 된다. 이렇게 되면 당신은 막혀 있던 에너지를 문자 그대로 타고 논다. 자신의 문제를 세상에다 부려 놓는다면 그것은 자신의 문제로 온 세상을 색칠하는 것과도 같다. 당신은 주변으로 그런 종류의 에너지를 더욱 쏟아내고, 그것은 당신에게 되돌아온다. 당신은 이제 당신의 행동에 당장 본때를 보여 줄 사람들로 둘러싸인다. 그것은 또 다른 형태의 '환경오염'이고, 그것이 당신의 삶을 오염시킬 것이다.

이것이 그 악순환의 전모이다. 실제로 당신은 마음 밑바닥에 감춰진 과거의 경험에서 온통 혼란뿐인 그것을 주변 사람들의 가슴속에다 심어 놓을 수 있다. 그러면 그것은 언젠가는 당신에게로 되돌아올 것이다. 밖으로 투사하는 것은 모두 되돌아온다. 당신이 화가 나서 그 혼란스러운 에너지를 풀어내어 상대방에게 몽땅 퍼부었다고 상상해 보라. 이것이 사람들이 인간관계를 망치고 인생을 파멸로 몰아넣는 방식이다.

당신은 어디까지 떨어질 수 있을까? 한번 약해지면 또 다른 막힘이, 그리고 또 다른 막힘이 계속 건드려질 수 있다. 그리하여 삶이 완전히 망가질 때까지 굴러떨어질 수 있다. 통제력을 완전히 상실하고 중심 자리를 까마득히 잊어버리는 지경에 이를 수 있다. 이런 상태에서는 이전의 선명한 자리를 어쩌다 한 번씩 지나칠 수는 있지만 그것을 붙잡을 수는 없게 된다. 이제 당신은 미아가 된 것이다. 가슴의 막힘이 한번 건드려지는 것으로 설마 평생토록 아래로 굴러떨어지기야 할까? 하지만 이것은 잘 알려진 현상이다.

처음부터 놓아 보내는 것만이 이 모든 화를 피하기 위해 당신이 할 수 있는 유일한 일이었다면 어쩌겠는가? 그렇게 했었다면 당신은 떨어지는 대신 올라갔을 것이다. 그것은 그렇게 작용한다. 막힘이 건드려지면, 그것은 좋은 일이다. 내면을 열어 막힌 에너지를 풀어놓을 기회가 온 것이다. 놓아 보냄으로써 내면의 정화 과정이 일어나도록 허용하면 그 막힌 에너지는 풀려날 것이다. 풀려나서 위로 흘러가게 놓아두면 그것은 정화되어 의식의 중심 자리 속으로 흘러든다. 그러면 이 에너지는 당신을 약화시키는 대신 강화해 준다. 당신은 갈수록 높이 더 높이 올라가기 시작하여 상승의 비밀을 터득한다. 상승의 비결은 결코 아래를 내려다보지 않는 것이다. 언제나 위를 바라보는 것이다.

아래에서 어떤 일이 벌어지든 그저 눈을 위로 돌리고 가슴을 이완하여 열어젖혀라. 어둠을 다루기 위해 참나의 자리를 떠날 필요가 없다. 당신이 그냥 놔두기만 하면 그것은 스스로 정화될 것이다. 어둠 속에 끼어드는 것으로는 어둠을 물리치지 못한다. 그것은 오히려 어둠을 더욱 짙어지게 할 뿐이다. 그것을 쳐다보지도 말라. 자기 안에서 혼란된 에너지를 발견하면, 그것은 좋은 일이다. 나에게는 풀어놓아야 할 막힘이 더 이상 남아 있지 않다고 생각하지 마라. 그저 의식의 자리에 앉아서 결코 그 자리를 떠나지만 않으면 된다. 아래에서 어떤 일이 일어나든지 가슴을 열고 놓아 보내기만 하라. 그러면 가슴이 정화되고, 다시는 떨어지지 않을 것이다.

만일 가다가 떨어진다면 그저 일어나서 툭툭 털어 버려라. 그것을 교훈 삼아 각오를 더욱 다져라. 그 자리에서 즉시 놓아 보내라. 그것을 따져 보거나 남의 탓으로 돌리거나 합리화하려 들지 말아야 한다. 아무것도 하지 말고 그저 그 자리에서 놓아 보내라. 그 에너지가 이를 수 있는 가장 높은 의식의 자리로 돌아가게 하라. 부끄러움을 느낀다면 놓아 보내라. 두려움을 느낀다면 놓아 보내라. 이 모두가 바야흐로 정화되고 있는 막힌 에너지의 찌꺼기들이다.

언제든지, 놓아 보내기를 잊어버린 것을 깨닫는 즉시 놓아 보내라. 시간을 낭비하지 마라. 상승을 위해 그 에너지를 이용하라. 당신은 자신

너머로 탐사해 갈 엄청난 기회를 얻은 위대한 존재이다. 이 모든 과정은 매우 흥미진진해서, 좋은 시간도 있을 것이고, 나쁜 시간도 있을 것이다. 온갖 일이 다 일어날 것이다. 그것이 이 여행의 재미있는 점이다.

 그러니 떨어지지 마라. 무엇이든 놓아 보내라. 큰 것일수록 놓아 보내는 보상도 크다. 그러지 않으면 떨어짐은 더욱 깊다. 이것은 흑과 백만큼이나 매우 분명하다. 놓아 보내든지, 아니면 추락하는 것이다. 그 중간은 없다. 그러니 당신의 모든 막힘과 혼란이 이 여행의 연료가 되게 하라. 당신을 아래로 끌어당기던 그것이 상승의 강력한 힘으로 바뀔 수 있다. 다만 당신이 스스로 상승하기로 마음먹어야만 한다.

제9장

# 마음속 가시 빼내기

영적 여행은 끊임없는 변화의 여정이다. 성장하기 위해서는 같은 자리에 남아 있으려는 발버둥을 멈추고 항상 변화를 포용하기를 배워야만 한다. 가장 절실하게 요구되는 변화는 문제해결 방식의 변화이다. 우리는 보통 자신을 보호하는 방식으로 내부의 혼란을 해결하고자 한다. 그러나 자신의 문제를 성장의 촉매로서 품어 안을 때만 진정한 변화가 시작된다. 이 과정이 어떻게 작용하는지를 이해하기 위해 다음 상황을 살펴보자.

   신경을 곧바로 건드리는 가시가 팔에 박혀 있다고 상상해 보자. 가시가 건드려지면 극심한 고통이 느껴지기 때문에 이 가시는 정말 심각한 문제다. 잠들면 팔을 움직이게 되니까 잠자기도 힘들다. 사람들이 건드릴 수도 있으므로 그들과 가까이하기도 어렵다. 나뭇가지가 가시를 건드리기 때문에 숲속을 산책할 수도 없다. 이 가시는 끊임없는 고통의 근원이다. 이 문제를 해결하려면 두 가지 방법밖에 없다.

첫 번째 방법은, 가시가 건드려질 때마다 너무나 괴로우니 아무것도 건드리지 못하게 하는 것이다. 두 번째 방법은 그 가시를 빼내는 것이다. 믿든 말든 간에 당신의 선택은 평생을 좌우할 것이다. 이것은 당신의 미래의 토대를 좌우하는 아주 근본적인 차원의 결정이다.

첫 번째 방법이 당신의 삶에 어떤 영향을 미칠지를 먼저 살펴보자. 무엇이 가시를 건드리지 못하게 하기로 마음먹으면 그것은 평생의 중요한 일거리가 된다. 숲속으로 산책을 다니려면 나뭇가지가 팔을 건드리지 못하도록 길가의 가지를 다 쳐내야 할 것이다. 잠을 잘 때는 뒤척이다가 팔을 건드리게 되므로 이에 대해서도 대책을 찾아야 할 것이다. 팔을 보호해 줄 장비를 고안해내야 할 수도 있을 것이다. 정말 많은 노력을 기울여서 찾아낸 해결책이 잘 듣는 것처럼 보이면 당신은 드디어 문제를 해결했다고 생각할 것이다. 당신은 이렇게 자랑할지도 모른다. "난 이제 잠을 잘 잘 수 있어. 게다가 어떤지 알아? 난 TV에 출연해야 해. 가시 때문에 고생하는 사람은 누구든지 내가 고안해낸 보호장비 덕을 볼 수 있거든. 거기다 난 로열티까지 받게 된다고."

자, 이제 당신의 온 생애가 이 가시를 중심으로 펼쳐지고 있다. 그리고 당신은 그것을 자랑스러워한다. 산책길의 잔가지를 쳐내고 밤에는 보호장비를 착용한다. 그런데 새로운 문제가 생겼다. 사랑하는 사람이 생긴 것이다. 그런데 포옹하기조차 괴로우니 이것은 큰 문제다. 가시를 건드릴 수 있으므로 아무도 당신을 만지지 못한다. 그래서 당신은 가시를 건드리지 않고도 사람들을 더 가까이할 수 있는 새로운 종류의 장비를 만들어낸다. 하지만 당신은 더 나아가 가시에 전혀 신경 쓰지 않고 완전히 자유롭게 움직일 수 있게 되기를 바랄 것이다. 그리하여 밤에 벗을 필요가 없고, 포옹이나 그 밖의 활동을 위해 바꿔 입을 필요가 없는 전천후 장비를 만들어낸다. 하지만 그건 무겁다. 그래서 당신은 거기다 바퀴를 달아서 그것을 수압으로 조종하고 충돌감지기를 장착한다. 그것은 사실 매우 훌륭한 장비다.

물론 보호장비가 통과할 수 있도록 현관문은 새로 바꿔야 했다. 그래도 최소한 이제는 당신의 삶을 살 수 있다. 일하러 갈 수 있고 잠잘 수 있고 사람들과 가까이 지낼 수 있다. 그래서 당신은 이렇게 선포한다. "나는 내 문제를 해결했습니다. 나는 자유로운 존재입니다. 나는 가고 싶은 곳에 다 갈 수 있고 원하는 일을 다 할 수 있습니다. 이 가시가 제 삶을 움직여 왔지만 이제는 그것이 나를 움직이지 못합니다."

그러나 사실을 말하자면, 가시는 당신의 삶을 완전히 장악하고 있다. 그것은 어디로 갈 것인지, 누가 편안한지, 누가 나를 편안하게 여기는지를 포함해서 당신의 모든 결정에 영향을 미친다. 그것이 당신이 어디에서 일할 수 있는지, 어떤 집에서 살 수 있는지, 어떤 침대에서 잘 수 있는지를 결정한다. 아무리 피하려고 해도 가시는 당신 삶의 모든 측면들을 지배하고 있다.

　문제로부터 자기를 지키려고 애쓰는 삶 자체가 문제를 완벽하게 반영하고 있음이 드러난다. 당신은 아무것도 해결하지 못했다. 문제의 뿌리를 캐내지 못하고 대신 그 문제로부터 자신을 보호하려고 한다면 결국은 그 문제가 당신의 삶을 지배한다. 당신은 심리적으로 그 문제에 너무나 고착된 나머지 나무만 보고 숲은 보지 못한다. 실제로 문제의 고통을 최소화했기 때문에 당신은 그 문제가 풀렸다고 느낀다. 하지만 그것은 해결된 것이 아니다. 당신이 한 일은 단지 문제를 피하는 일에 평생을 바친 것뿐이다. 그 문제는 이제 당신 우주의 중심이 되어 있다. 그것이 있는 것의 전부이다.

　가시의 비유를 삶의 전반에 적용하기 위해 외로움을 예로 들어보자. 당신이 마음속에 매우 뿌리 깊은 외로움을 지니고 있다고 하자. 그것은 너무 깊어서 밤에는 잠을 못 이루게 하고 낮에는 마음이 매우 예민해지게 만든다. 그것은 또 가끔씩 가슴에 날카로운 격통을 일으켜서 사람을 매우 괴롭게 한다. 일에 집중하기가 힘들고 일상적인 활동에도 지장이 있다. 거기에다 가끔씩 심한 외로움을 느낄 때는 사람들을 가까이하기가 고통스러울 정도로 힘들어진다. 알겠는가? 외로움은 가시와 별로 다르지 않다. 그것은 당신 삶의 모든 면에서 고통과 혼란을 일으켜 놓는다. 그런데 사람의 가슴에는 가시가 한두 개만 박혀 있는 것이 아니다. 우리는 외로움이나 무시당하는 것, 외모, 능력 따위에 민

감하다. 우리는 가슴의 가장 예민한 부위를 곧바로 건드리는 가시를 무수히 안은 채 살고 있다. 언제든지 뭔가가 그것을 건드려서 속에다 고통을 일으킬 수 있다.

팔에 찔린 가시에 대해 그랬던 것과 똑같이, 당신은 양자택일을 할 수 있다. 물론 가시를 빼내는 것이 훨씬 더 나았을 것이 틀림없다. 금방 빼낼 수 있는데도 가시가 건드려지지 않도록 그것을 보호하는 짓에 평생을 바칠 이유가 없다. 가시를 빼내기만 하면 당신은 정말 해방된다. 마음속의 가시도 마찬가지이다. 빼낼 수 있다. 하지만 그것을 그대로 지니고 있으면서 신경을 안 써도 되도록 보호하기로 했다면, 당신은 그것을 건드릴 상황을 피하기 위해 삶을 완전히 바꿔야만 한다. 예컨대 당신이 외롭다면 연인들이 주로 다니는 곳은 피해야 한다. 무시당하는 것이 두렵다면 사람들과 너무 가까이 지내지 말아야 한다. 하지만 이렇게 하는 것은 숲길의 잔가지를 치는 것과 같은 것이다. 당신은 가시를 건드리지 않도록 삶을 거기에 짜 맞추려 하고 있다. 앞의 사례에서는 가시가 밖에 있었지만 이제 그것은 안에 있다.

외로울 때 당신은 어떻게 해야 할지를 몰라서 고민하고 있는 자신을 발견한다. 외롭게 느끼지 않기 위해서 당신은 어떤 말이나 행동을 하는가? 당신은 문제를 제거하는 방법을 찾는 게 아니라 문제로부터 자신을 보호하는 방법을 찾고 있다는 사실에 주목하라. 당신은 이 문제를 상황을 피하거나 사람과 사물과 장소를 방패막이로 이용함으로써 해결한다. 당신은 결국 가시에 찔린 사람과 똑같은 결말에 이를 것이다. 외로움이 당신의 삶을 지배할 것이다. 당신은 당신을 덜 외롭게 해줄 사람과 결혼하고, 그것이 정상적이고 자연스럽다고 생각할 것이다. 하지만 그것은 가시를 빼는 대신 그것이 건드려지지 않도록 피하는 사람과 똑같다. 당신은 외로움의 뿌리를 뽑아내지 않았다. 단지 그것을 느끼지 않도록 자신을 보호하느라 애쓴 것뿐이다. 누군가가 죽거나 떠나 버린다면 외로움은 다시 당신을 괴롭힐 것이다. 외부의 상황이 마음을 보호해 주지 못하는 순간 문제는 돌아와 있을 것이다.

그 가시를 빼내지 않는다면 가시와, 그것을 피하기 위해 주변에 가져다 놓은 모든 것들을 책임져야만 하게 될 것이다. 당신의 외로운 느낌을 줄여 줄 수 있는 사람을 만나는 행운을 얻는다면, 당신은 그 사람과 관계를 유지하려면 어떻게 해야 할지를 고민하기 시작할 것이다. 당신은 문제를 회피함으로써 대충 무마할 수 있었다. 하지만 이것은 가시 때문에 보호장비를 착용하는 것과 똑같다. 거기에다 당신의 삶도 짜 맞추어야만 한다. 핵심적인 문제가 남아 있도록 허용하는 순간 그것은 여러 가지 문제로 확대된다. 그것을 간단히 제거할 수 있다는 생각은 떠오르지도 않을 것이다. 대신 당신이 생각할 수 있는 유일한 해결책은 그 경험을 피하려고 몸부림치는 것이다. 이제 당신에게는 그것에 영향을 미치는 모든 것을 고쳐 놓는 것밖에는 선택의 여지가 없다. 옷을 어떻게 입을 것인지, 말을 어떻게 할 것인지를 고민해야 한다. 사람들이 당신을 어떻게 생각하는지도 고민해야 한다. 그것이 당신의 외로움과 애정의 갈구에 영향을 미칠 것이므로. 어떤 사람이 당신을 좋아하고 그것이 당신의 외로움을 달래 준다면 당신은 이렇게 말하고 싶어 할 것이다. '당신이 즐겁도록 무엇을 할까요? 당신이 원한다면 뭐든지 될게요. 나는 단지 이 외로운 날들만 없으면 돼요.'

이제 당신에게는 애정 관계를 걱정하는 짐이 하나 더 생겼다. 그것은 관계의 배후에 긴장감과 불편한 느낌을 일궈낸다. 그것이 잠을 설치게 할 수도 있다. 하지만 당신이 경험하는 불편함의 뿌리는 외로움이다. 그것은 이런 식의 끝없는 생각들이다. '내가 말을 제대로 했나? 그녀가 정말 날 좋아하는 걸까, 아니면 나 혼자의 착각일까?' 문제의 뿌리는 이제 더 깊은 문제를 회피하려는 얕은 고민들 밑에 묻혀 있다. 일이 매우 복잡해진다. 결국 사람들은 인간관계를 이용해서 자신의 가시를 감춘다. 존중하는 사이라면 상대방의 보드라운 부위를 건드리지 않도록 서로 행동을 조심하는 것이 예절이 되었다.

이것이 사람들이 벌이는 짓이다. 그들은 마음속의 가시에 대한 두려움이 자신의 행동을 지배하도록 내버려 둔다. 그들은 살갗에 가시를 지니고 사는 사람과 똑같이 자기 삶을 스스로 구속하고 만다. 하지만 내부에 혼란을 일궈내는 뭔가가 있다면 언젠가는 결단을 내려야 한다. 그 느낌을 피해 밖으로 나감으로써 혼란을 적당히 무마할 수도 있지만 그것에 평생을 매어 놓는 대신 그냥 그 가시를 빼버릴 수도 있으니까.

 내적 혼란의 근본원인을 제거해내는 자신의 능력을 의심하지 말라. 그것을 정말 사라져 버리게 할 수 있다. 자기 존재의 속 알맹이를 깊이 들여다보면서, 삶을 몰아가고 있는 당신의 나약한 부분을 이제는 더 이상 원하지 않는다고 결심할 수 있다. 당신은 그로부터 해방되기를 원한다. 당신은 외로워서가 아니라 순수한 호기심으로 사람들과 이야기를 나누고 싶다. 사람들이 당신을 좋아해 줬으면 해서가 아니라 당신이 그들을 정말 좋아해서 인간관계를 맺게 되기를 원한다. 내면의 문제에서 도망가기 위해서가 아니라 정말 사랑하기 때문에 연애하게 되기를 원한다.

 자신을 어떻게 해방시킬 수 있을까? 가장 깊은 의미에서 말하자면, 자신을 발견함으로써 자신을 해방시킨다. 당신은 당신이 느끼는 그 고통이 아니며, 걸핏하면 스트레스에 짓눌리는 그 부분도 아니다. 이런 혼란의 어떤 것도 당신과 아무런 상관이 없다. 당신은 이것들을 인식하는 그다. 당신의 의식은 떨어져서 이것들을 인식하고 있으므로 자신을 해방시킬 수 있는 것이다. 마음속의 가시로부터 자신을 해방시키려면 그것을 만지작거리기를 당장 그만둬야 한다. 그것은 건드릴수록 더 약이 오른다. 당신이 그 경험을 피하기 위해 늘 뭔가를 하고 있기 때문에 그것들은 자신을 제대로 펼쳐낼 기회를 갖지 못했다. 원하기만 한다면 이 혼란이 올라오게 하여 놓아 보낼 수 있다. 마음속의 가시란 과거로부터의 막힌 에너지일 뿐이므로 풀어놓을 수 있다. 문제는, 당신이 그것이 풀려나게 할 상황을 전적으로 회피하고 있든가, 아니면 자신을 보호한다는 미명 하에 그것이 나오지 못하도록 억누르고 있다는 것이다.

당신이 집에서 TV를 보고 있다고 하자. 드라마를 재미있게 보고 있는데 두 주인공이 서로 사랑에 빠진다. 문득 외로움이 엄습하지만 당신에게 마음을 줄 사람은 아무도 없다. 흥미로운 것은, 당신은 몇 분 전만 해도 멀쩡했다는 사실이다. 이것은 가시가 언제나 당신 가슴속에 있었음을 보여준다. 단지 건드려지지 않았을 뿐인 것이다. 당신은 그 반응을 가슴이 공허한 느낌이나 덜컹 내려앉는 느낌으로서 경험한다. 그것은 매우 거북한 느낌이다. 나약한 느낌이 엄습하고 홀로 외로움을 느꼈던 온갖 기억들과 당신에게 상처를 줬던 사람들의 생각이 떠오르기 시작한다. 과거로부터 저장되어 있던 에너지가 가슴에서 풀려나서 생각을 만들어내는 것이다. 이제 당신은 TV를 보는 대신 생각과 감정의 물결에 휩싸인 채 홀로 앉아 있다.

뭔가를 먹거나 누군가를 부르거나 그 밖의 다른 행위들로 가라앉히는 것 말고, 이것을 해결하기 위해서 당신이 할 수 있는 것은 무엇인가? 당신이 그것을 인식하고 있음을 알아차리는 것이다. 당신의 의식이 TV를 보고 있다가 지금은 마음속의 통속극을 보고 있음을 알아차릴 수 있다. 이 사실을 알아차리는 그가 바로 주체인 당신이다. 당신이 보고 있는 것은 하나의 대상이다. 공허한 느낌은 하나의 대상이다. 그 것은 당신이 아니라 당신이 느끼는 무엇이다. 누가 그것을 느끼는가? 당신의 탈출구는 누가 그것을 인식하는지를 그저 알아차리는 것이다. 그것은 정말 이토록 간단한 것이다. 베어링과 바퀴와 수압장치가 달린 보호장비보다 훨씬 덜 복잡하다. 당신이 해야 할 일은 단지 누가 그 외로움을 느끼는지를 알아차리는 것이다. 알아차리는 그는 이미 자유롭다. 이런 에너지들로부터 해방되고 싶다면 그것을 속에다 감추지 말고 당신을 지나가게 해야만 한다.

당신은 어릴 적부터 이미 속에서 움직이는 에너지를 가지고 있었다. 깨어나서 당신이 그 안에 있음을, 그리고 예민한 그가 당신과 함께 그 안에 있음을 깨달아라. 당신의 그 예민한 부분이 혼란을 느끼는 것을 그저 지켜보라. 그것이 시기와 갈망과 두려움을 느끼는 것을 바라보라. 이런 느낌들은 인간 본성의 일부일 뿐이다. 잘 보면 그것들은 당신이 아니라는 것을 알게 될 것이다. 그것들은 단지 당신이 느끼고 경험하는 것들일 뿐이다. 당신은 이 모든 것을 인식하는 내면의 존재다. 중심에 머물러 있으면 힘든 경험조차도 음미하고 존중하기를 터득할 수 있다.

예컨대 가장 아름다운 시와 음악의 일부는 고난에 빠져 있던 사람들에게서 나온 것이다. 위대한 예술은 존재의 가장 깊은 곳으로부터 나온다. 당신은 이토록 인간적인 경지를 그 속에 말려들거나 그것에 저항하지 않고 경험할 수 있다. 당신은 자신이 뭔가를 인식하고 있음을 알아차릴 수 있고, 외로움을 경험하는 것이 어떤 변화를 가져오는지를 그저 지켜볼 수 있다. 그것이 당신의 자세에 변화를 가져오는가? 호흡이 느려지거나 빨라지게 하는가? 외로움이 당신을 지나가도록 공간을 주면 어떻게 되는가? 이 모든 것들을 탐사하는 자가 되라. 그것을 지켜보라, 그러면 그것은 지나갈 것이다. 그 안에 빨려 들지 않으면 그 경험은 곧 지나가고 다른 것이 나타날 것이다. 그저 그 모든 것을 즐기면 된다. 이렇게 할 수 있다면 당신은 자유로워질 것이다. 그리고 내면에서 순수한 에너지의 세계가 열릴 것이다.

  참나 안에 오래 머물러 있으면 이전에 한 번도 경험한 적 없는 어떤 에너지를 느끼기 시작할 것이다. 그것은 당신이 마음과 감정을 경험하는 곳인 앞쪽보다는 뒤쪽으로부터 올라온다. 자신의 통속극에 빠져 있지 않고 인식의 자리에 깊숙이 물러앉아 있을 때 깊은 곳으로부터 올라오는 이 에너지의 흐름을 느끼기 시작할 것이다. 이 흐름은 샥티라고 불려 왔다. 이것은 영靈이라고도 불려 왔다. 이것이 내부의 혼란과 어울리지 않고 참나와 어울릴 때 경험되기 시작하는 현상이다. 외로움은 없애야 하는 것이 아니다. 거기에 어울려 들기만 멈추면 된다. 그것은 자동차와 풀과 별과 마찬가지로 우주의 온갖 사물 중 하나일 뿐이다. 그것들이 그저 지나가게 하라. 그것이 참나가 하는 일이다. 의식은 싸우지 않는다. 의식은 놓아 보낸다. 의식은 우주 만물이 그 앞을 행진해 갈 때 그저 그것을 인식할 뿐이다.

참나 안에 머물러 있으면 당신은 가슴이 연약하게 느껴질 때조차 내적 존재의 힘을 경험할 것이다. 이것이 이 길의 본성이다. 이것이 영적 삶의 본성이다. 내면의 혼란을 느끼는 것이 아무렇지도 않은 일임을 터득하고 나면, 그리고 그것이 더 이상 당신의 의식의 자리를 흔들어 놓지 못함을 깨달으면 당신은 자유로워질 것이다. 당신은 배후로부터 나오는 내적 에너지의 흐름으로부터 자양분을 공급받기 시작할 것이다. 이 내적 흐름의 황홀함을 맛보면 당신은 이 세상을 유유히 걸어 다닐 수 있을 것이며, 세상이 당신을 결코 건드리지 못할 것이다. 이것이 자유로운 존재가 되는 길이다. 당신은 세상을 초월한다.

제10장

# 마음과 새로운 관계 맺기

진정한 자유를 얻기 위해 꼭 필요한 것은 더 이상 고통을 겪지 않겠노라는 결심이다. 두려움과 스트레스와 마음의 고통을 반드시 겪어야만 할 이유가 없으며, 당신은 삶을 즐기고자 한다는 사실을 마음에 분명히 새겨야 한다. 당신은 져야 할 이유가 없는 짐을 날마다 지고 있다. 자신이 완전하지 않아서 실패할지도 모른다는 두려움에 떨고, 불안과 초조와 자의식에 시달린다. 사람들이 나를 비난하고 이용하고 사랑해 주지 않을까봐 두려워한다. 이 모든 것이 당신을 엄청난 무게로 짓누른다. 열려 있고 애정 깊은 관계를 가지려고 애쓰는 동안에도, 자신을 표현하고 성공하려고 애쓰는 동안에도 당신은 늘 무거운 마음의 짐을 지고 있다. 그것은 고통과 슬픔과 번민의 경험에 대한 두려움이다. 당신은 날마다 그것을 느끼고 있거나, 아니면 그것을 느끼지 않게끔 자신을 감싸 지키고 있다. 그것은 워낙 마음 밑바닥에서 일어나는 작용이라서, 당신은 그것이 모든 것을 지배하고 있다는 사실을 알아차리지도 못한다.

붓다가 인생은 고해라고 했을 때, 그것은 바로 이것을 가리킨 말이다. 사람들은 고통스럽지 않은 상태가 어떤 것인지를 한 번도 경험해 보지 않았기 때문에 자신이 얼마나 고통스러운지조차 모른다. 이것을 이해하기 위해서, 당신이나 주변의 어느 누구도 건강해 본 적이 한 번도 없다면 어떨지를 한번 상상해 보자. 모든 사람이 늘 중병을 앓고 있어서 병상을 떠나 본 적이 없다. 이런 세상에서는 병상 곁에서 할 수 있는 일 말고는 어떤 일도 할 수가 없다. 그렇다면 사람들은 그 밖의 일은 전혀 모를 것이다. 그들은 그저 몸을 끌고 다니는 데만 안간힘을 다 써야 하므로 건강과 활력이라는 개념을 도무지 이해할 수가 없을 것이다.

당신의 마음을 이루는 정신과 감정의 에너지에 일어나고 있는 일이 정확히 이와 같다. 당신의 예민한 마음은, 정도의 다소 간에, 순간순간 끊임없이 고통 받는 상황 속으로 당신을 데려다 놓는다. 당신은 주변을 통제함으로써 고통을 피하려고 발버둥 치고 있거나, 아니면 닥쳐올 고통에 대한 근심에 싸여 있다. 이런 일은 도처에서 일어나고 있어서, 마치 물고기가 물을 보지 못하듯이 당신은 그것을 깨닫지 못한다.

당신은 고통이 평상시보다 더 심해졌을 때야 자신이 고통 받고 있었음을 깨닫는다. 상황이 매우 악화되어서 그것이 실제로 나날의 행동에 영향을 미치기 시작할 때에야 자신이 문제에 봉착해 있음을 인정한다. 하지만 사실 당신은 일상생활 중에도 마음에 끊이지 않는 문제를 안고 산다. 이것을 실감하려면 나와 마음과의 관계를 몸과의 관계와 비교해 보라. 정상적이고 건강한 상태일 때는 몸에 대해 생각하는 일이 없다. 거기에 주의도 주지 않고 그냥 걸어 다니고 운전하고 일하고 논다. 어떤 문제가 생겼을 때만 몸에 대해서 생각한다. 그러나 이와는 대조적으로, 우리는 언제나 심리적 평안을 위해 골몰한다. 사람들은 끊임없이 이런 생각을 한다. '난감한 질문을 받으면 어떡하지? 뭐라고 대답해야 할까? 난 갑자기 그런 일을 당하면 정신을 못 차리는데…….' 이것이 고통이다. 이 끊일 줄 모르는 불안한 내면의 목소리는 고통의 한 형태이다. '그를 정말 믿을 수 있을까? 나 자신을 다 내놨다가 이용당하면 어떡하지? 그런 일을 다시는 당하고 싶지 않아.' 이것이 늘 자신을 걱정해야만 하는 고통이다.

우리는 왜 늘 자신을 걱정해야만 할까? 왜 '나', '나의 것' 등에 대한 온갖 생각이 허구한 날 끊이지 않는 것일까? 자신이 잘하고 있는지, 자신이 어떤 것을 좋아하는지 싫어하는지, 자신의 즐거움을 위해 세상을 어떻게 재배치해야 할지를 당신이 얼마나 노심초사하고 있는지를 스스로 살펴보라. 당신은 마음이 편안하지 않고, 좀 더 나은 기분이 되려고 노심초사하기 때문에 늘 이런 생각에 빠져 있는 것이다. 이것이 정확히 당신의 마음속에서 일어나고 있는 일이다. 당신이 늘 마음의 평안을 염려하는 유일한 이유는, 마음이 매우 오랫동안 편치 않게 지내왔기 때문이다. 사실 당신의 속마음은 너무나 연약해서 거의 어떤 일이든지 당신의 속을 쉽게 뒤집어 놓을 수 있다.

이 고통을 종식시키려면 자신의 마음이 편안하지 않다는 사실을 먼저 깨달아야 한다. 그런 다음에는 마음이 그런 불편한 상태에 머물러 있어야 할 필요가 없다는 것을 인식해야 한다. 마음은 건강하고 온전해질 수 있다. 마음의 고통을 그저 참고 견디거나 마음을 감싸고 보호해야만 할 필요가 없다는 사실을 깨닫는 것만으로도 그것은 하나의 진정한 선물이 된다. 자신이 한 말이나 상대방이 자신을 어떻게 생각하는지를 끝없이 되새겨 봐야 할 필요가 없다. 그런 일을 늘 걱정거리로 달고 다니면서, 당신은 도대체 어떤 인생을 살려는 것인가? 마음이 예민하다는 것은 당신의 삶이 평안하지 않다는 증거이다. 몸이 평안하지 않을 때 통증이나 그 밖의 증세를 나타내 보이는 것과도 마찬가지이다. 통증은 나쁜 것이 아니다. 그것은 몸이 당신에게 걸어오는 말이다. 과식을 하면 복통이 난다. 팔에 지나친 스트레스를 주는 일을 하면 팔이 아프기 시작한다. 몸은 자신의 만능 언어인 통증을 통해 의사를 전하는 것이다. 마음은 자신의 만능 언어인 두려움을 가지고 의사를 전달한다. 자의식, 시기, 불안, 초조, 이런 것들이 모두 두려움이다.

동물을 학대하면 겁을 먹는다. 당신의 마음에 일어난 일도 바로 이런 것이다. 당신은 마음에 감당할 수 없는 책임을 지움으로써 마음을 학대했다. 잠시 멈춰서 당신이 마음에게 무슨 짓을 했는지를 한번 살펴보라. 당신은 마음에게 이렇게 말했다. '나는 모든 사람이 나를 좋아했으면 좋겠어. 누구도 나에 대해 나쁜 말을 하지 않았으면 좋겠어. 내가 하는 모든 말은 모든 사람이 좋아하고 받아들였으면 해. 아무도 나를 해치지 않았으면 좋겠고, 내가 싫어하는 일이 일어나는 것은 원하지 않아. 내가 정말 좋아하는 일만 일어났으면 좋겠어.' 그리고 당신은 이렇게 덧붙인다. '자, 마음아, 이 모든 것이 실현되게 할 방법을 생각해봐. 밤낮 머리를 싸매고 끙끙대야 하더라도 말이야.' 물론 당신의 마음은 이렇게 대답했다. '하고 있어요. 열심히 연구해 볼게요.'

이런 일을 하려고 애쓰는 사람을 상상해 볼 수 있겠는가? 마음은 당신이 말한 모든 것이 옳고, 올바로 실행되고, 모든 사람에게 올바른 효과를 미치게 하려고 무진 애를 써야 한다. 마음은 당신이 하는 모든 일이 올바로 해석되고 평가되도록, 그리고 누구도 당신을 해칠 일을 하지 못하도록 해야만 한다. 당신이 원하는 모든 것을 얻고, 원하지 않는 일은 결코 일어나지 않도록 해야만 한다. 마음은 만사가 잘 돌아가게 하려면 어떻게 해야 하는지를 당신에게 충고하느라 노심초사한다. 마음이 그토록 쉬지 않고 부산히 움직이는 것도 이 때문이다. 당신이 불가능한 임무를 부여했기 때문인 것이다. 그것은 몸에게 나무를 단숨에 뽑고 산을 한걸음에 건너뛰기를 바라는 것과도 같다. 몸이 해낼 수 없는 일을 계속 시키면 몸은 병이 날 것이다. 마음이 병들게 한 것도 바로 이것이다. 몸이 병든 증세는 통증과 허약이다. 마음이 병든 증세는 끊임없는 신경증적 생각과 그 밑바닥에 깔린 두려움이다.

어느 시점에 이르면 당신은 정신을 차리고 자기 안에 문제가 있음을 인정해야만 한다. 그저 지켜보기만 하면 마음이 당신에게 끊임없이 이래라저래라 하는 모습을 발견할 것이다. 저기는 가지 말고 여기를 가라, 저런 말은 하지 말고 이런 말을 하라, 무엇은 입지 말고 무엇을 입으라는 둥 말이다. 그것은 한시도 그친 적이 없다. 고등학교 때도 그러지 않았는가? 중학교와 초등학교 때도 그러지 않았는가? 항상 그래 오지 않았는가? 자신을 끊임없이 걱정하는 것, 이 자체가 하나의 고통이다. 하지만 이것을 어떻게 고칠 수 있을까? 어떻게 하면 마음의 소리를 그치게 할 수 있을까?

대부분의 사람들은 늘 해오던 식의 동일한 외부 게임을 더 잘하는 것으로써 내부의 문제를 고쳐 보려고 애쓴다. 우리 내부의 문제를 순간 포착해 보면 모든 사람이 저마다 '오늘의 특별 문제'라 할 수 있는 것을 가지고 있다는 것을 알게 될 것이다. 그들을 그 순간에 가장 괴롭게 만들고 있는 문제 말이다. 현재의 문제가 약간 시들해지면 다음 문제가 튀어나온다. 다음 문제가 시들해지면 또 그 다음 문제가 튀어나온다. 이것이 생각이 하고 있는 일이다. 생각은 오늘 당신을 괴롭히고 있는 문제에 주목하는 경향이 있다. 생각은 문제만 생각한다. 그것이 왜 당신을 괴롭히는지, 그것을 어떻게 할 수 있는지 말이다. 그것에 대해서 어떻게든 조치를 취하지 않는다면 생각은 평생 그것을 가지고 고민할 것이다.

마음은 언제나, 내부의 문제를 풀려면 외부의 뭔가를 바꿔야 한다고 충고한다는 것을 깨닫게 될 것이다. 하지만 당신이 지혜롭다면 이런 게임은 하지 않을 것이다. 당신은 마음이 주는 충고가 심리적으로 상처받은 자의 충고임을 알아차릴 것이다. 당신 마음의 생각들은 두려움으로 혼란스러워져 있다. 세상의 모든 충고 중에서도 절대로 귀를 주지 말아야 할 것은 혼란된 마음의 충고다. 마음은 실제로 당신을 그릇된 길로 이끈다. 그것이 이렇게 말한다고 하자. '승진만 된다면 만사 문제가 없을 텐데. 나 자신에 대해서도 뿌듯한 기분이 들 테고, 그러면 나도 내 인생을 제대로 수습할 수 있을 거야.' 당신은 이 말이 옳다고 느꼈는가? 승진만 되면 그것이 모든 불안을 종식시키고 평생 경제적인 만족을 누릴 수 있게 할까? 물론 아니다. 그 다음엔 그 다음 문제가 표면으로 떠오를 뿐이다.

이것만 알면 마음이 심각한 문제를 안고 있다는 사실을 깨달을 것이다. 마음이 하는 일은 일이 좀 더 편해지도록 외부의 상황을 조작하는 것이다. 하지만 그것은 헛된 노력일 뿐이다. 외부의 상황은 내부 문제의 원인이 아니다. 예컨대 가슴속에서 외로움과 부족감을 느낀다면 그것은 당신이 특별한 사람을 만나지 못해서 그런 것이 아니다. 그것이 문제를 일으킨 것이 아니다. 당신은 그 사람을 통해 그 문제를 풀어 보려고 애쓰고 있다. 당신이 하고 있는 짓은 단지 어떤 사람이 당신의 내부 문제를 달래줄 수 있을지를 알아보고 있는 것이다. 그리고 그것이 소용이 없으면 당신은 또 다른 것을 시도해 볼 것이다.

그러나 사실 외부의 변화는 당신의 문제를 해결해 주지 않는다. 왜냐하면 그것은 문제의 뿌리를 건드리지 않기 때문이다. 근원적인 문제는, 당신이 자신을 스스로 온전하고 완전하다고 느끼지 않는다는 사실이다. 그 근원을 제대로 파악하지 못하면 당신은 그것을 덮어 줄 누군가를, 혹은 무엇인가를 찾아 나설 것이다. 당신은 돈이나 사람이나 명예나 숭배 뒤로 몸을 숨길 것이다. 당신을 사랑하고 숭배해 줄 완벽한 사람을 찾으려고 애쓴다면, 그리고 어떻게든 거기에 성공했다면 당신은 사실상 실패한 것이다. 당신은 문제를 해결한 것이 아니다. 당신이 한 일은 기껏해야 그 사람을 당신의 문제에 개입시킨 것뿐이다. 사람들이 인간관계에 그토록 많은 문제를 가지고 있는 것도 이 때문이다. 당신은 자신의 내부 문제로부터 출발해서는 다른 사람을 거기에 개입시키는 것으로 그것을 해결하려고 애쓴 것이다. 그 관계는 문제를 겪을 것이다. 왜냐하면 문제가 관계를 만들어냈기 때문이다. 거기서 한 발짝 물러서서 정직하게 들여다보기만 한다면 이 모든 것을 쉽게 알 수 있다.

실패가 어떤 것인지를 알아봤으니 이제 성공은 어떤 것인지를 정의 내려 보기로 하자. 마음과 관련된 성공이란 몸의 건강에 비유할 수 있다. 그 성공이란 당신이 마음에 대해 다시는 염려할 필요가 없게 되는 것을 말한다. 자연스럽고 건강한 상태의 몸이란, 당신이 자신의 일을 하고 있는 동안에도 자신의 일을 스스로 알아서 하는 몸을 말한다. 몸에 대해 염려할 필요가 전혀 없다. 마찬가지로, 당신은 어떻게 하면 기분이 좋을지, 어떻게 하면 무섭지 않을지, 어떻게 하면 사랑을 받을지를 전혀 고민할 필요가 없다. 마음에게 삶을 바칠 필요가 없다.

속에서 돌아가는 신경질적이고 개인적인 생각들만 없으면 삶이 얼마나 흥미진진할지를 상상해 보라. 사람을 필요로 하는 대신, 사람을 진정으로 사귈 수 있고 온갖 일들을 즐길 수 있게 될 것이다. 내부의 잘못을 고치는 데에 삶을 사용하는 대신 그저 삶을 살고 경험할 수 있을 것이다. 당신은 그런 경지를 이룰 능력이 있다. 결코 늦지 않았다.

당신이 마음과 맺고 있는 현재의 관계는 일종의 중독과도 같다. 마음은 끊임없이 당신의 주의를 요구하고, 당신은 이 요구에 삶을 바쳐 왔다. 자유로워지고 싶다면 당신은 이것을 다른 중독증을 대하듯이 대해야만 한다. 예컨대, 마약 중독자라면 마약을 더 이상 복용하지 않도록 끊을 수 있다. 쉽지는 않을 테지만 그렇게 할 수가 있다는 말이다. 마음에 대한 중독도 마찬가지다. 당신은 마음의 끊임없는 문제에 귀를 맡기는 그런 어리석은 짓을 그만둘 능력이 있다. 거기에 종지부를 찍을 수 있다. 아침에 일어나서 하루를 생각하면서 오늘은 또 무슨 일이 일어날지를 근심하지 않을 수 있다. 나날의 삶을 마치 휴가처럼 보낼 수도 있다. 일이 재미있을 수도 있다. 가족생활이 재미있을 수도 있다. 그 모두를 그저 즐길 수도 있다. 그것은 최선을 다하지 않는다는 뜻이 아니다. 최선을 다하면서 그것을 그저 즐긴다는 말이다. 그리고는 밤에 잠들 때는 그 모두를 놓아 보낸다. 긴장 없이 근심 없이 삶을 그저 살아간다. 삶을 두려워하고 삶과 싸우지 않고 그냥 사는 것이다.

마음의 두려움에서 완전히 벗어난 삶을 살 수 있다. 그 방법만 알면 된다. 흡연을 예로 들어 보자. 담배 끊는 방법을 이해하기는 어렵지 않다. 키워드는 '끊는다'는 것이다. 어떤 방법을 쓰는가는 사실상 중요하지 않다. 다른 것보다도 그저 끊어야 한다. 담배를 끊는 방법은 입에다 담배를 가져가기를 멈추는 것이다. 다른 모든 방법들은 당신이 도움된다고 생각하는 수단들이다. 하지만 가장 기본적인 것은, 그저 입에다 담배를 가져가기를 중단하는 것뿐이다. 이렇게만 하면 담배 끊기는 보장된 일이다.

마음의 골칫덩어리에서 벗어나는 데도 같은 방법을 쓸 수 있다. 마음에게 당신의 개인적 문제를 해결하는 임무를 그만 맡겨라. 이 일이 마음을 온통 혼란에 빠뜨려 엉망으로 만들어 놓았다. 그것이 두려움과 불안과 신경질을 일궈 놓았다. 당신의 마음은 세상에 대해 별 힘을 지니고 있지 않다. 마음은 전지전능하지 않다. 마음은 자연의 힘과 날씨를 바꿔 놓을 수 없다. 당신 주변의 사람들과 장소와 상황을 통제할 힘도 없다. 당신은 마음에게 내부의 문제를 고치기 위해 세상을 바꿔 놓으라는 불가능한 임무를 부여했다. 건강한 존재 상태를 이루고 싶다면 마음에게 그런 일을 하도록 강요하는 짓을 멈춰라. 당신이 원하는 대로, 당신의 기분대로 만사가 돌아가게끔 해야 한다는 터무니없는 임무로부터 당신의 마음을 해방시켜야 한다. 마음은 그런 일을 해낼 능력이 없다. 마음을 그 일에서 해고하고, 대신 당신 내부의 문제를 놓아 보내라.

마음과 새로운 관계를 맺을 수 있다. 당신의 기존 관념에 세상이 맞아떨어지도록 이것은 하고 저것은 하지 말라는 식의 충고를 마음이 떠벌릴 때, 그것을 귀담아듣지 말아야 한다. 그것은 담배를 끊을 때와도 같다. 마음이 무슨 말을 하건 상관없이 그저 담배를 입에 가져가지 않는 것이다. 저녁을 막 먹고 난 후라도 상관없다. 마음이 불안해지면서 욕구가 올라오더라도 상관없다. 이유가 뭐라도 상관없다. 그저 손이 더 이상 담배를 건드리지 않는 것이다. 마찬가지로, 마음이 이래라저래라 말하기 시작할 때, 그것을 귀담아듣지 말아야 한다. 사실은, 내가 만사에 불만이 없어지는 순간에 만사는 좋아지게 마련이다. 그리고 그것만이 만사에 문제가 없는 유일한 때이다.

당신이 할 일은 오직, 마음이 내부의 문제를 고쳐 주기를 기대하지 않는 것이다. 그것이 그 모든 것의 핵심이고 뿌리이다. 당신의 마음은 악당이 아니다. 사실 마음은 아무런 죄가 없다. 마음은 단지 컴퓨터와 같아서 하나의 도구이다. 그것은 위대한 사상을 만들어내고 과학 문제를 풀어서 인류에 이바지하는 데 쓰일 수 있다. 하지만 당신은 혼란에 빠져서 마음으로 하여금 당신의 다분히 개인적인 문제를 처리하기 위해 외부적인 해결책을 강구하는 데에 시간을 다 보내도록 만들었다. 필연적으로 펼쳐지는 삶으로부터 자신을 보호하려고 분석적인 마음을 동원하여 부려먹는 그가 바로 당신이다.

살펴보면 마음은 매사에 문제가 생기지 않게끔 하려고 늘 노심초사하고 있다는 것을 알 수 있을 것이다. 이것은 당신이 원하는 것이 아님을 의식적으로 상기하고, 거기서 부드럽게 빠져나와라. 그것과 싸우지 마라. 결코 이기지 못할 것이다. 그것이 그 자리에서 당신을 물리치거나, 아니면 지금은 당신이 억눌러 놓더라도 나중에 돌아와 당신을 물리칠 것이다. 마음과 싸우는 대신 그저 거기에 끼어들지만 마라. 마음이 세상과 사람들을 어떻게 고쳐 놓아야 한다고 말하는 것을 발견하면 그저 거기에 귀 기울이지만 않으면 된다.

비결은 입을 다무는 것이다. 당신의 마음이 입을 다무는 것이 아니라 당신이 입을 다무는 것이다. 신경증 환자와 같은 마음을 지켜보는 내면의 그인 당신이 그냥 힘을 빼고 이완하는 것이다. 그러면 당신은 저절로 마음의 뒤에 떨어져 남을 것이다. 왜냐하면 당신은 언제나 거기에 있었기 때문이다. 당신은 생각하는 마음이 아니다. 당신은 생각하는 마음을 인식하고 있다. 마음이 마치 당신의 구원자이자 가호자인 양 당신의 온 가슴과 영혼을 마음속에다 쏟아 넣기를 그치는 순간, 당신은 마음의 뒤로 떨어져 나와 그것을 지켜보고 있는 자신을 발견할 것이다. 그것이 생각을 아는 방법이다. 당신은 거기서 생각을 지켜보고 있다. 마침내는 당신도 그 안에 고요히 앉아서 깨어 있는 의식으로써 마음을 지켜볼 수 있게 될 것이다.

그런 경지에 이르면 마음과의 문제는 종식된다. 마음의 뒤로 물러나면 의식인 당신은 사고의 과정에 개입되지 않는다. 사고란 마음이 하는 것이고, 당신은 그것을 지켜보는 자다. 당신은 그저 거기에 있고, 자신이 그 모든 것을 인식하고 있음을 안다. 당신은 내면에 깃든 존재, 곧 의식이다. 그것은 생각해야 할 대상이 아니다. 당신은 곧 그것이다. 마음이 신경질을 부릴 때 당신은 거기에 말려들지 않고 그저 지켜볼 수 있다. 혼란에 빠진 마음을 잠재우기 위해서 당신이 할 일은 이것뿐이다. 마음은 당신이 주의를 보내어 힘을 주기 때문에 굴러간다. 주의를 주지 않으면 생각하는 마음은 떨어져 나간다.

작은 일부터 시작하라. 예컨대, 누군가가 당신이 좋아하지 않는 말을 하거나, 아니면 더 심하게는 당신을 완전히 무시한다. 길을 가다가 친구를 만났는데 인사를 해도 아는 척도 안 하고 지나쳐 버린다. 그들이 당신을 알아차리지 못했는지, 정말 당신을 무시했는지는 모르는 일이다. 그들이 당신에게 화가 난 것인지, 무슨 일이 있는지 당신은 모른다. 그러면 당신의 마음은 내달리기 시작한다. 점검을 위한 좋은 때다! 지구상에는 수십억의 인구가 산다. 그리고 그중의 한 사람이 당신에게 인사를 하지 않았다. 겨우 그것을 못 참겠다는 것인가? 그것이 이성적인 행위인가?

일상 속에서 일어나는 이런 소소한 일들을 자신을 해방시키는 훈련으로 활용하라. 위의 경우에서, 그저 마음의 짓거리에 끼어들지 않기로 마음먹어라. 이것은 마음이 늘 하던 짓거리를 못하게 하는 것을 뜻하는 게 아니다. 그것은 단지 마음이 작은 통속극을 만들어내는 꼴을 기꺼이 지켜볼 수 있도록 준비를 갖추는 것을 뜻한다. 당신이 얼마나 상처받았으며, 누가 또 그런 짓을 할지 모른다는 둥의 그 모든 지껄임을 그저 지켜보라. 마음이 그것을 어떻게 해야 할지 궁리하는 것을 지켜보기만 하라. 이 모든 것이 단지 누군가가 당신에게 인사를 하지 않았기 때문에 일어났다는 사실을 생각해 보라. 정말 믿기지 않는 일이다. 마음이 지껄이는 것을 그저 지켜보면서 계속 힘을 빼고 놓아 보내라. 그 지껄임의 배후로 떨어져 나오라.

날마다 일어나는 모든 사소한 일들 속에서 그저 계속 이렇게만 하면 된다. 이것은 마음속에서 하는 매우 개인적인 작업이다. 당신은 곧, 마음이 아무것도 아닌 일로 당신을 늘 조바심과 흥분으로 몰아가곤 했다는 것을 발견할 것이다. 그렇게 되고 싶지 않다면 마음에 에너지를 주는 일을 그쳐라. 그것이 해야 될 일의 전부이다. 이 방법을 따른다면 당신이 할 일은 오로지 힘을 빼고 놓아 보내는 것뿐이다. 이런 일이 일어나는 것을 발견하면 어깨에서 힘을 빼고 가슴을 이완하여 그것의 뒤로 떨어져 나오면 된다. 그것을 건드리지도 거기에 끼어들지도 마라. 그것을 멈추려고도 하지 마라. 다만 당신이 그것을 보고 있음을 알아차려라. 그것이 거기서 빠져나오는 방법이다. 그저 지나가도록 내버려 두라.

규칙적으로 이따금씩 마음을 지켜보도록 함으로써 해방으로의 여행을 시작하라. 이것이 마음속에서 길을 잃고 헤매지 않도록 지켜 줄 것이다. 마음의 중독은 심각한 것이므로 상황을 지켜보도록 자신을 일깨워 줄 방법을 정해 놓아야 한다. 몇 초밖에 걸리지 않는 매우 간단한 알아차리기 연습이 있다. 이것은 마음의 배후에서 중심을 잡고 머물러 있을 수 있게 해줄 것이다. 자동차 운전석에 앉을 때마다 잠시 멈추고, 자신이 텅 빈 우주공간 속을 돌고 있는 한 행성 위에 앉아 있다는 사실을 상기하라. 그리고 삶의 통속극 속에 스스로 끼어들지 않겠노라고 다짐하라. 다시 말해서, 일어나고 있는 일을 그 자리에서 놓아 보내고, 마음의 게임에 끼어들지 않기로 했음을 자신에게 다짐하라. 자동차에서 내리기 전에도 같은 연습을 하라. 그리고 정말 중심에 머물러 있기만을 절실히 원한다면 이것을 수화기를 들기 전에도, 문을 열기 전에도 할 수 있다. 어떤 것도 바꿔야 할 필요는 없다. 그저 그 자리에 있으면서 자신이 뭔가를 인식하고 있음을 알아차리면 된다. 그것은 재고조사를 하는 것과도 같다. 가슴, 마음, 어깨 등등에서 일어나고 있는 일들을 점검하라. 일상생활 속의 모든 요소들을, 당신의 본성을 상기시켜 주고 내면에서 일어나는 일을 알아차리게 해주는 방아쇠로 삼아라.

이 연습은 의식의 중심이 잡히는 순간들을 만들어낸다. 그리고 마침내 당신은 지속적으로 중심에 머무는 의식을 지니게 될 것이다. 지속적으로 중심에 머무는 의식이 참나의 자리이다. 이 상태에서 당신은 언제나 자신이 의식함을 의식하고 있다. 완전히 깨어서 알고 있지 않은 순간이 없다. 아무런 노력도 없다. 아무런 행위도 없다. 당신은 그저 거기에 있고 당신의 감각 앞에서 세상이 펼쳐지는 동안 생각과 감정이 당신 주변에 일어나는 것을 알아차린다.

마침내는 마음을 성가시게 하는 무엇이건, 가슴속의 어떤 변화이건 간에 에너지 흐름의 모든 변화가 당신은 그 배후에서 그것을 알아차리고 있는 자임을 상기시켜 주는 방아쇠가 될 것이다. 당신을 아래로 끌어내리곤 하던 일들이 이제는 당신을 일깨워 주는 것이 된다. 하지만 그 전에 예민하게 설치는 마음이 누그러지도록 의식을 가라앉혀야만 한다. 그러면 이 방아쇠들이 당신으로 하여금 중심에 머물러 있도록 일깨워 줄 것이다. 그리하여 결국은 의식이 충분히 고요해져서 가슴이 반응을 일으키기 시작하는 것을 그저 지켜보면서 마음이 움직이기 전에 가슴의 반응을 놓아 보낼 수 있게 될 것이다. 가다 보면 어느 시점에서는 모든 것이 마음mind이 아니라 가슴heart이 된다. 당신은 마음이 가슴을 뒤따른다는 사실을 깨달을 것이다. 마음이 말을 시작하기 훨씬 전에 가슴이 먼저 반응한다. 의식이 깨어 있으면 가슴에서 일어나는 에너지의 변화가, 당신은 배후에서 모든 것을 인식하고 있는 자임을 즉시 알아차리게 할 것이다. 가슴에서 놓아 보내므로 마음은 일어날 틈도 얻지 못한다.

 이제 당신은 궤도에 올랐다. 당신을 가두던 바로 그것이 이제는 당신을 끄집어내어 준다. 모든 에너지가 당신에게 유리하게 활용된다. 놓아 보내는 이 방법은 당신의 에너지를 해방시키고 당신 자신을 해방시킬 수 있게 한다. 나날의 삶의 한가운데서 자신을 마음의 속박으로부터 풀어놓음으로써, 실로 당신은 영혼을 위해 자유를 훔쳐낸다. 이 크나큰 자유는 특별한 이름을 가지고 있다. 바로 '해탈'이다.

제11장

## 고통의 층 너머로 가기

진정한 영적 성장과 개인의 근본적 변화를 위해 꼭 필요한 것 중 하나는 고통 앞에서 평화로워지는 것이다. 변화 없이는 확장이나 진화가 일어날 수 없지만, 변화의 기간이 늘 편안한 것만은 아니다. 변화를 위해서는 익숙한 것에 대해 문제를 제기할 수 있어야 하며 안전과 안락과 통제력에 대한 해묵은 갈망에 의문을 제기할 수 있어야 한다. 이것은 종종 고통스러운 경험으로 다가온다.

 이 고통에 익숙해지는 것이 성장 과정의 일부이다. 마음이 혼란된 느낌을 좋아하지 않더라도 그것이 어디서 오는지를 알고자 한다면 내면에 조용히 앉아서 그것을 대면할 수 있어야만 한다. 자신의 혼란을 대면할 수 있게 되면 가슴속 깊은 곳에 자리 잡고 있는 고통의 층이 있음을 깨달을 것이다. 이 고통은 매우 불편하고 도발적이어서 자아의 존재를 위협하기 때문에 당신은 그것을 피하는 데에 삶을 바쳐 왔다. 당신의 온 인격이 이 고통을 피하기 위해 키워온 사고와 신념과 행위와 존재 방식 위에 형성되었다.

고통을 피하다 보면 고통의 층 너머에 있는 자기 존재의 한 부분을 탐사할 수가 없으므로, 진정한 성장은 당신이 마침내 고통을 대면하기로 마음먹을 때 일어난다. 그 고통은 가슴 한가운데에 있어서, 그것이 방사되어 당신이 하는 모든 일에 영향을 미친다. 하지만 이 고통은 몸의 메시지로서 전해지는 육체적 통증이 아니다. 육체적 통증은 생리적으로 이상이 있을 때만 생긴다. 내면의 고통은 우리의 생각과 감정의 층 아래에 묻힌 채 늘 감춰져 있다. 예컨대 세상이 나의 기대를 채워 주지 못해서 가슴이 혼란에 빠질 때, 우리는 그 고통을 가장 깊이 느낀다. 이것이 내면의 심리적 고통이다.

마음은 이 고통 피하기를 중심으로 형성되고, 그 결과 고통에 대한 두려움이 마음의 밑바탕을 이룬다. 고통이 마음이 있게 한 근원인 것이다. 이것을 이해하려면, 예컨대 만일 남에게 무시당하는 것이 당신의 가장 큰 문제라면 자신이 무시당하는 일을 두려워한다는 사실을 알아차려야만 한다. 그 두려움이 당신 마음의 일부가 될 것이다. 실제로 무시당하는 사건은 자주 일어나지 않더라도 당신은 무시당하는 일에 대한 두려움을 늘 안고 살아야 한다. 이것이 우리가 상존하는 두려움을 만들어내는 방식이다. 지금 당신이 고통을 피하기 위해 뭔가를 하고 있다면, 그 고통이 당신의 삶을 지배하고 있는 것이다. 당신의 모든 생각과 감정이 그것에 대한 두려움으로 물들 것이다.

고통의 회피에 목적을 둔 행동 습관은 그 자체가 곧 고통으로 통하는 문이 된다는 것을 당신은 깨닫게 될 것이다. 무시당하는 것이 두려워서 상대방의 인정을 받아내려는 의도로 그 사람에게 접근한다면 당신은 얼음 위를 걷고 있는 것이다. 그가 눈을 한번 흘기거나 수틀린 말을 한마디만 하면 당신은 당장 무시당하는 고통을 느낄 것이다. 사실은, 당신이 무시를 의식하면서 그를 대하기 때문에 그를 대면하는 동안 당신은 늘 무시의 낭떠러지 위에서 춤을 추고 있는 것이다. 그러면 당신이 경험하고 있는 그 느낌이 어떻게든 길을 찾아 가서 당신 행동의 배후 동기로 작용할 것이다. 당신의 모든 행동은 고통의 회피에 연결되어 있고, 당신은 가슴속에서 그 연결을 느낄 것이다.

가슴은 고통이 나오는 곳이다. 하루를 지내는 동안에도 온갖 종류의 혼란이 다 느껴지는 이유가 이것이다. 당신은 가슴속 깊이 이 고통의 핵을 지니고 있다. 당신의 성격과 행동 습관이 모두 이 고통을 피하기 위한 것이다. 당신은 몸매와 옷차림과 말씨와 헤어스타일을 다듬음으로써 그것을 피한다. 당신이 하는 모든 일이 이 고통을 피하기 위한 것이다. 이것을 검증해 보고 싶다면 누군가가 당신의 체중에 대해 무슨 말을 하거나 옷차림을 흠잡을 때 어떤 일이 일어나는지를 보라. 당신은 고통을 느낀다. 고통을 피한다는 명목으로 무엇을 할 때마다 그것이 당신이 피하고 있는 고통이 일어나게 할 방아쇠를 당기는 줄이 된다.

고통의 핵심을 건드리고 싶지 않다면 그것을 피하려는 당신의 작전을 반드시 성공시키는 것이 좋을 것이다. 바쁜 사회생활 속에 자신을 숨기고 있더라도 예컨대 파티에 초대받지 못하는 등, 자존심을 건드리는 모든 일들이 당신에게 고통을 줄 것이다. 친구들에게 영화를 보러 가자고 전화했는데 모두 바쁘다고 한다. 어떤 사람은 그것 때문에 상처를 받는다. 그들에게 전화를 한 것이 고통을 피하기 위해서였다면 당신은 고통을 느낄 것이다. 산책을 나가서 "얼룩아, 이리 와!" 하고 개를 불렀는데 오지 않는다. 얼룩이를 부른 이유가 밥을 주기 위해서였다면 당신은 그냥 밥그릇을 내려놓고 언제든지 와서 먹게 할 것이다. 하지만 하루가 너무나 힘들어서 얼룩이를 부른 것이었는데 오지 않았다면 당신은 고통을 느낄 것이다. '이젠 개조차 날 싫어하는구먼.' 개가 오지 않는다고 해서 가슴이 아플 게 뭐란 말인가? 다른 볼일이 있어서 오늘은 영화를 보러 갈 수 없다고 하는데 당신이 고통스러울 게 뭐란 말인가? 그것이 어떻게 고통을 만들어낼까? 그것은 가슴속 깊은 곳에 당신이 처리하지 못한 고통이 있기 때문이다. 이 고통을 피하려는 당신의 노력이 이 감추어진 고통과 연결된 예민한 두려움의 층들을 켜켜이 만들어 놓은 것이다.

이 층들이 어떻게 쌓이게 되는지를 잠시 들여다보자. 무시당하는 고통을 피하기 위해서 당신은 우정을 지속하려고 무진 애를 쓴다. 당신은 심지어 친구에게서조차 무시당할 수 있다는 것을 겪어서 알기 때문에 그런 일을 피하기 위해 매우 열심히 노력할 것이다. 그것이 성공하려면 당신이 하는 모든 일이 상대방이 받아들일 만한 것이라야 한다. 이것이 당신의 옷차림과 행동거지를 결정한다. 당신은 이제 더 이상 무시당하는 것 자체에는 신경을 쓰지 않는다는 사실에 주목하라. 이제 당신의 관심사는 옷차림과 행동거지와 자동차에 가 있다. 당신은 고통의 알맹이로부터 한 껍질 멀어졌다. 누군가가 당신에게 와서, '흠, 난 당신이 이것보단 나은 차를 타고 다닐 거라고 생각했는데!' 라고 말한다면 당신은 혼란된 반응을 느낄 것이다. 그것이 어떻게 고통을 일으킬 수 있을까? 누가 당신의 자동차에 대해서 말한 것이 뭐가 그리 큰 문제라는 말인가? 당신은 가슴속에서 반응한 그것이 무엇인지를 스스로 물어봐야 한다. 그 기분은 대체 무엇인가? 그것이 왜 일어나는가? 사람들은 대개 왜라고 묻지 않는다. 그들은 그저 그것이 일어나지 않게 하려고만 애쓴다.

당신은 더 깊이 들어가서 그 형성된 층들 간의 역학 관계를 살펴보아야 한다. 그 한가운데에 고통이 있다. 그런데 당신은 그 고통을 피하기 위해 친구들과 바삐 어울려 다니고 그들의 받아들임 속에 자신을 숨긴다. 이것은 처음으로 한 층 벗어난 곳이다. 그러면 당신은 자신이 더욱 확실하게 받아들여지게 하기 위해 친구를 얻고 사람들을 움직이기에 유리한 태도를 기른다. 이것은 한 층 더 벗어난 곳이다. 그 각각의 층은 원래의 고통과 맞붙어 있다. 이 때문에 일상적인 일들이 당신에게 큰 영향을 미칠 수 있게 된다. 당신이 날마다 자신의 존재를 입증해 보이는 행위들의 배후 동기가 속 알맹이인 고통이 아니라면 사람들의 말이 당신에게 영향을 미칠 수가 없다. 하지만 자신을 입증해 보이고자 하는 이유가 속 알맹이인 고통이기 때문에 당신은 결국 매사를 고통의 빌미로 만들고 만다. 결국 당신은 너무나 예민해져서 상처받지 않고는 이 세상을 살 수 없게 된다. 가슴에 상처 입는 사건이 없이는 사람을 만나고 일상생활을 영위할 수조차 없게 된다. 주의 깊게 살펴보면 가벼운 만남조차도 종종 다소간의 고통, 불안감, 혹은 마음의 혼란을 일으켜 놓는다는 것을 알게 될 것이다.

  여기서 좀 떨어져 나오기 위해서는 먼저 시야를 전환시킬 필요가 있다. 맑은 날 밤에 밖으로 나와 하늘을 한번 쳐다보라. 당신은 정말 망망한 허공 속을 돌고 있는 한 행성 위에 서 있다. 당신의 눈에는 별이 수천 개 정도밖에 보이지 않지만 우리의 은하수에만도 수천억 개의 별이 있다. 사실 나선은하계에는 1조 개 이상의 별이 있는 것으로 추산된다. 그런데 그런 은하계가 우리의 눈에는 하나의 별로 보인다. 다행히 보이기나 한다면 말이다. 당신은 그저 그중 하나의 별 주위를 맴도는 작은 흙덩어리 위에 서 있는 것이다. 이런 지경에도 당신은 정말 사람들이 당신의 옷차림이나 자동차에 대해 하는 말에 신경이 쓰이는가? 누군가의 이름이 생각나지 않으면 정말 당황스러워해야 할 필요를 느끼는가? 어떻게 이런 덧없는 일들이 당신에게 고통을 주도록 놔둘 수가 있는가? 여기서 나오고 싶다면, 제대로 된 삶을 살고 싶다면 심리적 고통을 회피하는 데에 더 이상 평생을 바치지 않는 편이 좋을 것이다. 사람들이 당신을 좋아하는지, 당신의 자동차가 멋져 보이는지를 걱정하느라고 평생을 보내지 않는 게 좋을 것이다. 그게 무슨 놈의 삶이란 말인가? 그것은 고통의 한평생이다. 당신은 자기가 고통을 그리 자주 느끼는 편은 아니라고 생각할지 모르지만 사실은 그렇지 않다. 고통을 피하면서 평생을 보낸다는 것은 고통이 늘 바로 뒤에 붙어 있음을 뜻한다. 어느 순간에 미끄러져서 실수를 저지를지 모른다. 언제, 어떤 일이 일어날지 모른다. 결국 당신은 고통을 피하는 일로 평생을 보내고 만다.

  자신을 들여다보고 이 사실을 제대로 알고 나면 자신이 다시 근본적인 양자택일의 기로로 돌아와 있음을 깨달을 것이다. 그 하나는 내부의 고통을 외면한 채 외부세계에서 계속 발버둥 치는 것이다. 다른 하나는 내부의 고통을 피해 다니느라 평생을 허비하지 않으리라고 결심하고, 그것을 제거하는 것이다. 이렇게 과감히 내면의 과정으로 눈을 돌리는 사람은 거의 없다. 대부분의 사람들은 자신이 고통의 함정 주위를 뱅글뱅글 맴돌고 있다는 사실조차 깨닫지 못하고 있다. 당신은 정말 그 고통을 품고 살면서 그것을 피하려고 밤낮 세상과 씨름하기를 원하는가? 고통에 쫓겨 다니지만 않는다면 삶이 어떻게 바뀔 것 같은가? 당신은 유유자적할 것이다. 그저 재미거리나 즐기면서, 어떤 일이 일어나도 눈 하나 깜짝하지 않고 이 세상 속을 유유히 거닐 수 있을 것이다. 실제로 당신은 흥미진진한 경험으로 가득 찬 삶을 살고, 어떤 경험이든 즐길 수 있을 것이다. 말하자면 당신은 죽을 때까지 그저 당신의 삶을 살면서, 망망한 우주 공간 속을 맴도는 한 행성 위에 존재한다는 것이 어떤 경험인지를 맛볼 것이다.

이 정도의 자유를 누리려면 내면의 고통과 혼란을 겁내지 않기를 배워야 한다. 고통을 겁내는 한 당신은 자신을 그것으로부터 보호하려고 발버둥을 칠 것이다. 두려움이 그렇게 시킬 것이다. 자유롭고자 한다면 내면의 고통을 그저 에너지 흐름의 일시적인 변동으로 간주하라. 이 경험을 두려워할 이유가 없다. 무시당하거나 병이 나면 어떨지, 누가 죽으면 어떨지, 혹은 다른 뭔가가 잘못되면 어떻게 해야 할지 두려워할 필요가 없다. 실제로 일어나지 않고 있는 일을 피하느라 평생을 보낼 수는 없다. 그러면 모든 것이 부정적으로 변질될 것이다. 당신은 결국 일이 얼마나 잘못 꼬일 수 있는지를 목격하게 될 것이다. 얼마나 많은 일들이 내면에 고통과 혼란을 일으켜 놓을 수 있는지 아는가? 아마도 하늘의 별보다도 많을 것이다. 삶을 마음껏 탐사하면서 성장해 가고자 한다면 가슴에 상처를 줄지도 모를 무수한 일들을 피해 다니느라 평생을 허비할 필요가 없다.

자신을 들여다보고, 이제부터 고통은 문제가 아님을 똑바로 인식해야 한다. 그것은 그저 이 우주에 있는 만물 중의 하나일 뿐이다. 누군가가 가슴에 불을 지르는 말을 할 수도 있다. 하지만 그것은 지나간다. 그것은 일시적인 경험이다. 대부분의 사람들은 내면의 혼란 속에서 평화를 지킨다는 것이 어떤 것인지를 상상조차 못한다. 하지만 혼란 속에서 편안해지기를 배우지 않으면 결국 당신은 그것을 피하는 데에 온 삶을 바치게 될 것이다. 불안감을 느낀다면 그것은 그저 하나의 느낌이다. 하나의 느낌 정도는 당신도 소화해낼 수 있다. 당황스러움을 느낀다면 그것도 그저 하나의 느낌이다. 그것은 그저 이 세상의 일부분이다. 시기심에 속이 탄다면 그것을 그저 가벼운 상처를 바라보듯이 떨어져서 바라보라. 그것은 당신을 지나가는 세상 만물 중의 하나다. 그것을 웃어넘겨라. 그것을 즐겨라. 두려워하지 마라. 당신이 그것을 건드리지 않는 한 그것은 당신을 건드리지 않는다.

먼저 인간의 습관적 성향을 살펴봄으로써 이것을 탐사해 보자. 고통을 주는 어떤 것이 몸을 건드리면 우리는 본능적으로 몸을 움츠린다. 불쾌한 냄새나 맛에도 이런 반응을 보인다. 사실은, 마음도 같다. 뭔가 혼란스러운 것이 마음을 건드리면 마음은 자신을 보호하기 위해서 뒤로 물러나서 움츠러든다. 마음은 불안감과 시기와 그 밖에 우리가 거론했던 모든 감정에 대해 이렇게 반응한다. 본질적으로, 우리는 단지 자신의 내부 에너지 주위에 보호막을 치려는 의도로서 가슴을 닫는다'. 우리는 가슴속의 움츠러드는 느낌으로써 그 결과를 느낄 수 있다. 누군가가 불쾌한 말을 하면 당신은 가슴속에 혼란을 느낀다. 그러면 마음이 이렇게 지껄이기 시작한다. '내가 이런 말을 듣고 있어야 할 이유가 없어. 난 그냥 자리를 뜨고 이 사람들과 다시는 말하지 않겠어. 너희들 후회하게 될걸.' 당신의 가슴은 느끼고 있는 것으로부터 뒤로 물러나서 자신을 보호하려고 한다. 그 느낌을 다시 경험할 필요가 없도록 말이다. 자신이 느끼고 있는 고통을 받아들일 힘이 없기 때문에 이렇게 하는 것이다. 고통을 소화해낼 힘이 없으면 당신은 자신을 보호하기 위해 가슴을 닫는 반응을 보인다. 그리고 그렇게 가슴을 닫고 나면 마음은 차단된 에너지의 주위에다 온통 심리적 요새를 쌓는다. 마음은 자신이 옳고 다른 사람들이 그른 이유와 당신이 해야 할 일들을 궁리해낼 것이다.

　이것을 받아들이면 그것은 당신의 일부가 된다. 고통은 여러 해가 지나도록 내부에 남아서, 당신의 한 평생을 구성하는 벽돌이 될 것이다. 그것이 앞으로의 반응과 생각과 당신의 기호를 결정할 것이다. 상황이 일으키는 고통에 대해 저항으로써 반응한다면 당신은 마음속의 예민한 곳을 아무것도 건드리지 못하게 하기 위해 자신의 행동과 생각을 거기에 짜 맞추어야 할 것이다. 당신은 결국 그 닫힌 것 주위에다 그것을 보호하기 위한 요새를 쌓아 올릴 것이다. 이런 일이 일어나는 것을 알아차리고, 그것이 가져올 장기적인 결과를 내다볼 수 있을 정도로 의식이 깨어 있다면 당신은 이 함정에서 벗어나고 싶을 것이다. 하지만 고통을 피하지 않고 그 자리에서 기꺼이 놓아 보낼 수 있는 경지에 이르지 않는 한 당신은 결코 자유로워질 수가 없을 것이다. 고통을 피하는 습성을 극복해야만 하는 것이다.

지혜로운 존재들은 고통에 대한 두려움의 노예가 되지 않는다. 그들은 세상을 두려워하지 않고, 그저 있는 그대로 놔둔다. 그들은 온 가슴으로 삶 속으로 뛰어들지 도망 다니는 일에 삶을 허비하지 않는다. 삶이 내면에 혼란을 일으킨다면 물러서지 말고 그것이 바람처럼 당신을 지나가게 하라. 마음을 혼란시키는 일들은 날마다 일어난다. 당신은 어느 순간에라도 불만과 분노와 두려움과 시기와 불안과 당혹감에 빠질 수 있다. 잘 지켜보면 가슴이 그것을 모두 밀쳐내려 애쓰고 있는 것을 발견할 것이다. 자유로워지고 싶다면 이런 인간적 감정들과 싸우기를 그치는 법을 터득해야만 한다.

고통을 느낄 때, 그것을 그저 하나의 에너지로 바라보라. 이 내부의 경험들을 가슴을 지나가는, 의식의 눈앞을 스쳐가는 에너지로 바라보라. 그리고는 이완하라. 움츠러들고 닫는 것과 반대의 일을 하라. 힘을 빼고 놓아주라. 아픈 그곳을 정확히 맞대면하게 될 때까지 가슴을 이완하라. 긴장이 있는 바로 그 자리에 있을 수 있도록 마음을 열고 받아들여라. 긴장과 고통이 있는 바로 그 자리에 기꺼이 있을 수 있어야 하고, 거기서 이완하여 더 깊이 들어가야 한다. 이것은 매우 깊은 성장과 변화의 기회이다. 하지만 당신은 이렇게 하기를 원하지 않을 것이다. 이것을 하려면 엄청난 저항을 느낄 것이다. 그 때문에 그것이 그토록 강력한 것이다. 힘을 빼고 저항을 가만히 느끼고 있는 동안에도 가슴은 도망가서 문을 닫고 자신을 보호하고 방어하려고 할 것이다. 계속 이완하라. 어깨와 가슴의 힘을 빼라. 고통을 놓아 보내어 당신을 지나가도록 공간을 내주어라. 그것은 단지 에너지일 뿐이다. 그것을 그저 에너지로 바라보고 놓아 보내라.

고통의 주위를 차단하여 그것이 지나가지 못하도록 막으면 그것은 당신 속에 머물 것이다. 고통에 저항하는 우리의 무의식적인 습관이 역효과를 내는 이유는 이 때문이다. 고통을 원하지 않는다면 그것을 왜 차단하고 못 지나가게 하는가? 그것에 저항하면 그것이 사라져 버리리라고 생각하는가? 그렇지 않다. 에너지를 풀어주어 지나가게 하면 그 때야 사라질 것이다. 가슴속에서 고통이 올라올 때, 마음을 이완하고 그것을 용기 있게 대면하면 그 때야 그것은 지나간다. 그것에 저항하고 가슴을 닫을 때마다 당신은 내부에 고통을 쌓아 가고 있는 것이다. 그것은 댐을 쌓는 것과도 같다. 그러면 당신은 고통과 고통을 경험하는 당신 사이에 거리를 만들어내기 위해서 마음을 이용하지 않을 수 없게 된다. 그것이 마음속의 온갖 지껄임을 만들어낸다. 쌓아 놓은 고통을 피하기 위한 노력으로써 말이다.

자유로워지기를 원한다면 먼저 가슴속에 고통이 있음을 받아들여

라. 당신이 그것을 거기다 쌓아 놓았다. 그리고 그것을 다시는 경험하지 않도록, 거기에 깊이 묻혀 있게 하기 위해서 할 수 있는 온갖 것을 다 했다. 당신 안에는 또한 엄청난 환희와 아름다움과 사랑과 평화가 있다. 하지만 그것은 고통의 건너편에 있다. 고통의 건너편에는 황홀경이 있다. 자유가 있다. 당신의 진정 훌륭한 면들은 고통의 층들 건너편에 숨겨져 있다. 그 건너편으로 지나가기 위해서는 고통을 기꺼이 받아들여야만 한다. 그저 고통이 거기 있음을 인정하고 그것을 느껴 보리라고 마음먹으면 된다. 힘을 빼고 이완하기만 하면 그것은 당신의 의식 앞에서 자신의 시간을 가지다가 지나갈 것이다. 그것이 이치다.

때로는 고통이 지나가는 동안 가슴속이 뜨거워지는 것을 느낄 것이다. 사실 고통의 에너지 속으로 이완해 들어가면 가슴속에서 엄청난 열을 느낄 수도 있다. 그것은 고통이 가슴으로부터 정화되고 있는 것이다. 그 뜨거운 느낌을 즐기도록 하라. 그것은 '요가의 불'이라 불린다. 별로 즐김직해 보이지 않을지도 모르지만 그것은 당신을 해방시켜 주므로 결국은 즐기게 될 것이다. 그 대가를 기꺼이 지불할 각오가 다져지는 순간 당신은 더 이상 두려움이 없을 것이다. 고통을 겁내지 않는 순간, 당신은 삶의 모든 상황을 아무런 두려움 없이 대면할 수 있게 될 것이다.

때로 내면에 강렬한 고통을 주는 진한 경험을 겪을 때가 있을 것이다. 그것이 안에 있으면 언젠가는 올라올 것이다. 당신이 지혜로운 사람이라면 그것을 그대로 내버려 두지, 그것을 피하기 위해 삶을 바꾸려 들지는 않을 것이다. 당신은 그저 힘을 빼고 이완하여 그것이 풀려나서 당신을 태우고 지나가도록 공간을 내주지, 그것이 가슴속에 죽치고 머물러 있기를 원하지 않을 것이다. 크나큰 사랑과 자유를 느끼려면, 자기 안에서 신의 임재를 발견하려면, 쌓여 있는 이 모든 고통이 지나가야 한다. 이 내면의 작업 속에서 영성이 현실로 변한다. 자유의 대가를 의식적으로 기꺼이 지불할 각오가 되는 순간 속에 영적 성장이 있다. 당신은 언제 어떤 상황에서든지, 고통을 직면하여 깨어 있는 의식으로써 가슴을 이완하고 엶으로써 기꺼이 내적 작업에 임할 수 있다.

명심하라, 어떤 것의 주위를 차단하여 가두어 놓으면 남은 일생 동안 당신은 그것에 대해 심리적으로 예민하게 반응할 것이다. 내면에 가두어 놓았으니, 그것이 다시 일어날까봐 두려워할 것이다. 그러나 가두어 두지 않고 이완하면 그것은 당신을 지나갈 것이다. 가슴을 열고 있으면 내면에서 차단된 에너지는 절로 풀려나서 다시는 그것을 볼 수 없게 될 것이다.

이것이 영적 수행의 요체이다. 고통이 자신을 지나가는 것에 편안해지면 당신은 자유를 얻는다. 이 세상이 당신을 결코 괴롭히지 못할 것이다. 왜냐하면 세상이 할 수 있는 가장 못된 짓이 당신 속에 쌓여 있는 고통을 건드리는 것이기 때문이다. 거기에 상관하지 않으면, 자신을 더 이상 두려워하지 않으면 당신은 자유롭다. 그러면 당신은 그 어느 때보다도 더 힘차게, 당당하게 세상을 활보할 수 있을 것이다. 내면에서 진정으로 아름다운 경험들이 일어나기 시작할 것이다. 결국 당신은 이 모든 두려움과 고통 뒤에 사랑의 대양이 있음을 알게 될 것이다. 그 힘이 가슴 깊은 곳에 자양분을 주어 당신을 부양할 것이다. 시간이 갈수록 당신은 이 아름다운 내면의 힘과 아주 친밀한 관계를 쌓아갈 것이다. 그것이 당신이 지금 내적 고통과 혼란과 맺고 있는 관계를 대체할 것이다. 이제 평화와 사랑이 당신의 삶을 이끌어갈 것이다. 고통의 층을 통과하면 당신은 마침내 마음의 구속에서 해방될 것이다.

PART 4

# 그 너머로 가기

제12장

# 벽 허물기

성장 과정의 어떤 지점에 이르면 내면이 고요해지기 시작한다. 자기 속에 깊이 물러앉아 있으면 이런 일이 자연스럽게 일어난다. 그러면 당신은 자신이 언제나 거기에 있었음을 깨닫게 될 것이다. 주의를 끌어당기는 감각과 생각과 감정의 끊임없는 홍수에 완전히 압도되어서 그것을 알아차리지 못했을 뿐이다. 이것을 깨달으면 당신은 실제로 이 모든 혼란을 넘어선 세계로 갈 수도 있을지 모른다는 생각을 떠올리기 시작할 것이다. 지켜보는 의식의 자리에 오래 앉아 있을수록 마음이 의식에 미치고 있는 마법과도 같은 지배력에서 풀려나는 길이 틀림없이 있음을 깨닫게 된다.

완전한 자유를 향한 이 내적 돌파는 흔히 오해되고 남용되고 있는 단어인 '깨달음'이라는 말로써 불려 왔다. 문제는, 깨달음에 대한 우리의 생각들이 개인의 체험이나 한정된 관념적 이해에 근거해 있다는 것이다. 대부분의 사람들이 이 영역의 경험을 해본 적이 없으므로 깨달음의 상태는 한갓 비웃음의 대상이 되거나, 아니면 누구도 접근하기 어려운, 순전히 신비적인 경지로 간주되었다. 대부분의 사람들에게 깨달음에 대해 확실히 아는 유일한 것은 자신은 거기에 있지 않다는 사실이라고 말해도 과언은 아닐 것이다.

하지만 생각과 감정과 감각의 대상은 의식 앞을 그저 지나가는 것일 뿐이라는 사실을 알고 나면 의식이 지각하는 것이 이런 경험에만 국한되어야 하는 것일까, 하는 의문이 자연스럽게 떠오른다. 의식이 개인적인 생각과 감정과 감각의 입력물로부터 주의를 빼내면 어떻게 될까? 한 개인의 인격적 자아의 속박으로부터 풀려나서 그 너머를 탐사해 갈 수 있는 자유를 얻게 될까? 그리고, 애초에 의식은 정확히 어떻게 해서 한 자아의 인격에 매이게 되었을까? 이런 의문을 떠올리는 것조차도 어려운 것은, 그것이 마음의 울타리 너머에 존재하는 것에 관한 논의를 요구하기 때문이다. 이것은 우리가 익숙해 있는 마음의 틀 속에서는 논하기가 매우 까다로운 문제인 것이 틀림없다. 그래서 우리는 비유를 통해서 이 해탈의 경지를 탐사해 볼 것이다. 플라톤이 기원전 360년에 '동굴의 비유'를 써서 대화했듯이, 우리는 매우 특별한 어떤 집을 비유로 들어서 이야기해 볼 것이다.

언제나 태양빛이 넘치는 넓은 들판 가운데에 와 있다고 상상해 보

자. 그곳은 광활하고 햇빛이 눈부신 아름다운 곳이다. 그래서 당신은 그 아름다운 곳에 정착해서 살기로 마음먹는다. 당신은 그 넓은 들판 한가운데에 땅을 사고, 직접 설계를 해서 꿈의 집을 짓기 시작한다. 당신은 그 집이 튼튼하고 오래 가기를 원하므로 기초를 아주 단단히 다진다. 집이 썩거나 허물어지지 않도록 콘크리트 블록으로 집을 짓는다. 집안을 시원하게 하기 위해서 창문을 적게 내고 처마를 길게 낸다. 창문을 달고 집이 완공된 후에, 당신은 아직도 열기가 집안으로 많이 들어오는 것을 발견한다. 그래서 당신은 햇빛을 외부로 반사할 뿐만 아니라 안전을 위해 닫아걸 수 있는 고급 셔터를 설치한다. 집은 아주 널찍해서 생활에 필요한 모든 것을 충분히 저장해 놓을 수 있는 공간이 있다. 당신이 홀로 지낼 수 있도록 말없이 집을 청소하고 관리해 주는 관리인이 살 방도 따로 마련한다. 당신은 고독한 낭만을 즐겨서 전화나 라디오, 텔레비전, 인터넷 등을 모두 치워 놓기로 한다.

　집이 드디어 완공되고, 당신은 거기서 살게 된 것에 매우 들떠 있다. 당신은 넓은 들판과 밝은 태양빛과 아름다운 자연을 사랑한다. 하지만 그중에서도 집에 홀딱 반한다. 집안 구석구석의 설계에 당신의 가슴과 영혼이 담겨 있다. 집은 당신을 반영하고, 집이 곧 당신이다. 실제로 시간이 지날수록 집에 대한 애착이 커지는 반면에 바깥의 낯선 광경과 소리가 점점 불편해지자 당신은 집 안에서 점점 더 많은 시간을 보내기 시작한다. 그러다가 문과 셔터를 완전히 닫아거니까 그것이 마치 요새에 들어앉은 것 같은 기분이 들게 한다는 것을 알게 된다. 그것은 괜찮은 느낌이다. 당신은 도회지 출신이므로 완전히 외딴 곳에 홀로 떨어져 산다는 것이 사실 매우 겁이 난다. 하지만 당신은 혼자서 살아가기로 결심한 사람이다.

그래서 당신은 안전하게 집안에 머물면서 살아가는 데에 점차 익숙해진다. 오랫동안의 숙원이었던 책 읽기와 글쓰기에 몰두한다. 집안은 바깥 기후에 영향 받지 않고, 현대적인 인공자연광 조명 시설이 갖추어져 있으므로 집안 생활은 매우 쾌적하다. 집안이 너무나 편안하고 쾌적하고 안전해서 바깥세상을 완전히 잊고 살게 만든다. 사실 집안은 친숙하고 당신의 통제 하에 있어서 모든 것이 예측 가능하다. 그러나 바깥은 미지이고 예측할 수 없고 당신의 통제를 완전히 벗어나 있다. 셔터와 블라인드는 감쪽같이 닫혀서 마치 벽에 걸린 그림처럼 아늑한 느낌을 주었으므로 당신은 밖으로 나가서 그것을 열 생각을 아예 하지도 않게끔 되어 버린다. 그것들은 매우 정교하게 설계되어 있어서 잘 닫고 불을 끄면 완전한 암흑 세상이 된다. 하지만 당신은 불을 절대로 끄지 않는 습관이 있어서 전구가 수명이 다 되기 시작할 때까지 그 사실을 모르고 있다가 그제야 자신이 처한 곤경을 알아차린다. 교체할 여분의 전구가 없고, 마지막 남은 전구가 수명을 다하면 당신은 완전한 암흑 속에 놓일 상황인 것이다.

그때부터는 유일한 광원이란 비상용 양초 몇 자루뿐이다. 하지만 양초는 정말 몇 자루 되지 않으므로 당신은 그것을 예비용으로 잘 간수해 놓는다. 빛을 좋아하는 당신에게 이것은 매우 힘든 상황이다. 하지만 아직도 그것이 안전한 집을 떠나는 두려움을 무릅쓰게 할 만큼은 아니다. 그리하여 마침내 어둠 속에서 살아야 하는 스트레스가 당신의 정신적, 육체적 건강을 해칠 지경이 된다. 시간이 감에 따라 아름다운 태양빛이 비치는 들판에 대한 기억조차 마음에서 희미하게 사라져 버리고 다시는 돌아오지 않는다.

당신은 집안에 빛을 비출 궁리에 골몰한다. 당신이 알고 있는 유일한 광원은 귀한 양초로 만들어내는 희미한 빛뿐이다. 집안은 정말 적막하다. 당신은 모든 것으로부터 차단되고, 유일한 위안은 집이 주는 안전감뿐이다. 이제는 자신이 정확히 무엇을 두려워하는지조차 더 이상 알지 못한다. 자신이 늘 불안해하고 두려워한다는 사실만을 알고 있을 뿐이다. 그것만이 자신을 간신히 추스르기 위해 당신이 할 수 있는 것의 전부이다. 빛이 없어서 책 읽기와 글쓰기도 중단했다. 그곳은 어둡고, 당신도 그 어둠 속으로 떨어지고 있다.

그러던 어느 날, 당신의 곤경을 잘 아는 관리인이 당신을 창고로 부른다. 당신은 거기서 본 것에 놀란다. 그저 흔들기만 하면 불이 들어오는 비상전등이 가득 쌓여 있는 것이다. 관리인은 벌써 그중 하나를 흔들어서 창고 안을 환히 밝히고 있다. 이것은 당신의 삶을 완전히 바꿔 놓는다.

당신은 관리인과 함께 집안에 빛과 아름다움과 행복을 일궈내는 일에 착수한다. 방마다 장식을 달고 잠들 때까지 빛이 환하게 비치도록 한다. 책읽기와 글쓰기를 다시 시작했는데, 관리인은 당신이 쓴 글을 좋아한다. 사실 집안을 환하게 하는 것은 인공광원만이 아니다. 사랑의 모닥불이 두 사람의 가슴속에서 빛을 내기 시작한 것이다. 각자 따로가 아니라 함께 만들어낼 수 있는 빛이 얼마나 새로울지를 상상해보라. 두 사람은 모든 시간을 함께 보내기 시작하고 둘만의 결혼식을 올리기까지 한다. 서로를 돌보고 집안에 사랑과 빛을 가져오기로 맹세하니, 그것은 매우 아름답다. 지금까지 살아왔던 어둠에 비하면 그것은 천국이다.

어느 날 당신은 서재에서 어떤 책을 발견하는데, 거기에는 '바깥세상'에 존재하는 빛에 대한 이야기가 있다. 거기에는 일광욕에 관한 이야기도 있다. 그런데 그것은 누가 만들어내야 하는 것이 아님에도 불구하고 상상할 수 없이 엄청난 빛이라는 것이다. 그것은 당신을 혼란스럽게 한다. 당신이 아는 유일한 빛이란 양초와 비상전등에서 나오는 인공의 빛뿐이다. 그렇게 많은 빛을 어떻게 하염없이 만들어낼 수가 있단 말인가? 당신은 이 책이 무슨 이야기를 하고 있는 건지 이해할 수가 없다. 당신은 집안에 살고 있으니 당연히 어둠 속에서 살고 있다. 당신이 경험할 수 있는 빛은 기껏해야 당신이 집안에서 만들어낼 수 있는 빛이 전부이다. 거기서 하도 오랫동안 살아서 당신의 모든 희망과 꿈과 사상과 믿음은 그 어두운 집 안의 생활에 근거해 있다. 집이라는 울타리 안에서 스스로 구축해 놓은 삶을 유지하는 것만이 당신의 온 우주이다.

그 신비로운 책을 계속 읽자니 자연의 빛 속을 걷는 것이 어떤 것인지에 관한 이야기도 있다. 그것은 스스로 빛나는, 없는 곳 없이 동시에 모든 곳을 비추는 빛을 묘사하는 것 같다. 그것은 모든 사람에게 동등하게, 끊임없이 비추는 빛이다. 이것을 이해할 만한 기준이 없기는 해도 그것은 당신의 깊은 속의 무언가를 건드린다. 그 다음에 그 책은 실제로 밖으로 나가는 일에 대해 이야기한다. 자신을 위해 만들어 놓은 세상의 벽 너머로 가는 것 말이다. 사실 그 책은 당신이 어둠을 피해 쌓아 올린 세계에 집착해서 빠져 있는 동안은 집이라는 경계 너머에 있는 풍부한 자연의 빛을 결코 알 수 없으리라고 말한다. 안에다 구축해 놓은 것에 그토록 매달려 있는 한 어떻게 밖으로 나가 볼 생각이나 하겠는가?

이 비유는 우리가 처해 있는 문제에 완벽하게 적용된다. 우리의 의식, 우리 존재의 인식은 우리 내면 깊숙한 곳, 인공으로 완벽히 차단된 곳에 살고 있다. 그곳은 사면이 벽과 바닥과 천정으로 막혀 있다. 그곳은 단단히 막혀 있어서 자연의 빛이 전혀 들어오지 않는다. 유일한 빛은 우리가 스스로 만들어내는 빛이다. 스스로 좋은 상황을 만들어내지 않으면 어둠이 지배한다. 그래서 우리는 그 공간을 장식하느라 날마다 바쁘다. 거기에 뭔가를 가져다 놓으려고 애쓰는 것이다. 스스로 짓고 스스로 빛을 차단한 그 집에서 최소한 작은 불빛이라도 만들어 내려고 말이다.

그 광경은 이렇다. 당신은 자연의 빛으로부터 완전히 차단된 채 집 안에 있다. 그리고 그 집은 환한 빛이 내리쬐는 넓은 들판 한가운데에 있다. 그런데 당신의 집은 무엇으로 지어져 있을까? 벽은 무엇으로 되어 있을까? 그것이 어떻게 모든 빛을 차단하고 당신을 가둘까? 당신의 집은 생각과 감정으로 되어 있다. 벽은 당신의 마음이다. 그것이 집의 정체다. 그것은 당신의 모든 과거 경험이고 모든 생각과 감정이며 당신이 끌어다 모아 놓은 모든 관념과 관점과 견해와 믿음과 희망과 꿈이다. 당신은 그것을 위아래, 사방에 쌓아 놓는다. 당신은 마음속에 특별한 종류의 생각과 감정을 끌어모으고 그것을 한데 엮어서 관념의 세계를 구축하고, 그 속에서 산다. 이 마음의 구조물은 벽 저편 자연의 빛으로부터 당신을 완벽하게 차단한다. 생각의 벽은 너무나 두껍고 완벽하게 에워싸서 그 안에는 오로지 암흑밖에 없다. 당신은 자신의 생각과 감정에 온통 사로잡혀서 그것이 만들어내는 경계 너머로는 가보지를 못한다.

그 벽이 얼마나 당신을 구속하는지를 알고 싶다면 그것을 향해 걸어가 보라. 당신에게 고소공포증이 있다고 하자. 당신은 어릴 때 사다리에서 떨어진 적이 있다. 그래서 그 경험의 인상이 당신에게 각인되어 있다. 그것이 당신의 벽 중의 하나이다. 그것이 과연 벽인지 의심스럽다면 그것을 통과할 수 있는지를 보라. 이 오래 묵은 두려움을 일궈 놓는 어떤 일이 일어났다고 하자. 그리고 당신은 그것을 향해 곧장 걸어가기로 했다. 거기에 가까이 다가갈수록 당신은 뒤에서 당기는 힘을 느낀다. 과거로부터 끌어모아 놓은 것들이 당신이 본능적으로 피하게 만드는 어떤 한계를 만들어 놓는다. 그것은 자연스러운 것이다. 그것이 벽의 역할이다. 우리는 벽으로 달려가 부딪히기를 피한다. 하지만 당신이 그리로 달려가기를 피하기 때문에 벽이 당신을 가두어 놓을 수 있는 것이다. 그것이 당신 의식의 한계이기 때문에 그것이 당신의 감옥이 된다. 거기에 다가가기를 꺼려 하기 때문에 그 너머를 볼 수가 없는 것이다.

생각과 감정이 가로막고 있는 차단지역에 다가가면 마치 심연으로 빠져드는 듯한 느낌이 든다. 그래서 당신은 그 근처에 다가가기를 싫어한다. 하지만 당신은 갈 수 있고, 해방을 원한다면 실제로 갈 것이다. 당신은 정말 거기에 있는 것은 어둠이 아님을 마침내 깨달을 것이다. 정말 거기에 있는 것은 무한한 빛을 차단하고 있는 벽이다. 당신이 빛을 찾고 있다면 이것은 매우 중요한 차이이다. 벽이 있는데 그 벽이 끝없는 어둠으로부터 당신을 보호하고 있다면 당신은 그리로 갈 일이 없을 것이다. 하지만 빛을 차단하고 있는 벽이 있다면 당신은 그것을 제거하기 위해 그리로 가고자 할 것이다. 무한한 빛에 도달하려면 가장 어두운 밤을 지나야만 한다는 말이 있다. 이것은 우리가 어둠이라고 부르는 것이 사실은 빛의 막힘이기 때문이다. 당신은 이 벽을 넘어가야만 한다.

벽을 넘어가는 것은 사실 그렇게 어렵지 않다. 삶의 자연스러운 흐름이 날마다 무수히 부딪혀 와서 우리의 벽을 무너뜨리려 한다. 하지만 당신은 그때마다 그것을 막아낸다. 당신이 자신을 방어하려고 애쓸 때, 그것이 사실은 그 벽을 지키는 일임을 알아야만 한다. 거기에는 그것밖에 지킬 것이 아무것도 없다. 거기에는 당신이 살려고 지어 놓은 작은 집과 당신 존재의 인식밖에 없다. 당신이 지키고 있는 것은 당신이 자신을 보호하려고 지은 집이다. 당신은 그 안에 숨어 있다. 뭔가가 마음의 벽에 부딪쳐 오면 당신은 매우 방어적인 태도가 된다. 당신은 하나의 자아 관념을 구축하고 그 속에 들어와 산다. 그리고 이제 모든 수단을 다 동원해 그 집을 지킨다. 하지만 당신이 하는 생각의 벽이 아니면 그 무엇으로 그 내면의 집을 만들겠는가? 당신이 '나는 여자이고 마흔다섯 살이고 조와 결혼했고 아무아무 학교를 졸업했다.'고 말할 때, 그것은 생각이다. 당신이 붙들고 있는 생각의 형태 말고 실제 상황은 거기에 존재하지 않는다. '하지만 나는 치어리더였고 상급반 대표였단 말이야.' 그것은 삼십 년 전의 일이다. 그 상황은 더 이상 존재하지 않는다. 하지만 그것이 당신 마음속에 존재하면서 당신이 사는 집의 벽을 이룬다.

누군가가 당신의 자아 관념에 시비를 걸어서 작은 구멍을 내놓으면 어떻게 될까? 당신의 마음의 집이 서 있는 기초를 이루는 근본적인 생각 하나를 누군가가 흔들어 놓는다면 어떻게 될까? 당신이 스무 살이었을 때 누군가가 이렇게 말했다고 하자. '이봐, 저 사람들은 네 부모님이 아니야. 넌 입양된 거야. 그들이 말해 주지 않든?' 당신은 두 눈으로 증거서류를 볼 때까지 그것을 완강히 부인할 것이다. 그것은 당신의 내적 존재를 송두리째 흔들어 놓을 것이다. 단 하나의 생각이 흔들리면 집 전체가 와르르 무너지기 시작한다. 뭔가가 당신이 생각해 왔던 것과 다르다는 단순한 이유로 엄청난 두려움과 혼란이 내면에 일어날 수 있다. 그것은 당신이 살고 있는 생각의 집을 흔들고, 그것이 당신의 존재를 속속들이 혼란에 빠뜨린다. 이것을 수리하기 위해 당신은 합리화를 시작한다. '그들이 정말 좋은 분들이란 걸 나도 알고 있었어. 그들은 정말 내 부모님과도 같았어. 그들이 나 같은 아이를 입양해서 정말 친자식처럼 키워 준 것을 상상해 봐. 정말이지, 그들은 내가 생각했던 것보다 더 특별한 분들이었어.' 당신은 구멍을 아주 잘 때웠다. 이것이 우리가 벽을 관리하는 방법이다. 우리는 벽이 항상 튼튼하도록 보수한다. 그 벽을 흔드는 것은 어떤 것도 용납하지 않는다.

금이 가는 벽을 생각으로써 때운 것을 보라. 당신은 생각으로 만들어진 것을 생각으로써 때웠다. 그것이 우리가 하는 일이다. 햇볕이 내리쬐는 들판 한가운데에 있는 어두운 집 안에 자신을 가둬 놓고는 빛을 만들어내려고 애쓰는 사람들과 마찬가지로, 우리는 마음의 벽 속에다 어둠보다 나은 세계를 구축하려고 무진 애를 쓰고 있다. 우리는 지나간 경험의 기억과 미래의 꿈으로 그 벽을 장식한다. 달리 말해서, 우리는 생각으로써 그 벽을 장식한다. 하지만 그 집에 사는 사람들이 스스로 만든 인조세계로부터 아름다운 자연의 빛 속으로 걸어 나올 수도 있었던 것과 마찬가지로, 당신도 생각의 집으로부터 한계 없는 공간 속으로 걸어 나올 수 있다. 당신의 의식은 당신이 살고 있는 그 작은 공간을 뒤로하고 확장해 나가 무한한 공간을 품어 안을 수 있다. 그러면 자신이 지었던 작은 집을 돌아보면서, 자신이 도대체 왜 그 속에서 살고 있었던가를 의아해하게 될 것이다.

이것이 해방의 여정이다. 진정한 자유는 지척에 있다. 당신의 벽 바로 너머에 있는 것이다. 깨달음은 매우 특별한 것이다. 하지만 사실 거기에는 신경을 쓸 필요가 없다. 그 대신 빛을 가로막고 있는, 당신이 만들어 놓은 벽에 주목하라. 깨달음을 얻겠다고 발버둥을 치면서 깨달음의 빛을 가리는 벽을 쌓아 올리는 것은 또 무슨 짓이란 말인가? 그저 나날의 삶이 당신이 붙들고 있는 벽을 허물어 주도록 내버려 두면 된다. 당신의 요새를 보수하고 지키는 일에 팔을 걷고 나서지만 마라.

무수한 별빛의 대양 한가운데 서 있는 생각의 집을 상상해 보라. 그 집의 어둠 속에 갇혀 있는 당신의 의식이 한정된 경험의 인조광을 벗어나고자 날마다 몸부림치는 모습을 상상해 보라. 이제 그 벽이 허물어지고, 의식이 스르르 놓여나서 언제나 있어 왔던 그 빛 속으로 퍼져가는 모습을 상상하라. 이제 그 경험에 이름을 붙여라. '깨달음'이라고.

제13장

# 심리적 한계 넘기

궁극적으로는 '너머'라는 말 속에 영성의 진정한 의미가 담겨 있다. 너머로 간다는 말은 가장 기본적으로는 자신이 있는 곳을 지나서 간다는 뜻이다. 현재의 상태에 머물러 있지 않음을 뜻한다. 끊임없이 자신을 넘어서 가면 더 이상 한계가 없어진다. 더 이상 경계가 없다. 경계와 한계는 넘어가기를 멈추는 자리에만 존재한다. 결코 멈추지 않으면 당신은 경계와 한계를 넘어가고 한정된 자아의 느낌을 넘어간다.

너머는 모든 방향으로 무한히 펼쳐 있다. 레이저 빔을 어느 방향으로든 비추면 그것은 무한히 뻗어갈 것이다. 그것이 통과할 수 없는 인공적인 경계를 만들어 놓지 않는 한 그것은 무한히 뻗어간다. 경계는 무한한 공간 속에다 유한성을 만들어낸다. 사물은 당신의 지각이 정신적 경계에 부딪히기 때문에 유한해 보인다. 사실은 모든 것이 다 무한하다. 영원히 이어지는 그것을 가지고 여기서부터 1마일의 거리를 논하는 것은 당신이다. 여기서부터 1마일이란 무엇인가? 그것은 무한의 한 조각일 뿐이다. 한계는 존재하지 않는다. 무한한 우주가 있을 뿐이다.

저 너머로 가려면 스스로 사물에 갖다 붙이는 한계를 자꾸자꾸 넘어가야만 한다. 이것은 당신 존재의 근본적 변화를 요구한다. 바로 지금도 당신은 분석하는 마음으로써 세상을 생각이라는 대상으로 낱낱이 쪼개고 있다. 그리고는 같은 마음으로써 이 낱낱의 생각들을 어떤 정해진 관계 속에다 집어넣는다. 당신은 뭔가가 통제되는 듯한 느낌을 느껴 보려고 이런 짓을 한다. 이것은 미지를 기지로 바꿔 놓으려는 당신의 끊임없는 노력 속에 가장 분명히 드러난다. '내일은 감히 비가 안 오겠지. 내가 노는 날이니까. 그리고 제니퍼는 나가기를 좋아하니까 분명히 나하고 자전거를 타고 싶어 할 거야. 사실 내가 하루 더 쉬고 싶다고 하면 톰이 내 대신 기꺼이 일을 처리해 줄 거야. 나도 한 번 자기 대신 해줬으니까.' 당신은 마음속에서 만사를 다 정해 놨다. 당신은 심지어 미래에 일이 어떻게 돌아갈지도 다 안다. 당신의 관점, 당신의 견해, 당신의 기호, 당신의 관념, 당신의 목표, 당신의 믿음이 모두 무한한 우주를 유한한 것으로 만들어 당신의 손아귀 속에 들어온 느낌이 들도록 만들기 위한 수단이다. 분석적인 마음은 무한을 다룰 능력이 없으므로 유한한 생각으로써 대체 현실을 만들어 놓고 그것을 마음속에서 주무른다. 온전한 것을 산산조각 내어 놓고는 그중 몇 조각을 골라 마음속에서 특정한 방식으로 끼워 맞추는 것이다. 이 마음속의 틀이 당신의 현실이 되어 있다. 이제 당신은 세상이 이 틀에 맞아떨어지도록 밤낮으로 애써야 하고, 거기에 맞지 않는 것에는 모두 틀린 것, 나쁜 것, 아니면 부적당한 것이라고 딱지를 붙인다.

사물에 대한 당신의 관점을 도발하는 어떤 일이 일어나면 당신은 나서서 싸우고 방어하고 합리화한다. 아주 사소한 일에 화를 내고 불만을 터뜨린다. 이것은 실제로 일어나는 일을 당신의 현실 모델에다 끼워 맞추지 못한 결과이다. 당신의 틀을 넘어가려면 그것을 불신하는 모험을 감수해야 한다. 마음의 틀이 당신을 괴롭힌다면 그것은 그 틀이 현실을 수용하지 않기 때문이다. 당신은 현실에 저항할 것인지, 자신의 틀의 한계를 넘어갈 것인지를 선택해야 한다.

자신의 틀을 진정으로 넘어가려면 먼저 당신이 그것을 애당초 왜 만들었는지를 이해해야만 한다. 가장 쉬운 방법은, 그 틀이 제대로 먹혀들지 않을 때 어떤 일이 일어나는지를 잘 살펴보는 것이다. 당신은 혹시 다른 사람의 행동이나 변하지 않는 관계에 기초를 둔 삶의 모델 위에다 당신의 온 우주를 건설해 놓았는가? 그렇다면 당신의 발밑에서 그 기초가 무너지는 것을 경험해 본 적이 있는가? 누군가가 당신을 떠나거나, 죽거나, 어떤 일이 잘못되거나, 뭔가가 당신의 틀을 뿌리째 흔들어 놓는다. 이런 일이 생기면 주변의 모든 사람과 모든 사물과의 관계를 포함해서, 당신이 누구인지에 대한 당신의 신념이 송두리째 무너지기 시작한다. 당신은 공포에 휩싸여서 그것을 붙들어 둘 수 있는 모든 짓을 다 해본다. 당신의 세계가 무너지는 것을 막기 위해 빌고, 싸우고, 몸부림친다.

대부분의 사람들이 겪듯이 이런 일을 겪고 나면 당신이 만들어 놓은 틀은 아무리 좋게 말해 봤자 보잘것없고 빈약한 것임을 깨닫는다. 한꺼번에 틀 전체가 와르르 무너질 수 있다. 그리고 그것을 이루고 있는 자아상과 세계상이 온통 한꺼번에 무너지기 시작한다. 이런 일이 일어날 때의 경험이야말로 당신 삶의 가르침 중에서도 가장 중요한 경험 중 하나이다. 이때는 당신으로 하여금 그 틀을 만들게끔 했던 것들을 하나하나 대면하게 된다. 당신이 겪는 불편과 혼란은 끔찍한 수준이다. 당신은 정상 비슷한 것이라도 되찾으려고 몸부림친다. 하지만 실제로 당신이 하는 짓은 익숙한 마음의 무대장치 속에서 안정을 찾으려고 그 마음의 틀을 붙들어 다시금 주위에 둘러치려고 애쓰는 것뿐이다.

하지만 자신이 하는 짓을 살펴보기 위해 우리의 온 우주가 무너져야 할 것까지는 없다. 우리는 그 틀을 온전히 유지하려고 부단히 애를 쓴다. 그 짓을 왜 하는지를 정말 알고 싶다면 그 짓을 하지 않을 때 어떤 일이 일어나는지를 보면 된다. 당신이 흡연자라고 하자. 담배를 끊기로 마음먹으면 당장 담배를 피우게 만드는 충동에 직면한다. 이 충동이 담배를 피우는 이유다. 그것은 원인의 가장 바깥층이다. 이 충동이 지나가도록 지켜볼 수 있다면 무엇이 그것을 일으키는지를 발견하게 될 것이다. 발견된 그것과 함께 편안히 있을 수 있으면 그 원인의 다음 층을 직면하고, 다음 층, 그 다음 층을 만날 것이다. 마찬가지로 과식하는 데도 이유가 있다. 옷을 입는 방식에도 이유가 있다. 당신이 하는 모든 일에 이유가 있다. 당신이 옷차림과 머리모양에 왜 그렇게 관심을 쏟는지를 알고 싶다면 하루만 그것을 하지 말아 보라. 아침에 일어나서 머리가 엉망인 채로 아무 데나 가보라. 그러면 내면의 에너지가 어떻게 되는지를 알게 될 것이다. 당신을 편안하게 만들어 주는 일을 하지 않을 때 어떤 일이 일어나는지를 보라. 당신이 왜 그 일을 하는지를 알게 될 것이다.

당신은 '안전지대'에 머물기 위해 부단히 애를 쓴다. 사람과 장소와 사물이 당신의 틀에 맞아떨어지게끔 하려고 무진 애를 쓴다. 그것이 어긋나기 시작하면 당신은 불편해진다. 그러면 마음이 부산을 떨며 나서서 어떻게 하면 일이 당신이 원하는 대로 돌아갈지를 말해 준다. 누군가가 당신의 기대를 벗어나는 짓을 하면 마음이 지껄이기 시작한다. '이걸 어떻게 해야 되지? 저건 그냥 넘겨선 안 되는데. 내가 직접 말하든가, 아니면 다른 사람을 시켜서 이야기하게 해야 돼.' 마음은 그것을 고치라고 한다. 하지만 당신이 결국 무엇을 하는지는 사실 중요하지 않다. 단지 당신의 '안전지대'로 돌아가기만 하면 되는 것이다. 이 구역은 유한하다. 거기에 머물려는 모든 시도들이 당신을 유한하게 만든다. 너머로 간다는 것은, 무엇을 당신의 한정된 울타리 안에다 가두려는 노력을 놓아 보내는 것을 뜻한다.

그러니 사는 데는 두 가지 길이 있다. 안전한 지대에 머물기 위해 삶을 바칠 수도 있고 자유를 위해 노력할 수도 있다. 바꿔 말하면, 평생을 당신의 한정된 틀 속에다 매사를 끼워 맞추는 일에다 바칠 수도 있고 그 틀로부터 자신을 해방시키는 데에 바칠 수도 있다.

이것을 좀 더 들여다보기 위해 동물원 구경을 가보자. 정말 흥미롭게 구경하다가 작은 우리에 갇혀 있는 호랑이 앞에 오게 됐다고 하자. 당신은 저런 비좁은 공간에 갇힌 채 평생을 보낸다는 게 얼마나 비참한 일인지를 저절로 생각해 보게 된다. 그것은 생각만 해도 끔찍하다. 하지만 사실은 당신이 만든 안전지대의 울타리도 바로 호랑이 우리와 같다. 이 마음의 철창은 몸을 구속하지는 않지만 의식의 영역을 한정한다. 안전지대 밖으로 나갈 수가 없으므로 당신은 사실 이 울타리 속에 갇혀 있는 것이다.

이것을 잘 살펴보면 당신은 두렵기 때문에 오히려 이 철창 속에 머물고 싶어 한다는 사실을 깨닫게 될 것이다. 안전지대는 당신에게 너무나 익숙하고 편안하다. 그 너머에는 미지가 있다. 아주 지독한 편집증 환자를 상상해 보라. 그는 겁에 질려 있다. 그는 누군가가 한시도

쉬지 않고 자신을 해코지하려 한다고 생각한다. 그에게 호랑이 우리에 들어가라고 한다면 그는 그것을 기꺼이 받아들일 것이다. 그는 그 상황을 철창에 갇힌다고 생각하지 않는다. 그것은 자신을 다치지 않게 막아 주는 보호장치인 것이다. 당신에게는 감옥처럼 보이는 것이 그에게는 안전장치로 보인다. 안전요원이 당신의 집에 와서 문을 모조리 못질하고 창문마다 창살을 막아 놓는다면 어떻겠는가? 그때 당신이 안에 있었다면 겁에 질려서 밖으로 뛰쳐나갈 텐가, 아니면 안전하게 보호해 줘서 고맙다고 할 텐가?

대부분의 사람들은 마음을 한정하는 문제에서는 두 번째 반응을 보인다. 그들은 그 안에 머물면서 안전함을 느끼고 싶어 한다. 그들은 이렇게 말하지 않는다. '여기서 내보내 줘! 나는 매사가 틀에 박힌 대로만 돌아가는 이 작은 세상에 갇혀 있어. 다른 사람들이 무엇을 하는지, 내가 그들에게 어떻게 보이는지, 내가 무슨 말을 했는지를 걱정하면서 살아야만 하다니 젠장, 난 나갈 거야.' 하고 나가려고 하기는커녕 그들은 철창을 더욱 튼튼하게 만들려고 애쓴다. 뭔가 불편이 느껴지면 그들은 자신을 보호하여 다시 안전한 느낌을 느낄 수 있도록 온갖 짓을 다 한다. 그런 짓을 한 기억이 있다면 당신은 철창을 사랑하는 것이다. 마음의 철창이 느슨해져서 덜거덕거리면 당신은 지내기에 편안하도록 그것을 단단히 조여서 견고하게 만든다.

영적으로 깨어날 때, 당신은 자신이 철창 속에 있었음을 깨닫는다.

당신은 깨어나서 자신이 그 안에서 운신조차 못 하고 있었음을 깨닫는다. 당신은 안전지대의 울타리에 끊임없이 부딪힌다. 자기가 속으로 생각하고 있는 것을 사람들에게 말하기를 두려워하고 있었음을 알아차린다. 자의식 때문에 자신을 자유롭게 표현하지 못하고 있었음을 알아차린다. 안전을 위해서 그 모든 것을 깔고 앉아 있어야 했음을 알아차린다.

왜일까? 이유는 정말 없다. 당신이 스스로 자신에게 이 한계를 들씌웠다. 그 안에 머물러 있지 않으면 겁이 나고 위협을 느끼고 상처를 입는다. 그것이 당신의 철창이다. 호랑이는 쇠창살에 부딪힐 때 철창의 존재를 안다. 당신은 마음이 저항을 시작할 때 당신의 철창의 존재를 안다. 안전지대의 창살에 부딪히는 순간 그것은 그 존재를 확실히 알려 준다.

하나의 보기를 들어 이 경계를 살펴보자. 옛날에는 뒷마당에 개를 기르려면 울타리를 쳐야만 했다. 요즘은 모든 것이 전자식이 되어서 울타리를 칠 필요가 없다. 땅에다 전선을 묻어 놓고 개에게 목걸이를 씌우면 된다. 개는, '야, 난 자유야! 전에는 울타리 안에서 살았는데 이건 참 멋지군!' 한다. 당연히 개는 가서는 안 될 곳을 향해 달려간다. 그러면 지직! 하고, 개는 깜짝 놀라 물러나면서 짖는다. 어떻게 된 것일까? 보이지 않는 울타리가 있었다. 개가 거기에 다가가면 약간의 충격을 준다. 그것은 아프고 매우 불편한 느낌이어서 이제 개는 그 경계에 다가가면 두려움을 느낀다. 알겠는가? 철창은 꼭 철창처럼 생겨야만 하는 게 아니다. 불편에 대한 두려움으로도 철창을 만들 수 있다. 그 경계에 다가가면 불편하고 불안한 느낌을 받기 시작하는 것이다. 그 안에 머무는 한 저 밖에 무엇이 있는지는 알 수가 없다. 이 철창의 경계가 당신의 세계를 유한하고 덧없는 것으로 만들어 놓는다. 당신 철창의 경계 바로 그 너머에는 무한과 영원이 있다.

너머로 간다는 것은 철창의 경계를 넘어가는 것을 뜻한다. 영혼은 무한하다. 영혼은 모든 곳을 자유로이 확장해 갈 수 있다. 영혼은 삶의 모든 것을 자유로이 경험할 수 있다. 하지만 이것은 당신이 정신적 경계 없이 현실을 기꺼이 직면할 때만 일어날 수 있는 일이다. 당신이 장애물을 가지고 있고 날마다 거기에 부딪히면서 그것의 존재를 인식하고 있다면, 그것을 넘어가고자 하는 의지가 있어야만 한다. 그렇지 않다면 철창 안에 머물러야 한다. 명심하라. 아름다운 추억과 희망찬 꿈으로 철창을 장식하는 것은 그 너머로 가는 것과 같지 않다. 철창은 어떤 이름으로 불리든 철창이다. 당신이 그 너머로 갈 뜻을 가져야만 한다.

당신은 날마다 온종일 자신의 철창 창살에 부딪힌다. 창살에 부딪힐 때 당신은 물러서거나, 아니면 편안해지기 위해서 뭔가를 바꿔 놓으려고 애쓴다. 사실 당신은 철창 속에 머물러 있기 위해 영리한 마음을 이용한다. 당신은 안전지대 안에 머물 방법을 밤낮으로 궁리한다.

어떤 때는 철창 속에 머물려면 무엇이 필요한지를 너무 골똘히 궁리하느라 잠도 못 잔다. '어떻게 하면 그녀가 나를 절대로 떠나지 못하게 할 수 있을까? 어떻게 하면 그녀가 다른 사람에게 절대로 관심을 못 가지게 할 수 있을까?' 당신은 창살에 부딪히지 않는 방법을 쉴 새 없이 궁리한다.

개의 예로 돌아가 보자. 그 개는 늘 자유롭게 돌아다니던 개였으므로 마당 밖으로 나가기를 포기한 그 날은 슬픈 날이다. 그 작은 공간 너머로 가기를 포기한 유일한 이유는 그 경계가 두렵기 때문이다. 하지만 그것이 탈출을 각오한 아주 용감한 개라면 어떻겠는가? 개가 아직 포기하지 않았다고 상상해 보라. 그놈은 목에 전류가 흐르기 시작하는 그 자리에 앉아서 물러서지 않고 있다. 그놈은 전류의 힘에 익숙해지기 위해 계속 앞으로 조금씩 나아가고 있다. 그렇게 계속하면 그놈은 결국 밖으로 나갈 것이다. 그러지 못할 이유는 없다. 그것은 가상적인 울타리이므로 불편을 감수하는 법을 터득하기만 한다면 통과할 수 있다. 단지 불편을 기꺼이 참아낼 각오만 있으면 된다. 목걸이는 개를 다치게 하지 않는다. 단지 불편하게 할 뿐이다. 안전지대 너머로 가려고만 한다면 마음대로 갈 수 있다.

당신의 철창도 바로 이와 같다. 그 가장자리로 다가가면 불안과 시기와 두려움과 자의식을 느낀다. 당신은 거기서 물러나고, 보통 사람이라면 더 이상 가지 않는다. 당신이 결코 그것을 포기하지 않기로 마음먹을 때부터 영성이 생겨난다. 영성은 어떤 대가를 치르서라도 그 너머로 가고자 하는 결심이다. 날마다 매 순간마다 넘어가는, 끝없는 여행이다. 진정으로 넘어가고 있다면 당신은 언제나 자신의 한계에 부딪힌다. 안전지대로 결코 돌아오지 않는다. 영적인 존재는 자신이 늘 가장자리에 부딪히고 있음을 느낀다. 그들은 떠밀리듯 끊임없이 가장자리를 향해 간다.

심리적 한계를 넘어가는 것이 실제로 사람을 다치게 하지는 못한다는 사실을 당신은 깨닫게 될 것이다. 의도적으로 그 가장자리에 서서 계속 걸어가기만 하면 그 너머로 가게 될 것이다. 불편이 느껴지면 늘 물러섰지만, 이제는 긴장을 풀고 그 너머로 지나간다. 그 너머로 가기 위해 필요한 것은 그것뿐이다. 지금 일어나고 있는 일을 직면하여 대처함으로써 조금 전에 있던 그곳을 넘어가라.

당신은 넘어가고 싶은가? 경계 없는 느낌을 느끼고 싶은가? 너무나 광활해서 하루 종일 어떤 일이 일어나도 괜찮은 그런 안전지대를 상상해 보라. 나날의 경험이 펼쳐지지만 마음은 아무 말 없다. 당신은 그저 평안하고 영감에 찬 가슴으로 하루를 맞는다. 가장자리에 부딪혀도 마음은 불평하지 않는다. 그저 그 모두를 통과해서 지나간다. 이것이 위대한 존재들이 사는 방식이다. 운동선수처럼 숙달되어 가장자리에 부딪힐 때마다 곧장 힘을 풀고 지나간다면 그것이 게임의 끝이다. 당신은 자신에게 아무런 문제도 일어나지 않을 것임을 안다. 가장

자리 외에는 문제될 것이 없고, 이제 당신은 그것을 어떻게 해야 할지를 안다. 가장자리는 해방으로 가는 당신의 길을 가리켜 주므로 당신은 결국 그것을 사랑하게 된다. 해야 할 일은 단지 끊임없이 힘을 빼고 그 속으로 들어가는 것이다. 그러면 어느 날, 당신은 전혀 예기치 않게 무한 속으로 떨어져 들어갈 것이다. 그것이 너머로 간다는 말의 의미이다.

제 14장

# 가짜 덩어리 놓아 보내기

사람의 마음속은 매우 복잡다단하다. 그곳은 안팎의 자극을 받아 끊임없이 요동치는, 상충하는 힘들로 꽉 차 있다. 이 힘들이 큰 진폭으로 변덕을 부리는 두려움과 욕망과 갈구를 일구어낸다. 이 때문에 마음속에서 일어나는 일들을 분명히 이해하고 있는 사람은 매우 드물다. 온갖 생각과 감정과 에너지 수준들 사이의 인과관계를 추적하기에는 한꺼번에 너무나 많은 일들이 일어난다. 그래서 우리는 그냥 그 모두를 한꺼번에 한자리에 붙들어 놓으려고 기를 쓰는 것이다. 하지만 기분, 욕망, 좋고 싫음, 의욕, 무기력, 이 모든 것은 끊임없이 변한다. 거기서 통제나 질서 비슷한 것을 이뤄낼 규율만 유지하려 해도 온통 거기에 매달리지 않으면 안 된다.

당신이 이 모든 심리적, 에너지적 차원의 변화와 정신없이 씨름하고 있을 때가 바로 고통이다. 그것이 당장 고통으로 느껴지지는 않는다고 하더라도 당신이 희망하는 현실과 비교해 본다면 당신은 분명히 고통 속에 있는 것이다. 모든 것을 한자리에 붙들어 놓고 있어야 한다는 사실 그 자체가 하나의 고통이다. 일이 꼬이기 시작할 때 이것을 가장 잘 알아차릴 수 있다. 당신은 혼란 속으로 빠져드는 마음을 추스르기 위해 발버둥 쳐야 한다. 하지만 정확히 무엇을 붙잡으려고 그토록 애쓰고 있는 건가? 거기에 있는 것은 기껏해야 생각, 감정, 에너지의 움직임 등일 뿐, 견고한 것은 하나도 없다. 그것은 광활한 내면의 공간 속을 오락가락하는 구름과도 같은 것이다. 그런데 당신은 마치 초지일관하기만 하면 안정을 찾을 수 있다는 듯이 그것만 붙잡고 늘어진다. 불교에서는 이것을 '집착'이라 부른다. 사실 마음이란 집착의 덩어리이다.

집착을 이해하려면 먼저 누가 집착하는지를 알아야 한다. 자신 속으로 깊이 들어가다 보면, 언제나 거기 있으며 결코 변하지 않는 당신 존재의 한 면이 있음을 절로 깨닫게 된다. 이것이 인식의 느낌, 당신의 의식이다. 생각을 알아차리고 감정의 물결을 경험하고 몸의 감각을 받아들이는 것은 바로 이 의식이다. 이것이 참나의 뿌리이다. 당신은 생각이 아니다. 당신은 생각을 인식한다. 당신은 감정이 아니다. 당신은 감정을 느낀다. 당신은 몸이 아니다. 당신은 거울을 통해 그것을 바라보고 그것의 눈과 귀를 통해 이 세상을 경험한다. 당신은 내부와 외부의 이 모든 것들을 인식하고 있음을 인식하는 의식적인 존재다. 여기까지가 우리가 살펴본 바이다.

순수한 인식의 느낌인 이 의식을 탐사해 보면 사실 그것은 공간 속의 어떤 지점에 존재하는 것이 아님을 알게 될 것이다. 그보다는, 어떤 특정한 대상에 집중함으로써 한 점으로 초점을 좁혀가는 인식의 장이다. 당신은 손가락 하나만의 느낌을 알아차릴 수도 있고 몸 전체의 느낌을 한꺼번에 알아차릴 수도 있다. 한 생각 속에 완전히 빠져들 수도 있고 생각과 감정과 몸과 주변상황을 동시에 인식할 수도 있다. 의식은 초점을 좁혀 들어올 수도 있고 넓게 확장해 갈 수도 있는 역동적인 인식의 장이다. 의식이 아주 좁게 집중해 들어가면 그것은 자신의 넓은 느낌을 잊어버린다. 그것은 더 이상 자신을 순수한 인식의 장으로서 경험하지 않고 초점을 맞추고 있는 대상에 자신을 더욱 깊숙이 연루시킨다. 앞서 이야기했듯이, 영화 속에 빠져들어서 어둡고 썰렁한 극장 안에 앉아 있는 확대된 느낌을 까맣게 잊어버릴 때 일어나는 일이 바로 이것이다. 이 경우, 당신은 몸과 주변상황에 집중해 있던 상태에서 영화의 세계에 몰입한 상태로 의식을 옮겨간 것이다. 당신은 말 그대로 경험 속에 넋이 빠져 버린 것이다. 당신의 삶의 경험 전체가 이렇다고 할 수 있다. 자아의 느낌은 의식을 어디에 집중하느냐에 따라 결정된다.

그렇다면 의식을 어디에 집중할지를 결정하는 것은 무엇일까? 가장 기본적으로는, 다른 것보다 눈에 더 띄어서 당신의 의식을 사로잡는 그것이 결정한다. 이것을 이해하기 위해 당신의 의식이 텅 빈 광활한 내면의 공간을 바라보고 있다고 상상해 보자. 이제 이 공간 속에 고양이, 말, 어떤 단어, 어떤 색깔, 혹은 하나의 추상적인 생각 등이 제멋대로 지나간다고 상상해 보자. 그것들은 산발적으로 당신의 인식 공간을 지나간다. 그런데 그중 한 대상이 다른 것보다 눈에 띈다. 그것이 당신의 주의를 끌어 의식의 초점을 붙든다. 그 대상에 초점을 맞출수록 그것의 움직임이 느려진다. 그래서 초점을 완전히 맞추면 그것은 그 자리에 멈춘다. 그저 대상에 집중하는 것만으로 의식의 힘이 그것을 붙잡는 것이다. 물고기가 물은 지나가도 응결된 물인 얼음은 못 지나가듯이, 정신적, 감정적 에너지 패턴들도 집중된 의식을 만나면 고정된다. 어떤 특정한 대상에 다른 대상보다 많은 양의 의식을 집중하는 행위 자체가 집착을 만들어낸다. 그리고 집착의 결과로 특정한 생각과 감정이 한 곳에 오래 머물러 있다가, 그것이 마음을 이루는 하나하나의 벽돌이 되는 것이다.

  집착은 가장 원초적인 행위 중 하나다. 다른 대상들이 지나갈 때 어떤 대상은 남아 있기 때문에 의식은 그것에 더 연결감을 느낀다. 그러면 당신은 그것을 내면에서 일어나는 끝없는 변화의 소용돌이 속에서 방향성과 관계감과 안전한 느낌을 제공해 주는 하나의 기준점으로 이용하게 된다. 그리고 이 방향성의 요구는 외부세계로까지 확대된다.

당신은 내부의 대상에 집착하지만 그것들을 감각에 감지되는 온갖 물리적 대상들과 자신을 관계 짓고 방향 잡는 데에 이용한다. 그리고 그 모든 대상들을 한데 엮어 주는 생각을 만들어내고는, 그 전체 덩어리를 붙들고 있다. 결국 당신은 내면의 이 덩어리와 너무나 끈끈한 관계를 맺은 나머지 그것을 중심으로 자신의 자아의 느낌을 지어낸다. 당신이 그것에 집착하므로 그것은 고정되어 머문다. 그리고 그것이 한 자리에 머물러 있으므로 당신은 다른 무엇보다도 그것과 가장 깊은 관계를 맺는다. 이것이 마음의 탄생이다. 텅 빈 의식의 공간 한가운데를 지나가는 생각을 하나 붙들었다가 결국은 든든해 보이는 섬을 하나 만들어낸 것이다. 늘 머물러 있는 생각을 하나 가지게 되면 당신은 거기에 머리를 기댈 수 있다. 그러다가 더 많은 생각들을 붙들면 결국 의식을 집중시킬 수 있는 내면의 덩어리를 하나 지어내게 되는 것이다. 이 마음의 덩어리에 의식이 많이 집중될수록 그것으로써 자아 관념을 정의하려는 습성이 더욱 강해진다. 집착은 벽돌과 모르타르를 만들어내고, 우리는 그것으로 관념적 자아를 지어낸다. 광활한 내면의 공간에서 연기와도 같은 생각만을 가지고 든든해 보이는 집을 한 채 지어 놓고, 거기서 사는 것이다.

 길 잃은 사람처럼 발견되기 위해서 자아 관념을 쌓아 올리려고 애쓰고 있는 당신은 누구인가? 이 질문은 영성의 본질을 보여 준다. 자신을 정의하기 위해 쌓아 놓은 그것에서는 결코 자신을 발견할 수 없을 것이다. 당신은 그것을 쌓아 올리고 있는 그다. 당신은 놀라운 생각과 감정을 짜 맞추어 정말 믿기지 않게 아름답고 흥미롭고 역동적인 구조물을 지어낼 수도 있을 것이다. 하지만 그것은 분명 당신이 아니다. 당신은 그것을 만들어내는 자다. 당신은 참자아에 대한 인식으로부터 의식의 초점을 다른 데로 돌렸다가 혼란에 빠지고 두려움에 싸인 채 실종되었던 그다. 미아가 되어 두려움에 싸인 상태에서 당신은 자기 앞을 지나는 생각과 감정의 덩어리를 붙들고 매달리게 되었다. 당신은 그것들을 가지고 자신을 정의할 수 있게 해줄 자아 관념, 곧 하나의 인격을 만들어냈다. 의식이 인식하게 된 대상에 머물다가, 그것을 집이라고 불렀다. 자신을 정의하는 틀을 가지고 있으니 어떻게 행동해야 할지, 어떻게 결정을 내려야 할지, 외부세계와 어떻게 관계해야 할지를 쉽게 알 수 있다. 이것을 용기 있게 들여다본다면, 당신은 자신 주위에 둘러쌓은 이 틀에 근거해서 평생을 살아 왔음을 깨닫게 될 것이다.

좀 더 구체적으로 이야기해 보자. 당신은, '나는 여자야.' 같은 일관적인 생각과 관념을 마음속에 지니고 있다. 그렇다, '나는 여자다.' 하는 것조차 당신이 마음에 품고 있는 생각이요, 관념이다. 그것을 품고 있는 당신은 남자도, 여자도 아니다. 당신은 거울 속에서 여성의 몸을 보고, 그 생각의 소리를 듣는 의식이다. 하지만 당신은 이 관념을 아주 다부지게 붙들고 있다. 당신은, '나는 여자다. 나는 나이가 몇이고 이런 사상보다는 저런 사상을 믿는다.'고 생각한다. 당신은 문자 그대로, 자신이 믿는 것에 근거해서 이런 식으로 자신을 정의한다. '나는 신을 믿는다. 나는 평화와 비폭력을 믿는다. 나는 자본주의를 믿는다.' 당신은 일련의 생각들을 마음에 품고 그것에 집착한다. 그것으로부터 매우 복잡다단한 관계 구조를 만들어낸다. 그리고 그 덩어리를 자신이라고 내어 보인다. 하지만 그것은 당신이 아니다. 그것은 단지 당신이 자신을 정의하기 위해 주변에 끌어다 모아 놓은 생각일 뿐이다. 이렇게 하는 것은, 당신이 내적으로 집을 잃은 미아가 되어 버렸기 때문이다.

　기본적으로 당신은 마음속에 일관성과 안정감을 일궈내려고 한다. 잘못된 일이지만 이것이 반가운 안도감을 가져다준다. 당신은 주변 사람들도 똑같이 하기를 바란다. 사람들이 일관성 있어서 그들의 행동을 예측할 수 있도록 말이다. 그렇지 않으면 그것이 당신을 불편하게 한다. 왜냐하면 그들의 행동에 대한 예측도 당신이 만들어 놓은 내부 틀의 일부이기 때문이다. 외부세계에 대한 이런 관념과 신념의 보호막은 당신과 당신이 대하는 사람들 사이에서 완충장치로 작용한다. 상대방의 행동에 대한 선입견을 소유함으로써, 당신은 더 안전하고 통제력을 가진 것처럼 느낀다. 그 벽이 송두리째 무너지는 것이 얼마나 무서운 일일지 상상해 보라. 그 누구를 정신적 완충지대를 거치지도 않고 당신의 내적 자아 안으로 곧바로 맞아들이겠는가? 아무도, 당신 자신조차도 허락할 수 없다.

　사람들은 외면을 꾸민다. 그리고 그 중 한 면이 다른 면보다 더 진실에 가까움을 인정하기까지 한다. 직장에 가면 당신은 직업적 외면 속에서 자신을 잊어버리지만 일이 끝나면 말한다. '이제 집에 가서 가족과 친구들과 마음 놓고 지낼 거야.' 그러면 직업적 외면이 뒤로 물러나고 편안한 사회적 외면이 전면으로 나선다. 하지만 그런 외면들을 가지고 있는 자인 당신은 어떤가? 아무도 그에게는 가까이 가지 않는다. 그건 겁나는 일이다. 감히 다가가기에 그것은 너무 깊숙이 있다.

　그래서 우리는 모두가 어떤 것에 집착하고 뭔가를 쌓아 올린다. 그 중 어떤 사람들은 이것을 다른 사람들보다 더 잘한다. 집착과 쌓아 올리기를 잘하면 대부분의 사회는 상을 두둑이 준다. 그 틀을 완벽하게 만들고 늘 거기에 맞춰 행동한다면 당신은 실제로 한 인물을 '창조해 낸' 것이다. 그리고 당신이 만들어낸 인물이 사람들이 원하고 필요로 하는 인물이라면 당신은 아주 인기를 얻고 성공할 것이다. 당신은 그 사람이다. 그것은 어릴 때부터 몸에 배어 있었고 당신은 거기서 한 치도 벗어나지 않았다. 당신은 인물을 창조하는 이 게임을 정말 잘할 수 있다. 창조해 놓은 인물이 기대만큼 인기도 없고 성공도 못한다면 생각을 고쳐먹을 수도 있다. 이렇게 하는 것이 잘못이라는 것이 아니다. 다들 이렇게 한다. 하지만 그것을 하는 당신은 누구인가? 그리고 왜 그렇게 하는가?

당신이 어떤 생각을 붙들어 어떤 인물을 창조하는가 하는 것이 전적으로 당신에게 달린 문제가 아님을 깨닫는 것이 중요하다. 여기에는 사회가 깊이 개입되어 있다. 거의 대부분의 일에 있어서, 용인되거나 용인되지 않는 사회적 행동이 있다. 앉는 방식, 걷는 방식, 말하는 방식, 옷 입는 방식, 그리고 어떤 일에 대해 느끼는 방식조차도. 사회는 어떻게 우리에게 이런 정신적, 감정적 틀을 심어 놓는 것일까? 사회는 우리가 그것을 잘하면 포옹과 입맞춤을 퍼부어 주고, 잘못하면 육체적, 정신적, 정서적으로 벌을 준다.

상대방이 당신의 기대에 맞는 행동을 할 때 당신이 그를 얼마나 잘 대해 주는지를 생각해 보라. 하지만 그렇지 못할 때는 얼마나 멀찍이 물러서서 마음을 닫아거는지를 생각해 보라. 그에게 화를 내거나 폭력을 행사하는 것까지는 제쳐 놓고 말이다. 당신은 무엇을 하고 있는 건가? 그들의 마음속에 인상을 남겨 놓음으로써 그들의 행동을 바꾸려 하고 있는 것이다. 그들이 지닌 믿음과 생각과 감정의 조합을 바꿔 놓음으로써 다음번에는 당신이 기대하는 방식으로 행동하게 하려는 것이다. 사실 우리 모두는 서로에게 날마다 이런 짓을 하고 있다.

우리는 왜 이런 일이 우리에게 일어나도록 용인하는가? 우리는 왜 자신이 내보이는 외면을 다른 사람들이 받아들이는지 어떤지에 그토록 신경을 쓰는가? 이 모두가 우리가 자신의 자아 관념에 집착하는 이유를 이해하는 문제로 귀착된다. 집착을 멈춰 보면 집착의 버릇이 생기게 된 이유가 드러날 것이다. 자신의 가면을 버리고, 그것 대신 새로운 것을 뒤집어쓰려고도 하지 않는다면 당신의 생각과 감정들은 닻을 감아올리고 당신을 통과해 지나가기 시작할 것이다. 그것은 매우 겁나는 경험일 것이다. 속 깊은 곳에서 공포가 느껴질 것이다. 자신의 스타일을 종잡을 수가 없을 것이다. 이것이 외부의 아주 중요한 어떤 것이 마음속의 틀에 들어맞지 않을 때 사람들이 느끼는 것이다. 외면이 작용을 멈추고 무너져 내리기 시작한다. 그것이 더 이상 당신을 보호해 주지 않으면 당신은 엄청난 공포를 느낀다. 하지만 그 공포의 느낌을 기꺼이 직면해 볼 각오가 된다면 그것을 지나가는 길이 있음을 발견할 것이다. 당신은 그것을 경험하고 있는 의식 속으로 더 깊이 들어갈 수 있고, 공포는 사라져 버릴 것이다. 그러면 거기에는 여태껏 한 번도 느껴 보지 못한 크나큰 평화가 있을 것이다.

그것은 사라져 버린다. 이것은 아주 소수의 사람들만이 깨달은 사실이다. 지껄임과 두려움과 혼란, 이 내적 에너지들의 끊임없는 동요, 이 모두를 멈추게 할 수 있다. 당신은 자신을 보호해야만 한다고 생각했다. 그래서 근처에 지나가는 것들을 붙들고 그것으로써 자신을 가려서 숨겼다. 손에 닿는 것을 닥치는 대로 잡아서 뭔가 견고하고 든든한 것을 지어내기 위해서 집착을 시작했다. 하지만 당신은 붙잡고 있는 것을 놓아 보내고 이 게임을 그만둘 수 있다. 다만 모두 놓아 보내고 돌아서서, 당신을 여기까지 몰아왔던 두려움을 직면하는 모험을 감행

해야만 한다. 그러면 당신은 당신의 그 부분을 지나갈 수 있고, 그러면 모든 것은 끝난다. 그것은 사라질 것이다. 더 이상 발버둥 칠 필요가 없다. 평화만이 있을 뿐이다.

  이 여정은 당신이 가지 않으려고 발버둥 쳤던 바로 그곳을 지나가는 여정이다. 그 혼란의 소용돌이를 지나갈 때, 당신의 유일한 안식처는 의식 그 자체이다. 당신은 다만 엄청난 변화가 일어나고 있다는 것만을 인식할 것이다. 견고한 것은 아무것도 없다는 것을 깨달을 것이고, 거기에 익숙해지고 편안해질 것이다. 하루의 순간순간이 절로 펼쳐지고 당신은 그것을 어떻게 할 수도, 붙잡을 수도 없음을 깨달을 것이다. 당신에게는 어떤 관념도, 희망도, 꿈도, 믿음도, 안전도 없다. 일어나고 있는 일에 대해 더 이상 마음속에 틀을 만들어내지 않는다. 그래도 삶은 펼쳐진다. 그저 그것을 인식하고 있기만 해도 그보다 더 편안할 수가 없다. 이 순간이 이렇게 오고 있고, 그 다음엔 그 다음 순간이 온다. 하지만 그것은 사실 늘 일어났던 일이다. 당신의 의식 앞으로 순간순간이 꼬리를 물고 지나가고 있었다. 다른 점은, 이제 당신은 그것이 일어나는 것을 그저 지켜보고 있다는 것이다. 지나가는 이 순간들에 마음과 감정이 반응하고 있지만 당신은 그것을 멈추려 들지 않고, 아무것도 하지 않는 것을 스스로 알아차리고 있다. 당신은 그것을 제어하려 하지 않는다. 그저 자신의 안과 밖에서 삶이 펼쳐지도록 내버려 두고 있다.

이 길에 나서면 당신은 펼쳐지는 순간들이 어떻게 두려운 느낌을 가져오는지를 정확히 지켜볼 수 있는 경지에 도달할 것이다. 이렇게 선명한 자리로부터 당신은 자신을 보호하려는 강한 습성을 경험할 수 있을 것이다. 이 습성은, 당신에게는 실로 아무런 통제력이 없기 때문에, 그리고 그것이 편안하게 느껴지지 않아서 생겨난 것이다. 하지만 진정으로 이것을 돌파하고자 한다면 자신을 그로부터 보호하려 하지 말고 그저 그 두려움을 기꺼이 지켜볼 수 있어야만 한다. 자신을 보호하려는 바로 이 충동으로부터 당신의 온 인격이 형성되어 왔음을 두 눈으로 똑똑히 지켜볼 수 있어야만 한다. 그것은 두려운 느낌으로부터 도망가기 위해 쌓아올린 생각과 감정의 덩어리이다. 당신은 이제 마음의 뿌리를 눈앞에 직면하고 있는 것이다.

아주 깊이 들어가면 마음을 지어내고 있는 현장을 목격할 수 있다. 당신은 텅 빈 무한 공간의 한가운데에 있고 이 모든 내면의 대상들이 당신을 향해 흘러오는 것을 볼 것이다. 생각, 느낌, 세속적 경험의 인상들이 모두 당신의 의식 속으로 쏟아져 들어온다. 당신은 그것을 자신의 통제력 하에 둠으로써 이 흐름으로부터 자신을 보호하려는 습성을 분명히 목격할 것이다. 그것이 흘러 지나갈 때, 어떤 특정한 사람, 장소, 사물의 인상에 주의가 기울고, 그것을 붙들려고 하는 저항할 수 없이 강한 습성이 있다. 그 마음의 이미지들에 주의가 기울여지면 그것이 아무것도 없던 곳에다 복잡한 구조물을 이루어내는 것을 보게 될 것이다. 당신이 여태껏 붙들고 있었던 열 살 때의 기억을 발견할 것이다. 모든 기억을 한데다 가지런히 끌어모아 놓고서 그것이 문자 그대로 자기라고 주장하는 당신을 발견할 것이다. 그러나 당신은 그 사건들이 아니라 그 사건들을 경험한 그다. 당신을 어떻게 당신에게 일어난 일들이라고 정의할 수가 있겠는가? 당신은 그것이 일어나기 이전에 이미 자신의 존재를 인식하고 있었다. 당신은 그 안에서 이 모든 것을 하고, 이 모든 것을 보고, 이 모든 것을 경험하고 있는 그다. 자신을 지어낸다는 명분으로 경험을 붙들고 있을 필요가 없다. 그것은 당신이 마음속에서 지어내고 있는 그릇된 자아이다. 그것은 당신을 뒤로 숨겨 주는 자아 관념의 덩어리일 뿐이다.

당신은 그것을 그대로 지탱하려고 애쓰면서 얼마나 오랫동안 그 뒤에 숨어 있었는가? 그 보호의 틀에 언제고 무슨 문제가 생기면 당신은 그것을 방어하고 합리화한다. 문제를 처리하거나 어떻게든 지나가게 할 때까지 마음은 발버둥을 그치지 않는다. 자신의 존재에 위협을 느끼면서 지배권을 되찾을 때까지 싸운다. 이 모두가 아무것도 없는 곳에다 견고한 무엇을 지어내려고 했기 때문이다. 이제 우리는 그것을 유지하기 위해 싸워야 한다. 하지만 문제는, 그렇게 해서는 해답이 없다는 사실이다. 그 몸부림 속에는 승리도 없고 평화도 없다. 모래 위에다 집을 짓지 말라는 말을 누구이 들었을 테지만, 이것은 가장 깊은 모래다. 사실 당신은 텅 빈 허공에다 집을 지은 것이다. 그것에 집착한다면 당신은 평생 끊임없이 자신을 방어해야 할 것이다. 모든 사람과 모든 것들을 정렬시켜서 현실에 대한 당신의 관념적 틀 속에 끼워 맞춰야만 할 것이다. 이것은 끝도 없는 몸부림이다.

영적으로 산다는 것은 이 몸부림에 끼어들지 않는 것을 뜻한다. 이 말은, 이 순간에 일어나는 일은 이 순간에 속한 것임을 뜻한다. 그것은 당신의 것이 아니다. 그것은 당신과 아무런 상관이 없다. 당신은 그것과 연루시켜서 자신을 정의하기를 멈추고 그것이 왔다가 가도록 그냥 내버려 둬야 한다. 사건들이 당신 내면에 각인을 남기게 하지 마라. 나중에 자신이 그것에 대해 생각하고 있는 것을 발견한다면 그저 놓아 보내라. 당신의 관념적 틀에 맞지 않는 사건이 일어나서 그것을 그 틀에다 끼워 맞추려고 애쓰고 합리화하는 자신을 발견한다면 그렇게 하고 있는 자신을 그저 알아차려라. 우주의 한 사건이 당신의 틀에 맞아 들지 않았고 그것이 당신에게 불편한 느낌을 주고 있는 것이다. 이것을 그저 알아차리기만 하고 있으면 그것이 사실은 당신의 틀을 깨어주고 있다는 사실을 깨닫게 될 것이다. 당신은 그 틀을 가지고 있기를 원하지 않으므로 결국 이것을 좋아하게 될 것이다. 당신은 이것을 '좋은 것'으로 정의하게 될 것이다. 왜냐하면 더 이상 외면을 꾸미고 고착시키는 일에 에너지를 쏟고 싶지 않기 때문이다. 그 대신 사건들로 하여금 당신의 틀을 깨어서 당신을 해방시켜 주는 다이너마이트 역할을 하게 할 것이다. 이것이 영적으로 산다는 것의 의미이다.

정말 영적으로 살면 당신은 보통사람들과 완전히 달라진다. 다른 모든 사람들이 원하는 것을 당신은 원하지 않는다. 다른 모든 사람들이 싫어하는 것들을 당신은 온전히 받아들인다. 자신의 틀이 깨지기를 원하고, 자기 안에 혼란을 일으키는 일이 일어날 때 그 경험을 소중히 받아들인다. 타인이 하는 말이나 행동이 왜 당신을 불편하게 하는가? 당신은 망망한 허공 속을 도는 한 행성 위에 있다. 당신은 여기에 단지 몇십 년을 머물다 떠날 것이다. 어떻게 매사에 열을 올리며 살 수가 있는가? 그러지 말라. 매사에 불편을 느낀다면 당신의 틀이 모든 일과 부딪힌다는 것을 의미한다. 그것은 당신이 멋대로 정의해 놓은 현실을 통제하기 위해 당신이 지어낸 그릇된 부분이 모든 일과 마찰을 일으키고 있음을 뜻한다. 만일 그 틀이 현실을 정확히 반영하고 있다면 당신이 경험하는 현실은 왜 거기에 들어맞지 않는가? 마음속에서는 현실이라 부를 수 있는 것을 결코 지어낼 수가 없다.

심리적 혼란 속에서 평화로울 수 있는 법을 배워야 한다. 마음이 분주히 움직이면 그저 그것을 주시하라. 가슴이 뜨거워지기 시작하면 거쳐야 할 것을 거쳐 가게 하라. 마음이 바빠지고 있고 가슴이 뜨거워지고 있음을 알아차릴 수 있는 당신의 부분을 발견하려는 노력을 기울여라. 그 부분이 당신의 탈출구이다. 틀을 만들어내는 것으로는 탈출할 수가 없다. 내적 자유로 가는 유일한 길은 지켜보는 자, 참나를 통한 길뿐이다. 참나는 그저 마음과 감정이 해체되는 것을, 그리고 그것을 아무것도 막으려 들지 않는 것을 알아차리고 있을 뿐이다.

물론 이것은 고통스러울 것이다. 이 모든 마음의 구조물을 지어낸 이유가 고통을 피하기 위한 것이었다. 그것이 무너지게 내버려 두면 그것을 지을 때 회피했던 그 고통을 느끼게 될 것이다. 이 고통을 기꺼이 직면할 수 있어야만 한다. 밖으로 나오는 것이 두려워서 요새 안에다 자신을 가둬 두었다면, 온전한 존재를 경험하고자 한다면 그 두려움을 직면해야 할 것이다. 그 요새는 당신을 보호해 주기보다는 꼼짝달싹 못하게 가둬 놓을 것이다. 자유로워지고자 한다면, 삶을 진정으로 경험하고자 한다면 거기서 나와야만 한다. 붙들고 있는 것을 놓고 당신을 마음으로부터 해방시켜 줄 정화 과정을 겪어야만 한다. 마음을 그저 있는 그대로 지켜보기만 하는 것으로써 그렇게 할 수 있다. 탈출로는 의식을 통해 가는 길이다. 마음의 혼란을 나쁜 경험으로 규정하기를 그치고 그저 그 배후에 느긋이 머물러 있을 수 있는지를 보라. 마음이 혼란스러울 때 '이 일을 어떡하지?' 하고 허둥대며 나서지 말라. 대신 마음의 혼란을 인식하는 그것이 무엇인지를 가만히 느껴 보라.

시간이 가면 당신은 혼란을 지켜보고 있는 그 중심 자리는 결코 혼란되지 않는다는 사실을 깨닫게 될 것이다. 만일 그것이 혼란된 듯이 보인다면 그저 그 혼란을 알아차리고 있는 그것이 무엇인지를 느껴 보라. 그러면 결국 혼란이 멈출 것이다. 그러면 당신은 존재의 깊은 곳으로 느긋이 물러앉아 마음과 가슴이 최후의 혼란을 일으키는 모습을 지켜볼 수 있게 될 것이다. 그런 경지에 이르면 당신은 초월한다는 것이 무엇을 뜻하는지를 이해하게 될 것이다. 의식은 자신이 인식하는 대상을 초월해 있다. 빛이 대상을 무심히 비추듯이, 의식은 대상을 무심히 인식할 뿐, 대상과 아무런 관계가 없다. 당신은 의식이다. 그리고 모든 것의 배후에 느긋이 머물러 있음으로써 자신을 모든 것으로부터 해방시킬 수 있다.

영속적인 평화와 기쁨과 행복을 원한다면 내면의 혼란을 뚫고 건너편으로 가야만 한다. 원하기만 한다면 언제나 사랑이 물결처럼 차오르는 그런 삶을 살 수 있다. 그것이 당신 존재의 본성이다. 그저 마음의 건너편으로 가기만 하면 된다. 집착의 습성을 놓아 버림으로써 그렇게 할 수 있다. 마음으로써 가짜 덩어리를 지어내기를 그침으로써 그렇게 할 수 있다. 그저 끊임없이 놓아 보내는 이 해방의 여정을 떠나기로 굳게 결심하라.

이쯤에 이르면 여행이 매우 빨라진다. 당신은 늘 두려움에 떨고 있는 당신의 어떤 부분을 경험하게 될 것이다. 그리고 당신의 그 부분이 현상유지를 위해서 얼마나 끊임없이 발버둥을 치고 있는지를 목격할 것이다. 그 부분에 먹이를 주지 않으면, 그저 놓아 보내어 집착하지 못하게 하면 마침내 당신은 그 가짜 덩어리에서 떨어져 남게 될 것이다. 이것은 당신이 '하는' 일이 아니라 당신에게 '일어나는' 일이다.

당신의 유일한 탈출구는 그저 지켜보는 것이다. 자신이 인식함을 알아차림으로써 그저 계속 놓아 보내라. 어둡고 우울한 기간이 오면 그저 이렇게 물어 보라. '이 어둠을 누가 인식하는가?' 이것이 내적 성장의 온갖 관문들을 통과하는 방법이다. 그저 계속 놓아 보내라. 그리고 당신은 여전히 거기에 있음을 늘 알아차리라. 어두운 마음을 놓아 보냈을 때, 밝은 마음을 놓아 보냈을 때, 그리하여 더 이상 어떤 것에도 집착하지 않을 때 당신은 모든 것이 당신의 배후로부터 열리는 어떤 상태에 도달할 것이다. 당신은 당신 앞의 사물을 인식하는 데 익숙해 있었다. 이제 당신은 의식의 자리 뒤에 펼쳐진 우주를 인식하게 된다.

당신의 뒤에는 아무것도 없는 것처럼 보였다. 당신은 눈앞을 지나가는 생각과 감정으로써 마음의 틀을 지어내는 일에 골몰해 있었기 때문에 내면의 광활한 공간은 인식하지 못했다. 당신의 배후에 온 우주가 있다. 그쪽을 보지 않고 있었을 뿐이다. 모든 것을 기꺼이 놓아 보내면 당신은 그 뒤에 남아 에너지의 대양 속으로 잠길 것이다. 당신은 빛으로 가득 찰 것이다. 어둠 없는 빛으로, 초월적 평화로 충만할 것이다. 그러면 이 내면의 힘이 당신을 먹이고 부양할 것이며, 당신은 이 깊은 내면으로부터의 흐름의 인도를 받으며 나날의 매 순간을 걸어갈 것이다. 생각과 감정과 자아 관념은 여전히 내면의 공간을 떠돌다 니지만 그것은 당신이 경험하는 아주 작은 부분에 지나지 않을 것이다. 당신은 참나의 느낌 외에 그 어떤 것과도 자신을 동일시하지 않을 것이다.

　한번 이 경지에 이르면 다시는 그 무엇에 대해서도 걱정할 필요가 없어질 것이다. 창조의 힘이 당신의 내부와 외부에서 창조의 드라마를 스스로 펼쳐낼 것이다. 당신은 그 모두의 너머에서, 하지만 그 모두를 존중하면서 평화와 사랑과 자비 속에 떠 있을 것이다. 온 우주에 편만한 당신의 참 존재가 평화로우니, 이제 그 가짜 덩어리는 소용이 없어진다.

PART 5

# 삶을 살기

## 제15장

# 조건 없이 행복하기

가장 높은 영성의 길은 삶 그 자체이다. 나날의 삶을 어떻게 살아가야 할지만 안다면 모든 것이 해탈의 경험이 될 것이다. 하지만 무엇보다, 혼란 속을 헤매지 않으려면 올바른 방법으로 삶에 접근해야 한다. 먼저, 이 삶에서 선택할 수 있는 것은 단 한 가지밖에 없다는 것을 알아야 한다. 그것은 경력이나 배우자나, 신을 찾을지 말지에 관한 것이 아니다. 사람들은 온갖 잡다한 선택으로써 자신에게 스스로 짐을 지운다. 하지만 결국은 그것을 모두 내려놓고 가장 밑바닥의 근본적이고 유일한 선택을 감행할 수 있다. 그것은 다름 아니라, 당신은 행복하기를 원하는가, 원하지 않는가이다. 간단하다. 하지만 이 결정을 내리고 나면 인생길이 너무나 분명해진다.

대부분의 사람들은 이 결정을 내릴 엄두를 내지 못한다. 왜냐하면 그것은 자신이 선택할 수 있는 문제가 아니라고 생각하기 때문이다. 어떤 사람은 이렇게 말할 것이다. "글쎄, 그야 물론 행복하기를 원하지요, 하지만 마누라가 집을 나가버렸는걸요." 달리 말해서, 마누라가 집을 나가지 않았다면 행복하기를 원했으리라는 뜻이다. 하지만 질문은 그게 아니다. 질문은 아주 단순히, '당신은 행복하기를 원하는가, 원하지 않는가?'이다. 이렇게 단순하게 놓고 생각해 보면 그것은 정말 당신이 선택할 수 있는 문제임을 깨달을 것이다. 마음속 뿌리 깊은 기호가 끼어들지만 않는다면 말이다.

당신이 낯선 곳에서 길을 잃고 헤매느라 며칠 동안 아무것도 못 먹었다고 하자. 그러다 마침내 길을 찾았다. 기진맥진한 상태지만 당신은 간신히 몸을 끌고 어느 집 현관 앞까지 가서 문을 두드린다. 주인이 문을 열고 당신을 발견하고는 말한다. "맙소사! 이런 일이 있나! 배고프지 않아요? 뭘 먹고 싶어요?" 사실 당신은 무엇을 먹든지 상관없다. 그런 건 생각하기조차 귀찮다. 당신은 그저 이렇게 내뱉는다. "음식!" 이 절실한 한마디는 마음속의 모든 기호를 떠나 있다. 행복에 관한 질문도 마찬가지다. 질문은 단순히, '당신은 행복하기를 원하는가?'이니, 그 대답이 진정으로 '그렇다'라면 거기에 조건을 달지 말라. 사실 이 질문이 정말 의미하는 것은, '당신은 지금부터 남은 평생 동안 어떤 일이 생기든 간에 행복하기를 원하는가?'이다.

당신이 그렇다고 했다고 치자. 그런데 아내가 집을 나가거나 남편이 죽거나 주가가 폭락하거나 자동차가 밤중의 고속도로에서 고장 날지도 모른다. 이런 사건은 지금부터 당신의 삶이 끝날 때까지 언제든지 일어날 수 있다. 하지만 영적인 길을 가고자 한다면 이 단순한 질문에 그렇다고 대답할 때, 진심으로 말해야 한다. 거기에는 '만일'이나 '그리고'나 '하지만'은 있을 수 없다. 이것은 행복이란 것이 당신이 선택할 수 있는 문제냐 아니냐 하는 질문이 아니다. 그야 물론 당신의 선택에 달린 문제다. 진짜 문제는, 당신이 행복하기를 원한다고 말할 때, 진심으로 말하지 않는다는 데에 있다. 당신은 거기에 조건을 달고 싶어 한다. 이런 일, 혹은 저런 일만 일어나지 않는다면 행복하기를 원한다고 말하고 싶어 한다. 이 때문에 행복이 당신의 손에 달려 있지 않은 것처럼 보이는 것이다. 그러면 당신이 만들어내는 모든 조건이 당신의 행복을 제약할 것이다. 일을 당신이 원하는 대로 풀려가게 할 힘을 가지지 못할 것이다.

조건 없는 대답을 해야 한다. 지금부터 평생을 행복하게 살기로 마음먹는다면 당신은 행복하기만 할 뿐 아니라 깨달음을 얻을 것이다. 조건 없는 행복은 가장 수준 높은 기술이다. 산스크리트어를 배우거나 경전을 읽을 필요는 없다. 출가수행을 할 필요도 없다. 다만 행복하기를 선택한다고 말할 때, 진정으로 말할 수 있어야 한다. 어떤 일이 일어나도 상관없이 진정으로 그 말을 해야 한다. 이것은 실로 영적인 길이다. 그리고 가장 직접적이고 확실한 깨달음의 길이다.

조건 없이 행복하기를 원하노라고 마음을 먹고 나면 어김없이 당신을 시험하는 일들이 일어날 것이다. 당신의 각오에 대한 이 시험이야말로 영적 성장을 재촉해 준다. 사실 이 길을 가장 높은 길이 되게 하는 것은 당신의 각오에 아무런 조건이 없다는 점이다. 그것은 이처럼 단순하다. 하지만 당신은 그 맹세를 깨어야 할지 말아야 할지를 고민하게 될 것이다. 만사가 잘 풀리고 있을 때는 행복하기가 쉽다. 하지만 어려운 일이 생기는 순간, 그것은 그리 호락호락하지 않아진다. 당신은, '이런 일이 일어날 줄은 몰랐잖아. 비행기를 놓치리라고는 생각도 못했어. 샐리가 나와 똑같은 옷을 입고 파티에 나올 줄은 몰랐어. 새 차를 산 지 한 시간도 안 됐는데 누가 흠집을 내놓을 줄을 어떻게 알았겠어?' 하고 투덜대는 자신을 발견할 것이다. 당신은 그런 일이 일어났다고 해서 정말 행복의 맹세를 깰 작정인가?

당신이 아직 상상하지도 못한 온갖 일들이 일어날 수 있다. 질문은 그런 일들이 일어날 것인가 말 것인가 하는 것이 아니다. 그런 일은 일어나게 되어 있다. 질문은 어떤 일이 일어나든 상관없이 행복하기를 원하는가, 원하지 않는가 하는 것이다. 삶의 목적은 경험을 즐기고 거기서 뭔가를 배우는 것이다. 당신은 고생하려고 지구에 태어난 것이 아니다. 비참해지는 것은 아무에게도 도움이 되지 않는다. 당신의 사상적 신조와는 상관없이, 당신이 태어났고 또 죽을 것임은 엄연한 사실이다. 당신은 그 사이의 경험을 즐길 것인지 말 것인지를 택해야만 한다. 일어나는 사건들은 당신이 행복할 것인지 말 것인지를 결정하지 못한다. 그것은 단지 사건들일 뿐이다. 행복할 것인지 말 것인지는 당신이 결정하는 것이다. 그저 살아 있다는 것만으로 행복할 수도 있다. 이런 모든 일들이 일어나는 것 자체에 행복해할 수도 있다. 그리고 죽는다는 것에 행복해할 수도 있다. 이렇게 살 수 있다면 가슴은 활짝 열리고 마음은 너무나 자유로워져서 하늘로 솟아오를 것이다.

이 길은 절대적 초월로 당신을 인도할 것이다. 왜냐하면 행복의 맹세에 조건을 달려고 하는 당신 존재의 모든 부분들을 버려야만 할 것이기 때문이다. 행복하기를 원한다면 통속소설을 쓰고 싶어 하는 당신의 부분들을 놓아 보내야만 한다. 그것은 행복하기 위해서는 이유가 있어야 한다고 생각하는 당신의 부분이다. 당신은 개인적인 것들을 초월해야 하고, 그렇게 할 때 절로 존재의 높은 측면 속으로 깨어날 것이다.

따져보면 삶의 경험을 즐기는 것이야말로 할 수 있는 유일하고 이성적인 일이다. 당신은 광활한 허공 속을 돌고 있는 한 행성 위에 앉아 있다. 현실을 잘 들여다보라. 당신은 영원 속을 명멸하는 우주의 빈 공간 속을 떠다니고 있다. 어차피 이곳에 머물러야만 한다면 최소한 행복하게 그 경험을 즐기는 편이 낫다. 결국은 당신도 죽을 것이다. 어쨌든 일어날 일들은 일어날 것이다. 행복하지 못할 이유가 무엇인가? 인생사로 괴로워해 봤자 득 될 것은 하나도 없다. 그것이 세상을 바꿔 주지 않는다. 고통스럽기만 할 뿐이다. 당신이 허용하기만 하면 당신을 괴롭힐 일들은 언제나 생길 것이다.

삶을 즐기겠다는 이 선택은 당신을 영적 여정으로 안내할 것이다. 사실 그것은 그 자체가 영적 스승이다. 조건 없이 행복하기로 결심하는 것 자체가 자신에 대해서, 타인들에 대해서, 그리고 삶의 본질에 대해서 배워야 할 모든 것을 낱낱이 가르쳐 줄 것이다. 당신은 자신의 마음과 가슴과 의지에 대해 모든 것을 배울 것이다. 하지만 남은 평생을 행복하겠다고 말할 때, 진정으로 말해야만 한다. 당신의 한 부분이 불행해지려 할 때마다 그것을 놓아 보내라. 이 일을 열심히 실천하라. 열려 있도록 도와주는 것이라면 무엇이든지 하라. 각오만 서면 아무것도 당신을 막을 수 없다. 무슨 일이 생기든지 당신은 그 경험을 즐기기로 선택할 수 있다. 누가 당신을 굶기고 독방에 가두더라도 간디처럼 그저 기꺼이 경험하라. 어떤 일이 일어나든지 그저 당신 앞의 삶을 즐겨라.

무척 어려운 일처럼 들릴지는 모르겠지만, 그렇게 하지 않는다고 해서 나아질 것도 없지 않은가? 당신이 아무런 죄도 없는데 감옥에 갇히게 됐다면 즐기는 편이 낫다. 즐기지 않는 것이 무슨 득이 되겠는가? 그래 봤자 바뀌는 것은 없다. 결국 행복하게 남아 있으면 당신이 이긴 것이다. 그것을 당신의 게임으로 삼으라. 어떤 일이 생기든 간에 그저 늘 행복하라.

늘 행복하기 위한 열쇠는 정말 단순한 것이다. 당신 내부의 에너지를 이해하는 것에서부터 출발하라. 내면을 잘 살펴보면, 행복할 때 가슴이 열리고 에너지가 속에서 올라오는 것을 느낀다. 행복하지 않을 때는 가슴이 닫히고 에너지가 올라오지 않는다. 그러니 그저 늘 행복해하고, 가슴을 닫지 마라. 어떤 일이 일어나든지, 설사 아내가 집을 나가거나 남편이 죽더라도, 결코 가슴을 닫지 마라.

이런 경우에는 가슴을 닫아야 한다는, 그런 법은 없다. 그저 자신에게, 어떤 일이 일어나더라도 가슴을 닫지 않으리라고 말하라. 당신은 정말 그럴 수 있는 선택권을 가지고 있다. 가슴이 닫히기 시작하면 그저 자신에게 행복을 정말 기꺼이 포기할 작정인지를 물어보라. 당신 속에서 닫는 편이 이득이라고 믿는 그것이 무엇인지를 잘 들여다봐야 한다. 당신은 약간만 삐끗해도 덜렁 행복을 포기한다. 정말 좋은 날인데 출근길에 누가 끼어들기를 했다. 당신은 정말 화가 치밀어서 하루 종일 기분이 안 좋았다. 왜일까? 이 질문을 자신에게 들이대라. 그것이 하루를 망치도록 내버려 두는 것이 무슨 득이 되었는가? 아무런 이득도 없었다. 누군가가 끼어든다. 그저 지나 보내고 계속 가슴을 열어 놓으라. 진정으로 원하기만 한다면, 당신은 할 수 있다.

이 조건 없는 행복의 길을 택하면 당신은 요가의 모든 다양한 단계들을 거치게 될 것이다. 당신은 항상 중심에서 일념으로 의식이 깨어 있는 상태를 유지해야 한다. 삶을 전적으로 수용하는 열린 상태로 살고자 하는 일념을 유지해야만 한다. 당신이 이것을 할 수 없다고 하는 사람은 아무도 없다. 가슴을 열고 살라는 것은 위대한 성자들과 스승들이 줄곧 해온 가르침이다. 그들은, 신은 기쁨이고 황홀경이며 사랑이라고 가르쳤다. 가슴을 늘 열고 있으면 존재를 들어 올려 주는 에너지의 물결이 가슴을 가득 채울 것이다. 영적 수행은 그 자체가 목적이 아니다. 항상 열려 있을 정도로 마음이 깊어지면 수행이 열매를 맺는다. 항상 열려 있기를 터득하면 엄청난 일들이 벌어질 것이다. 그저 닫지 않기만을 터득하라.

열쇠는, 마음을 부단히 훈련시켜서 이번만은 닫는 것이 좋겠다는 생각에 속아 넘어가지 않도록 하는 것이다. 만일 넘어진다면 다시 일어나라. 넘어지는 순간, 마음이 지껄임을 시작하는 순간, 가슴이 닫히고 자신을 방어하기 시작하는 순간 다시 일어나라. 그저 자신을 일으키고, 어떤 일이 일어나도 가슴을 닫기를 원하지 않노라고 마음속으로 다짐하라. 당신이 원하는 것은 오로지 평화와 삶의 음미임을 확인하고 다짐하라. 다른 사람들의 행동이 당신의 행복을 좌우하기를 당신은 원치 않는다. 당신의 행복이 당신 자신의 행동에 좌우되는 것도 원치 않는다. 행복을 조건적인 것으로 만들기 시작하면 문제가 따라온다.

온갖 일들이 일어나고 가슴을 닫고 싶어질 것이다. 하지만 당신은 거기에 빠져들 것인지 놓아 보낼 것인지를 스스로 결정할 수 있다. 마음은 이런 일이 일어나는데도 가슴을 열고 있는 것은 해롭다고 말할 것이다. 하지만 인생은 짧고, 정말 해로운 것은 인생을 즐기지 못하는 것이다.

이것을 상기하기가 어려워질 때는 명상을 하라. 명상은 의식의 중심을 확고하게 잡아서 가슴이 닫히지 않도록 늘 깨어서 지키게 해준다. 닫으려고 하는 습성을 버리고 모든 것을 그저 놓아 보냄으로써 늘 가슴을 열고 있으라. 가슴이 긴장되고 위축되기 시작하면 그것을 그저 알아차리고 이완하라. 늘 광채를 발하고 있어야 하는 것은 아니다. 당신은 그저 내면의 기쁨을 느낄 뿐이다. 전개되는 온갖 상황들에 대해 불평하는 대신 그냥 흥미롭게 즐기는 것이다.

조건 없는 행복은 매우 높은 길이요, 기술이다. 그것은 모든 문제를 해결해 준다. 명상과 요가 자세를 배울 수도 있지만 남는 시간은 무엇을 하고 지낼 텐가? 조건 없는 행복의 기술은 당신이 삶의 남은 시간 동안 무엇을 할 것인지를 정해 준다는 점에서 이상적이다. 그 할 일이란, 늘 행복하기 위해 자신을 놓아 보내는 것이다. 영성에 관한 한 당신은 매우 빠르게 성장할 것이다. 이것을 날마다 순간순간마다 실천하는 사람은 가슴이 정화되는 것을 느끼게 될 것이다. 닥쳐오는 사건들에 더 이상 말려들지 않기 때문이다. 마음도 정화되는 것을 느끼게 될 것이다. 마음의 통속극에 더 이상 빠져들지 않기 때문이다. 그 자신은 아무것도 모르고 있더라도 샥티가 각성될 것이다. 인간이 상상할 수 없는 행복을 맛보게 될 것이다. 이 길은 나날의 삶을 해결하고 영적 삶의 문제를 해결해 준다. 사람이 신께 바칠 수 있는 가장 큰 선물은 그가 창조한 것을 기꺼이 즐기는 것이다.

당신은 신이 행복한 사람들 곁에 있는 것을 흐뭇해하리라고 생각하는가, 아니면 비참한 사람들 곁에 있기를 흐뭇해하리라고 생각하는가? 그것을 알기는 어렵지 않다. 당신이 신이라고 상상하고, 생각해 보라. 당신은 스스로 경험하고 즐기기 위해 하늘과 땅을 창조했다. 그리고 이제 인간들이 어떻게 지내는지 살펴보려고 내려가고 있다. 맨 처음 만난 인간에게 신이 묻는다.

'잘 지내는가?'
그는 이렇게 대꾸한다. '잘 지내느냐니, 무슨 말씀입니까?'
'이곳이 마음에 드냐는 말이네.'
'아니오. 마음에 안 듭니다.'
'왜 그런가? 무엇이 잘못됐는가?'
'저 나무는 다섯 군데나 구부러졌어요. 난 저것이 똑바르면 좋겠습니다. 이 사람은 다른 사람과 바람이 났고 저 아이는 전화를 많이 해서 요금이 백 달러나 나왔습니다. 이 사람은 나보다 좋은 차를 갖고 있고 저 사람은 옷을 이상하게 입어요. 아무튼 모든 게 지긋지긋합니다. 게다가 내 코는 너무 크고 귀는 너무 작아요. 발가락은 또 이

상하게 생겼고. 이런 게 다 마음에 안 듭니다. 난 행복하지 않아요.'

'그럼 동물들은 어떤가?'

'동물들요? 개미와 모기는 사람을 무니 지긋지긋해요. 짐승들 때문에 밤에는 밖엘 나갈 수도 없고요. 그것들이 짖으면서 온 델 돌아다니거든요. 정말 마음에 안 듭니다.'

당신은 신이 이런 말을 듣고 좋아하리라고 생각하는가? 신은 말한다. '그대는 날 소비자 불만처리 상담원으로 아는구먼.' 그리고 그는 자리를 옮겨 다른 사람을 만나서 물어본다.

'잘 지내시는가?'

이 사람은 이렇게 대답한다. '환상적입니다.'

'그래? 무엇이 그렇게 좋은가?'

'아름다워요. 그저 보는 것들마다 제 안에 기쁨의 물결을 일으켜 놓는답니다. 저 굽은 나무를 보세요. 우리에게 절을 하고 있어요. 개미가 와서 저를 물어요. 이렇게 작은 생물이 나 같은 거인을 깨물 용기를 가졌다니 참 놀라워요!'

자, 신이라면 누구와 함께 있고 싶어 하겠는가? 요가 전통에서 고대로부터 내려오는 신의 이름 중 하나는 '사치타난다Satchitananda', 곧 영원한 의식의 지복이다. 신은 황홀이다. 신은 그 이상 더 높을 수가 없다. 신께 가까이 다가가고 싶다면 기뻐하기를 배워라. 어떤 일이 일어나더라도 스스로 행복하고 중심에 남아 있는다면, 당신은 신을 발견할 것이다. 이것이 놀라운 부분이다. 당신은 물론 행복을 발견할 것이다. 하지만 그것은 당신이 정말 발견하게 될 것에 비하면 아무것도 아니다.

불의 시험을 통과하여 그 어떤 일이 일어나도 그냥 놓아 보낼 수 있음을 완전히 확신하게 되면 인간적인 마음과 가슴의 베일이 떨어져 나간다. 당신은 당신을 초월한 것과 맞대면하게 된다. 왜냐하면 당신은 더 이상 당신에게 필요하지 않기 때문이다. 일시적이고 유한한 것을 가지고 실컷 놀고 나면 영원하고 무한한 것에 눈을 뜨게 된다. 그러면 '행복'이라는 말은 당신의 경지를 묘사할 수 없게 된다. 거기서 황홀경, 지복, 해탈, 열반, 대자유 등의 말이 등장한다. 환희가 엄습해 와, 당신의 잔이 넘친다.

그것은 아름다운 길이다. 행복하라.

## 제16장

# 저항을 다루는 법

스트레스와 문제와 두려움과 통속 드라마 없이 삶을 사는 법을 터득하는 것을 우리의 영적 수행으로 삼아야 할 것이다. 삶 자체를 통해 영적으로 진화해 가는 이 길이야말로 진정 가장 높은 길이다. 사실이지, 무엇이든 긴장하고 문제 삼아야 할 이유는 아무 데도 없다. 스트레스는 삶의 사건들에 저항할 때만 일어난다. 삶을 밀쳐내거나 자기에게 끌어당기려고 애쓰지 않는다면 저항이 일어나지 않는다. 당신은 그저 거기에 있다. 이런 상태에서는 삶의 사건이 일어나는 것을 그저 지켜보고 경험할 뿐이다. 이렇게 살기로 마음먹는다면 삶이란 아주 평화롭게 살 수 있는 것임을 깨달을 것이다.

삶이란 얼마나 경이로운 과정인가? 시공간을 흐르는 이 원자들의 흐름 말이다. 그것은 형체를 띠었다가는 즉시 그 다음 순간 속으로 해체되며 이어지는, 사건들의 영원한 펼쳐짐이다. 이 놀라운 삶의 힘에 저항하면 내면에 긴장이 일어나고, 그것은 몸과 마음과 영적 가슴속으로 침투해 쌓인다.

일상 속에서 스트레스와 저항을 일으키곤 하는 자신의 습성을 관찰하기는 어렵지 않다. 하지만 이 습성을 이해하고자 한다면 먼저 우리가 왜 삶을 그저 삶 자체로서 존재하도록 내버려 두기를 그토록 거리껴 하는지를 살펴봐야 한다. 있는 그대로의 삶에 맞서는 능력을 지닌 우리 내부의 그것은 무엇일까? 자신의 내면을 잘 살펴보면 힘을 지닌 그것은 당신, 참자아, 내면에 깃든 존재임을 알게 될 것이다. 그 힘은 의지력이라 불린다.

의지는 당신의 존재로부터 나오는 실질적인 힘이다. 그것이 팔과 다리를 움직이게 한다. 사지는 제 맘대로 움직이는 것이 아니다. 사지는 당신이 이렇게 저렇게 움직이도록 의지를 행사하기 때문에 그렇게 움직이는 것이다. 어떤 생각에 집중하고자 할 때도 당신은 이와 동일한 의지를 사용한다. 참자아의 능력이 집중되어 물질적, 정신적, 감정적 영역으로 보내지면 어떤 힘이 만들어지고, 우리는 그것을 '의지'라 부른다. 당신이 어떤 일이 일어나게 하거나 일어나지 않게 할 때 사용하는 것이 바로 이 힘이다. 당신은 무력하지 않다. 당신은 일에 영향을 미칠 수 있는 능력을 지니고 있다.

우리가 의지를 가지고 한다는 것이 어떤 것인지를 알면 놀랄 것이다. 우리는 자신의 의지력을 삶의 흐름을 거스르는 데에 발휘하고 있다. 좋아하지 않는 일이 일어나면 우리는 거기에 저항한다. 하지만 우리가 저항하는 일은 이미 일어났는데, 거기에 저항하는 것이 무슨 소용이 있겠는가? 가장 절친한 친구가 멀리 떠나 버리는 것을 좋아하지 않는 것은 당연하다. 하지만 그 사건에 대해 오래도록 마음속에 저항감을 품고 있어 봤자 친구가 떠나 버린 현실을 바꿔 놓지 못한다. 그것은 상황에 아무런 영향도 미치지 못한다.

사실은 그것이 실제 상황에 대한 저항이라고 주장할 수조차 없다. 예컨대, 누군가가 우리에게 나쁜 말을 한다고 해서 아무리 저항해 봤자 상황을 돌이킬 수는 없는 노릇이다. 사실 우리가 저항하고 있는 대상은 우리를 통과해 지나가는 사건의 경험이다. 그것이 우리 마음에 영향을 미치는 것을 원치 않는 것이다. 우리는 그것이 마음속에 이미 있는 것과 맞지 않는 정신적, 감정적 인상을 만들어 내리라는 것을 알고 있다. 그래서 그것이 마음과 가슴을 지나가는 것을 막으려고 그 사건의 영향력에 대항하는 의지력을 발동한다. 달리 말하자면, 어떤 사건의 경험은 감각이 그 사건의 관찰을 마침과 함께 끝나는 것이 아니다. 사건은 또한 에너지 차원에서 마음을 통과해야만 한다. 이것은 우리가 날마다 경험하는 과정이다. 사건을 맨 먼저 감각이 관찰하고, 그것이 우리의 정신적, 감정적 에너지 저장소를 건드리면 에너지의 움직임이 일어난다. 이 움직임은 마치 물리적 자극이 수면에 물결을 일으키는 것과도 비슷하게 마음을 지나간다. 놀랍게도 우리는 이 에너지의 움직임에 대항하는 능력을 실제로 가지고 있다. 의지력으로써 에너지의 전파를 멈출 수 있고, 이것이 긴장을 일으킨다. 단 하나의 사건, 혹은 단 하나의 생각이나 감정을 경험하지 않으려고 몸부림치다가 결국은 진이 다 빠져 버리는 지경에 이를 수도 있다. 당신도 이것을 너무나 잘 알고 있으리라.

결국 당신은 이 저항이 에너지의 엄청난 낭비임을 깨달을 것이다. 사실 우리는 대개 한두 가지 일에 저항하는 데에 의지를 사용한다. 이미 일어난 일, 그리고 아직 일어나지 않은 일이 그것이다. 당신은 마음속에 들어앉아서 과거의 인상, 아니면 미래에 대한 생각에 저항하고 있는 것이다. 이미 일어난 일에 저항하는 데에 얼마나 많은 에너지가 낭비되고 있는지를 생각해 보라. 그것은 이미 지나가 버린 일이므로 당신은 사건 자체가 아니라 자신과 씨름을 하고 있는 것이다. 그뿐인가, 일어날지도 모를 일에 저항하는 데에도 얼마나 많은 에너지가 낭비되고 있는지를 생각해 보라. 일어날지도 모른다고 생각하는 대부분의 일들이 실제로는 일어나지 않으므로 당신은 자신의 귀한 에너지를 마구 아무렇게나 버리고 있는 것이다.

자신의 에너지 흐름을 어떻게 다루느냐가 인생에 중대한 결과를 가져온다. 이미 일어난 사건의 에너지에 대항하여 의지력을 쓴다는 것은 잔잔한 호수에 떨어진 낙엽이 일으킨 물결을 멈추게 하려고 애쓰는 것과도 같다. 당신이 하는 짓은 무엇이든 더 많은 혼란만 일으켜 놓을 뿐이다. 저항하면 에너지는 갈 데가 없어진다. 그것은 마음속에 갇혀 있으면서 당신에게 심각한 영향을 미친다. 그것은 가슴에서 에너지 흐름을 막아 폐색되고 맥없는 기분을 만들어낸다. 뭔가가 마음을 짓누르고 부담스럽게 만들 때 일어나는 현상이 바로 이것이다.

이것이 인간의 곤경이다. 사건이 일어났고, 우리는 거기에 저항함으로써 그것의 에너지를 마음속에 계속 품고 있다. 당장 오늘의 일들을 대면할 때, 우리는 그것을 받아들일 준비도 되어 있지 않고 소화할 능력도 없다. 아직도 과거의 에너지와 씨름을 하고 있기 때문이다. 시간이 가면 그 에너지가 쌓이고 쌓여서 그 사람은 완전히 기운이 막혀서 쓰러져 버리는 지경에 이를 수도 있다. 이것이 기진맥진이라는 말이 뜻하는 것이다.

하지만 스트레스로 넘어갈 이유도 없고 기진맥진할 이유도 없다. 이 에너지가 속에서 쌓이도록 내버려 두지 않고 나날의 매순간이 당신을 지나가도록 허용하면 당신은 매순간을 완벽한 휴가를 보내는 것처럼 신선한 기분으로 보낼 수 있다. 스트레스와 문제를 일으키는 것은 삶의 사건들이 아니다. 그런 경험을 일으키는 것은 그것에 대한 당신의 저항이다. 삶의 현실이 당신을 지나가지 못하도록 저항하는 데 의지력을 씀으로써 문제가 일어난 것이므로, 해결책은 분명하다. 저항을 멈추는 것이다. 어떤 일에 굳이 저항하겠다면 최소한 그에 대한 합리적인 이유를 댈 수 있어야 한다. 그렇지 않다면, 당신은 몰이성적이게도 귀한 에너지를 낭비하고 있는 것이다.

저항의 과정을 기꺼이, 자세히 들여다보라. 저항이 일어나려면 뭔가가 당신이 좋아하지 않는 방식으로 전개되고 있다는 판단이 먼저 일어나야 한다. 온갖 사건들이 별일 없이 당신을 지나간다. 그런데 이것만은 왜 저항하기로 했는가? 그냥 지나 보낼 것인지, 의지력을 발동해서 밀쳐내든가, 아니면 부여잡을 것인지를 결정하기 위해서는 당신의 마음속에 뭔가 근거가 있어야 한다. 당신이 눈길도 주지 않는 일들이 무수히 많다. 날마다 운전을 하고 다니지만 당신은 건물과 가로수에 전혀 주의를 주지 않는다. 그것을 보지만 그것은 그냥 당신을 지나간다. 하지만 그것이 모든 사람에게 마찬가지라고 생각하지는 마라. 차선이 삐뚤빼뚤하면 차선 그리는 일이 직업인 사람은 아주 스트레스를 받을 것이다. 실제로 그는 그것이 너무나 거슬려서 그 길로는 두 번 다시 다니지 않을 수도 있다. 모든 사람이 동일한 일이나 문제에 저항을 보이는 것이 아님은 분명하다. 그것은 일이 어떻게 돌아가야 한다거나 그것이 얼마나 비중이 큰 문제인지에 대한 관념이 사람마다 다 다르기 때문이다.

스트레스를 이해하려면 당신이 일은 어떻게 돌아가야만 한다는 자신만의 고정관념을 가지고 있다는 사실을 깨닫는 것에서부터 시작해야 한다. 이미 일어난 일에 저항하여 의지를 발동하게 되는 것도 이 고정관념에서 비롯된 것이다. 당신은 이 고정관념을 어디서 주웠는가? 당신이 라일락이 만발한 모습을 보면 스트레스를 받는다고 하자. 물론 대부분의 사람들은 그렇지 않다. 그게 왜 당신만 괴롭히는가? 그건 간단하다. 라일락을 좋아해서 기르는 애인이 있었는데 그녀가 하필 라일락이 만발했을 때 떠나 버렸기 때문이다. 이제 당신은 라일락만 보면 가슴이 닫힌다. 그 근처에 가기도 싫다. 그것만 보면 절로 마음이 혼란해진다.

삶에서 일어나는 이런 개인적인 일들이 우리의 마음과 가슴속에 각인된다. 이 인상들은 저항 아니면 집착하기 위해 의지를 발동시키게 하는 근거가 된다. 그 이상은 없다. 그 사건은 어린 시절에 일어났을 수도 있고 다른 시절에 일어났을 수도 있다. 그것이 언제 일어났는지와는 상관없이 하여간 그것이 당신의 내면에 인상을 남겼다. 이제 당신은 이 과거의 인상에 근거하여 현재 일어나고 있는 사건에 저항한다. 이것이 내적 긴장과 혼란과 몸부림과 고통을 일으킨다. 이것을 깨달아 과거의 사건이 당신의 삶을 몰아가도록 놔두기를 거부하지 않고, 당신은 스스로 나서서 그 속으로 말려든다. 당신은 그것이 실제인 양 착각하여 저항이나 집착에 온 가슴과 영혼을 쏟아붓는다. 하지만 실은 이 모두가 아무런 의미도 없다. 그것은 당신의 삶을 파멸로 몰아갈 뿐이다.

해결책은 이 인상들과 그것이 일으키는 스트레스를 놓아 보내는 데에 삶을 이용하는 것이다. 이렇게 하려면 의식이 매우 깨어 있어야만 한다. 어떤 것에 저항하도록 부추기는 마음의 소리를 깨어서 주시해야만 한다. 그것은 실제로 이렇게 말한다. '그의 말이 마음에 안 들어. 고쳐 줘야 해.' 마음의 소리는 저항으로써 세상을 대하라고 충고한다. 그것을 왜 귀담아 듣고 있는가? 어떤 일이 일어나든, 그것을 다음 순간으로 끌고 가지 말고 기꺼이 당신을 지나가게 하는 것이 당신의 영적 수행의 길이 되게 하라. 그것은 일어나는 일을 외면한다는 뜻이 아니다. 그것을 맞이하여 대처하지만 먼저 그 에너지가 당신을 지나가게 하는 것이다. 그렇게 하지 않는다면 당신은 사실상 현재의 사건에 대처하는 것이 아니다. 당신은 과거로부터 갇혀 있던 에너지를 대면하고 있는 것이다. 당신은 맑은 의식의 자리로부터 일에 대처하는 것이 아니라 내적 저항과 긴장의 자리로부터 대처하는 것이다.

이것을 피하려면 모든 상황을 수용의 자세로 대하는 것부터 시작하라. 수용이란 사건이 저항 없이 당신을 지나가게 하는 것을 뜻한다. 어떤 일이 일어나서 당신의 마음을 아무 일 없이 지나가면 당신은 그 사건의 있는 그대로의 실제 상황과 대면하게 된다. 당신은 그 사건이 자극한 저장된 에너지가 아니라 실제 사건을 대하고 있으므로 과거로부터의 반응적 에너지를 일으키지 않을 것이다. 당신은 자신이 나날의 상황을 훨씬 더 잘 다룰 수 있게 된 것을 발견할 것이다. 앞으로 다시는 같은 식의 문제를 겪지 않게 되는 것이 실제로 가능하다. 그것은,

사건 자체는 문제가 아니기 때문이다. 사건은 그저 사건일 뿐이다. 그것에 대한 당신의 저항이야말로 문제를 일으키는 원인이다. 그러나 다시 말하지만 현실을 그냥 받아들이는 것이 일에 대처하지 않는 것을 뜻한다고는 생각하지 말라. 그것이야말로 진실로 일에 대처하는 것이다. 다만 당신은 그것을 개인적 문제로서가 아니라 지구 행성에 일어난 무수한 사건들 중의 하나로서 대처한다.

대부분의 상황에서 자기 자신의 두려움과 욕망 외에는 대처해야 할 것이 없음을 발견하게 되면 당신도 놀랄 것이다. 두려움과 욕망은 매사를 매우 복잡하게 만들어 놓는다. 어떤 일에 대해 두려움과 욕망이 없으면 문제될 것이 정말 없다. 당신은 그저 삶이 펼쳐지도록 놓아두고 이성적이고 자연스러운 태도로 그에 임한다. 그 다음 일이 일어나면 또 그 순간에 온전히 임하고 그저 삶의 경험을 즐긴다. 문제는 존재하지 않는다. 이 모두가 문제없는 상태, 긴장과 스트레스가 없는 상태, 기진맥진하지 않는 상태에 관한 것이다. 세상의 모든 일들이 당신을 유유히 지나갈 수 있게 된다면 당신은 깊은 영적 경지에 이른 것이다. 그러면 당신은 일어나는 모든 사건들 속에서도 막힌 에너지를 쌓아가지 않고 깨어 있을 수 있다. 그런 경지에 이르면 만사가 투명하고 확실해진다. 이에 반해 사람들은 자신의 반응과 개인적 기호와 씨름하면서 주변 세상을 어떻게 해보려고 애쓴다. 하지만 자신의 두려움과 불안과 욕망을 처리하기에 급급한데 실제로 일어나는 일에 대처할 에너지가 남아 있겠는가?

잠시 멈춰서 당신이 무엇을 성취할 수 있을지를 한번 생각해 보라. 지금까지 당신의 능력은 끊임없는 마음의 몸부림 때문에 제한되어 왔다. 당신의 의식이 오로지 실제로 일어나고 있는 사건에만 오롯이 집중할 수 있게 된다면 어떤 일이 일어날지를 상상해 보라. 마음속에서 지껄이는 소리는 더 이상 없을 것이다. 이와 같이 살면 어떤 일이든 해낼 수 있다. 당신의 능력은 과거에 경험한 것에 비할 수 없게 될 것이다. 이 정도 수준의 의식과 명료함을 지니고 모든 일에 임한다면 당신의 삶은 바뀔 것이다.

그러니 삶 속에서 저항을 놓아 보내는 이 수행을 당신의 길로 삼으라. 인간관계는 자신을 닦는 데 훌륭한 도구가 된다. 내부에 갇혀 있는 에너지의 요구를 만족시켜 주기 위해서가 아니라 상대방을 더 잘 알기 위해서 인간관계를 맺는다고 상상해 보라. 당신이 가지고 있는 좋아함과 싫어함에 대한 고정관념에다 사람들을 끼워 맞추려고 애쓰지 않는다면 인간관계가 아주 수월하다는 것을 발견할 것이다. 내면에 가둬 놓은 것들을 근거로 사람들을 심판하고 저항하기에 바쁘지 않다면 사람들을 사귀기가 훨씬 더 쉽다는 것을 깨닫게 될 것이다. 그리고 물론 당신도 다른 사람들에게 사귀기 편한 사람이 될 것이다. 자신을 놓아 보내는 것은 사람들과 가까워지는 가장 쉬운 길이다.

나날의 일에서도 마찬가지다. 나날의 일이 재미있어진다. 사실 일은 쉽다. 당신의 일이란 당신이 한 행성 위에서, 그것이 텅 빈 우주 공간 속을 돌아가고 있는 동안 낮 시간에 하는 일이다. 자신의 일에 만족하고 즐기고자 한다면 자신을 놓아 보내고 사건들이 당신을 지나 흘러가게 해야 한다. 다른 모든 것이 지나간 다음에 남아 있는 그것이 당신의 진정한 일이다.

개인적인 에너지가 모두 당신을 지나가고 나면 세상은 새로운 곳이 된다. 사람들과 사건들이 당신 앞에 새롭게 나타날 것이다. 자신이 이전에는 상상도 못했던 재능과 능력을 지니고 있음을 깨달을 것이다. 삶에 대한 시각도 완전히 바뀔 것이다. 세상 모든 것들이 변신한 것만 같이 보일 것이다. 이런 일이 일어나는 것은, 한 상황을 놓아 보내고 나면 다른 상황들을 더 명료하게 볼 수 있게 되기 때문이다. 예컨대, 당신이 개를 두려워한다고 하자. 당신은 다른 사람들은 개를 두려워하지 않는다는 것을 깨닫게 된다. 당신은 지금껏 내내 다른 사람이 겪지 않는 고난을 겪어온 것이다. 그래서 당신은 앞으로 개를 보면 긴장을 늦추고 두려움을 다뤄 보기로 마음먹는다. 저항을 다루는 방법은 긴장을 푸는 것이다. 개인적인 저항의 힘을 이완시키는 이 행위는 개와의 관계만 바꿔 놓는 것이 아니라 모든 것과의 관계를 바꿔 준다. 이제 당신의 영혼은 혼란을 일으키는 에너지를 지나가게 하는 방법을 터득했다. 나중에 누군가가 당신에게 욕을 하면 당신은 저절로 그것을 개에 대한 두려움을 다뤘던 것과 같은 방식으로 다루게 될 것이다.

저항의 힘을 이완시키는 이 과정은 당신 삶의 모든 일에 이로움을 준다. 가슴이 닫히려고 할 때 열려 있게 하는 법을 직접 가르쳐 주기 때문이다.

깊은 내면의 것들을 풀어놓는 것은 그 자체가 하나의 영적 수행이다. 그것은 비저항의 길, 받아들임의 길, 내맡김의 길이다. 그것은 에너지가 당신을 지나갈 때 저항하지 않는 길이다. 이것을 하기에 어려움이 있다고 해도 좌절하지 마라. 그저 끊임없이 노력하라. 이처럼 가슴이 열리어 완전하고 온전하게 된다는 것은 일생의 노력을 바쳐도 아깝지 않은 일이다.

비결은 그저 이완하고 풀어놓고 당신 앞에 놓인 것만을 다루는 것이다. 그 밖의 다른 것들은 걱정할 필요가 없다. 이완하고 풀어놓으면 그것이 당신을 놀라운 영적 성장 과정으로 데려다 준다는 것을 알게 될 것이다. 엄청난 양의 에너지가 내면에 일깨워지는 것을 느끼기 시작할 것이며 이전에 느꼈던 것보다 훨씬 더 큰 사랑을 느낄 것이다. 더욱 큰 평화와 만족을 느낄 것이고, 마침내는 아무것도 더 이상 당신을 혼란스럽게 만들지 못하게 될 것이다.

당신은 정말 남은 평생 동안 더 이상 아무런 스트레스도 긴장도 문제도 없는 그런 상태에 이를 수 있다. 당신은 다만 삶이 당신에게 선물을 주고 있으며, 그 선물이란 당신의 탄생으로부터 죽음에 이르는 동안 일어나는 사건들의 흐름임을 깨달아야 한다. 이 사건들은 당신을 흥분시키고 부추겨 엄청난 성장을 가져온다. 이 삶의 흐름을 편안하게 맞이하려면 당신의 가슴과 마음은 현실을 품을 수 있을 정도로 활짝 열리고 넓어져야만 한다. 그렇지 못한 유일한 이유는 당신이 저항하기 때문이다. 저항을 멈추기를 배우라. 그러면 스트레스를 주는 문제처럼 보였던 것이 영적 여행의 징검다리처럼 보이기 시작할 것이다.

## 제17장

# 죽음이 주는 의미

　삶의 가장 훌륭한 스승이 죽음이라는 사실은 실로 우주적인 역설이다. 어떤 사람이나 상황도 죽음만큼 많은 것을 가르쳐 주지 못한다. 누군가가 당신이 집착하고 있는 것들이 얼마나 하찮은 것인지를 깨우쳐 줄 수 있다고 한다면, 죽음은 그 모든 것을 순식간에 앗아가 버린다. 어떤 사람이 모든 인간은 인종과 빈부를 초월하여 동등하며 차별이 없음을 가르쳐 줄 수 있다고 한다면, 죽음은 단번에 만인을 동등한 위치에 가져다 놓는다.

　문제는, 죽음을 스승으로 모시게 될 마지막 순간까지 기다릴 작정이냐는 것이다. 죽음의 가능성, 단지 그것조차도 어느 순간에든 우리를 깨우쳐 줄 힘을 지니고 있는데 말이다. 현명한 사람은 내쉰 숨을 다시 들이킬 수 없는 순간이 언제든지 닥칠 수 있음을 안다. 그것은 언제 어디서라도 일어날 수 있고, 그러면 당신의 마지막 숨은 넘어가 버린다. 우리는 이로부터 뭔가를 깨달아야만 한다. 현명한 사람은 죽음이라는 엄연한 현실이 피할 수 없고 예측할 수 없는 것임을 전적으로, 완전히 받아들인다.

어떤 일로 어려움을 겪고 있다면 언제든지 죽음을 생각해 보라. 당신이 질투심 많은 성격이라고 하자. 당신은 당신의 짝이 다른 사람과 가까이 지내는 것을 견디지 못한다. 당신이 사랑하는 사람이 생각해 주는 사람 하나 없이 외롭게 사는 것이, 그것이 정말 그렇게 로맨틱한 사랑인 걸까? 자신의 이기적인 관심사를 잠시만 접어둘 수 있다면, 당신은 당신이 사랑하는 사람이 충만하고 행복하고 아름다운 삶을 살기를 바란다는 것을 깨달을 것이다. 그것이 당신이 바라는 바라면, 단지 그가 누군가와 말을 나누는 것을 가지고 당신은 왜 그토록 난리인가?

가장 높은 삶을 살도록 당신을 자극하기 위해 죽음이 동원되어야만 하는 것은 아니다. 왜 모든 것을 빼앗길 때에 이르러서야 내면 깊이 들어가서 가장 높은 잠재력에 이르기를 배우겠다는 것인가? 현명한 사람은 이렇게 생각한다. '한 호흡 간에 이 모두가 바뀌어 버릴 수 있는 것이라면 나는 살아 있는 동안에 가장 높은 삶을 살겠다. 나는 더 이상 내 사랑하는 사람들을 괴롭히지 않겠다. 내 존재의 가장 깊은 곳에 자리 잡고서 살아갈 것이다.'

이것이 의미 깊은 인간관계를 위해서 필요한 태도이다. 우리가 사랑하는 사람들에게 얼마나 무심할 수 있는지를 보라. 우리는 그들이 당연히 늘 우리 곁에 있어 주리라고 생각한다. 그들이 죽어 버리면 어쩔 것인가? 또 당신이 죽는다면 어쩔 텐가? 그들을 보는 것도 오늘 저녁이 마지막이라는 사실을 안다면 어떻겠는가? 저승사자가 찾아와서, '짐을 챙겨 놓게. 오늘밤에 잠을 자다가 깨면 나와 같이 가야 하네.'라고 말한다고 상상해 보라. 그러면 그날 만나는 모든 사람들이 그것으로 마지막이 될 것이다. 어떤 기분이겠는가? 그들과 어떤 이야기를 주고받겠는가? 평소 그들에게 품고 있던 자잘한 시기나 불평 따위에는 신경이나 쓰이겠는가? 그것이 그들과 함께 보낼 마지막 시간임을 안다면 당신은 사랑하는 사람들에게 얼마나 많은 사랑을 줄 수 있겠는가? 당신의 삶은 정말 달라 보일 것이다. 이것을 깊이 생각해 보아야 한다. 죽음은 음침한 것이 아니다. 죽음이야말로 삶을 통틀어 가장 위대한 스승이다.

당신이 필요로 하는 것들을 잠시 살펴보라. 당신이 여러 가지 활동에 얼마나 많은 시간과 에너지를 들이고 있는지를 살펴보라. 일주일이나 한 달 후면 당신이 죽을 것임을 알고 있다고 상상해 보라. 그것이 모든 것을 어떻게 바꿔 놓을까? 당신이 중요하게 생각하는 일들의 우선순위는 어떻게 바뀔까? 마지막 주를 어떻게 보낼 것인지를 정직하게 생각해 보라. 이 얼마나 훌륭한 생각거리인가? 그리고 이 질문을 생각해 보라. 그것이 마지막 남은 일주일 동안에 정말 하고 싶은 일이라면 그 나머지 시간에는 무엇을 하고 있는가? 그저 별 의미 없이 허비하고 있는가? 쓰레기통에 버리듯이 버리고 있는가? 별로 귀한 것도 아닌 것처럼 대하고 있는가? 이 삶을 가지고 당신은 무엇을 하고 있는가? 이것이 죽음이 당신에게 묻는 질문이다.

당신이 죽음에 대해 아무런 생각 없이 살고 있다고 해보자. 그런데 저승사자가 찾아와서 말한다. '가야 할 때가 됐으니 이제 가세.' 당신이 대꾸한다. '안 돼요. 마지막 한 주일을 어떻게 보낼지 결정할 수 있도록 예고라도 해줬어야지 않습니까? 난 일주일은 더 있다가 가야 해요.' 그러면 그가 뭐라고 할지 아는가? 그는 이렇게 말할 것이다. '맙소사! 지난해에만도 52주나 줬지 않은가. 게다가 올해에 덤으로 받은 시간은 어떡하고? 그런데 한 주일을 더 달라니, 그동안 뭘 하고 지냈는가?' 이렇게 물어본다면 당신은 뭐라고 대답할 텐가? 이렇게? '난 별로 신경 쓰지 않았어요. 그게 그렇게 중요하다고 생각하지 않았지요.' 이건 당신 삶에서 꽤나 놀라운 사실이다.

죽음은 위대한 스승이다. 하지만 이처럼 깨어 있는 의식을 지니고 사는 사람이 누가 있겠는가? 나이는 문제가 아니다. 어느 순간에도 숨이 넘어갈 수 있다. 그것은 노인들만이 아니라 갓난아이에게도, 십대에게도, 중년에게도 늘 일어나고 있는 일이다. 한 호흡 사이에 그들은 저 너머로 사라진다. 자신이 언제 죽을지는 아무도 모른다. 이것이 죽음이다.

그러니 마음을 대담하게 가지고, 일주일마다 그 마지막 일주일을 어떻게 살 것인지를 숙고해 보지 않을 텐가? 정말 깨어 있는 사람들에게 이 질문을 던져 본다면 그들은 아무런 어려움 없이 대답할 것이다. 그들의 마음은 한 치도 흔들리지 않을 것이다. 죽음이 일 년 후에 찾아오든, 한 달 후에 찾아오든, 한 시간 후에 찾아오든 그들은 지금 살고 있는 것과 똑같이 살아갈 것이다. 그들은 만사 제쳐 놓고 하고 싶은 일을 한 가지도 가슴에 품고 다니지 않는다. 달리 말해서, 그들은 자신의 삶을 온전히 살고, 타협하거나 자신과 씨름하지 않는다.

죽음이 당신을 노려보고 있다면 어떨지, 기꺼이 자신을 들여다봐야만 한다. 그러든 말든 아무런 차이도 없을 만큼 마음이 평화로울 수 있어야 한다. 삶의 매 순간을 머리 위에다 거미줄에 칼을 매달아 놓은 것처럼 느끼며 살았다는 한 위대한 요기의 이야기가 있다. 그는 죽음을 그처럼 가깝게 의식하며 산 것이다. 이처럼 죽음은 우리의 지척에 있다. 자동차를 탈 때마다, 횡단보도를 건널 때마다, 뭔가를 먹을 때마다, 그것이 당신의 마지막 행위가 될 수 있다. 당신이 매 순간 하는 모든 행위가 누군가가 죽는 순간에 했던 마지막 행위임을 당신은 아는가? '그는 저녁을 먹다가 죽었어요… 그는 자동차 사고로 죽었어요… 집에서 2킬로밖에 떨어지지 않은 곳에서 말이에요. 그녀는 뉴욕으로 가던 중에 비행기 추락으로 죽었어요… 그는 잠들었는데 일어나지 않았어요…….' 이것은 누군가에게 언젠가 일어난 일들이다. 당신이 지금 무엇을 하고 있든지, 바로 그것을 하다가 죽은 사람이 틀림없이 있다.

　죽음에 대해 논하기를 겁낼 필요가 없다. 죽음 앞에서 긴장하지 마라. 오히려 죽음에 대해 아는 것이 당신으로 하여금 삶의 매 순간을 충만하게 살도록 돕게 하라. 순간순간이 소중하다. 살날이 한 주일밖에 남지 않았음을 아는 사람에게 일어나는 일이 이것이다. 그들은 삶에서 가장 소중했던 주일은 그 마지막 주일이었다고 말할 것이 틀림없다. 그 마지막 주일에는, 모든 것이 수백만 배나 더 의미 깊을 것이다. 매 주일을 이렇게 살아간다면 어떨까?

　여기서 자신에게, 나는 왜 그렇게 살아가지 않는지를 물어보아야 한다. 당신은 죽을 것이다. 당신은 그것을 알고 있다. 그것이 언제인지를 모를 뿐이다. 죽음은 모든 것을 남김없이 앗아갈 것이다. 당신은 소유물과 사랑하는 사람들과 삶의 모든 희망과 꿈을 남겨두고 떠날 것이다. 있던 곳으로부터 그대로 들려 갈 것이다. 죽음은 한순간에 모든 것을 뒤집어 놓는다. 그것이 죽음의 실상이다. 이 모든 것이 한순간에 바뀌어 버릴 수 있는 것이라면 이 모든 것은 사실 그다지 실제적이지 않은 것인지도 모른다. 자신이 어떤 존재인지를 되살펴보는 것이 좋을지도 모른다. 좀 더 깊숙이 자신을 들여다봐야 할지도 모른다.

　이 깊은 진실을 받아들일 때 멋진 점은, 삶을 온통 바꿔야 할 필요는 없다는 것이다. 단지 삶을 살아가는 태도만 바꾸면 된다. 무엇을 하느냐가 중요한 게 아니라 얼마나 온전히 자신을 바쳐서 그것을 하느냐가 중요하다. 간단한 예를 들어보자. 당신은 무수히 산책을 다녔지만 몇 번이나 그 즐거움을 깊이 음미해 보았는가? 살날이 일주일밖에 남지 않은 환자가 의사의 눈을 애처롭게 쳐다보며 이렇게 물어보는 것을 상상해 보라. '밖에 산책을 나가도 될까요? 한 번만 하늘을 더 쳐다볼 수 있을까요?' 밖에 비가 온다고 해도 그들은 한 번만 더 비를 맞아 보고 싶어 할 것이다. 그들에게는 그것이야말로 가장 소중한 일일 것이다. 하지만 당신은 비를 맞기 싫어한다. 달려가거나 우산을 쓴다.

우리로 하여금 삶을 살지 못하게 하는 그것은 무엇인가? 우리로 하여금 그토록 겁에 질린 채 삶을 그냥 즐기지 못하도록 말리는 우리 내면의 그것은 무엇인가? 우리의 이 부분은 다음 일이 반드시 제대로 풀리게끔 하려고 너무나 바쁘게 애쓰느라고, 그냥 지금 여기의 삶을 살지 못한다. 그러는 동안에도 죽음은 호시탐탐 우리의 뒤를 밟고 있다. 죽음이 오기 전에 정말로 살아보고 싶지 않은가? 아마도 예고 따위는 없을 것이다. 자기가 언제 죽을지를 아는 사람은 매우 드물다. 거의 대부분의 사람들이 한 숨을 쉬고는 다음 숨을 쉬지 않았음을 알아차리지 못하게 된다.

그러니 삶을 온전히 살지 못하게 하는 겁에 질린 당신의 그 부분을 놓아 보내는 일에 나날을 사용하기 시작하라. 언젠가는 죽으리라는 사실을 당신은 알고 있으니, 해야 할 말을 서슴없이 하고, 해야 할 일을 주저없이 하라. 다음 순간에 어떤 일이 일어날지를 걱정하지 말고 현재에 오롯이 임하라. 이것이 죽음을 맞이한 사람이 사는 방식이다. 당신 또한 매 순간 죽음을 대면하고 있으니, 당신도 그렇게 할 수 있어야만 한다.

항상 죽음을 대면하고 있는 것처럼 살기를 배우라. 그러면 당신은 더 대담해지고 가슴이 더 열릴 것이다. 삶을 온전하게 살면 마지막 소원 같은 것은 품고 있지 않을 것이다. 매 순간을 충실히 살았으므로. 그래야만 당신은 삶을 온전히 경험한 것이고, 살기를 겁내는 당신의 부분을 놓아 보낸 것이다. 삶에서 얻어야 할 유일한 것은 삶을 경험함으로써 오는 성장임을 당신이 이해했을 때, 두려움은 사라질 것이다. 삶 그 자체가 당신의 경력이며, 삶과의 사귐이야말로 가장 의미 깊은 관계이다. 그 밖의 모든 일은 당신이 약간의 의미로써 삶을 장식해 보고자 주의를 쏟고 있는, 삶의 작은 파편들이다. 삶에 진정한 의미를 부여해 주는 것은, 삶을 기꺼이 살고자 하는 태도이다. 그것은 어떤 특별한 사건이 아니라 삶의 사건들을 기꺼이, 오롯이 경험하고자 하는 태도이다.

다음에 만나는 사람이 당신이 볼 마지막 사람이라는 사실을 알게 된다면 어떻게 하겠는가? 당신은 그 자리에 오롯이 머물러 그 경험을 모두 빨아들일 것이다. 그가 무슨 말을 하는지는 중요하지 않을 것이다. 그것이 세상에서의 마지막 대화가 될 것이므로, 당신은 그저 그 말을 듣는 것 자체를 즐길 것이다. 모든 대화에 그 정도로 깨어 있는 의식을 가지고 임한다면 어떻겠는가? 죽음이 임박했다는 사실을 깨달았을 때 일어나는 일이 이것이다. 당신이 바뀐다. 인생이 바뀌는 것이 아니다. 진정한 구도자는 매 순간을 이렇게 살기로 맹세하고 그 어떤 것도 그것을 방해하도록 놔두지 않는다. 어떻게든 죽을 것인데 무엇이, 왜 당신을 가로막도록 놔둬야 하는가?

그것이 마지막 주일인 것처럼 자신을 삶 속으로 밀어 넣으면 당신의 마음은 억눌려 있던 온갖 욕망을 끄집어내 보일지도 모른다. 마음이 늘 해보고 싶어 했던 온갖 일들을 끄집어내 놓으면 당신은 그것을 당장 해보고 싶은 생각이 들지도 모른다. 하지만 곧 그것은 정답이 아님을 깨달을 것이다. 그것은 삶에서 어떤 특별한 경험을 건져내고 싶어 하는 욕망으로서, 그것은 있는 그대로의 삶의 경험을 놓치게 만든다는 사실을 알아야 한다. 삶이란 얻어내는 무엇이 아니라 경험하는 무엇이다. 삶은 당신과 함께, 또는 당신 없이 있을 수도 있다. 그것은 수십억 년을 이어져 왔다. 당신은 단지 그 작은 조각 한 편을 목격하는 영광을 얻은 것이다. 거기서 뭔가를 얻어내려고 분주히 설친다면 당신이 실제로 경험하고 있는 그 조각은 놓쳐 버릴 것이다. 삶의 경험은 저마다 다르다. 그리고 모든 경험은 가치 있다. 삶은 함부로 허비할 것이 아니다. 그것은 실로 귀하고 소중한 것이다. 그 때문에 죽음이 위대한 스승인 것이다. 삶을 귀하게 만들어 주는 것은 다름 아닌 죽음이므로. 살날이 일주일밖에 안 남았다고 상상할 때 삶이 얼마나 소중하게 여겨질지를 생각해 보라. 죽음이 존재하지 않는다면 삶의 가치는 어떻게 변할까? 삶이 영원토록 있는 것이라고 생각한다면 매순간이 물처럼 낭비될 것이다. 무엇을 소중하게 만들어 주는 것은 희귀성이다. 돌을 귀한 보석으로 만드는 것은 희귀성이다.

이처럼 실로 죽음은 삶에 의미를 가져다준다. 죽음은 당신의 벗이다. 죽음은 당신의 해방자이다. 하늘에 맹세코, 죽음을 겁내지 마라. 죽음이 일러주는 것을 배우도록 애써라. 배움의 가장 높은 길은 삶의 매 순간을 앞에 두고, 그것을 온전히 사는 것만이 가장 중요한 일임을 절실히 인식하는 것이다. 매 순간을 온전히 살면 삶은 충만해지고 죽음을 두려워할 필요가 없어질 것이다.

우리는 삶에 집착하기 때문에 죽음을 겁낸다. 아직 경험하지 못한 어떤 것을 얻어내야 한다고 생각하기 때문에 죽음을 겁낸다. 많은 사람들이 죽음이 자신에게서 뭔가를 앗아가리라고 느낀다. 현명한 사람은 죽음이 끊임없이 뭔가를 주고 있음을 안다. 죽음은 당신의 삶에 의미를 주고 있다. 삶을 아무렇게나 버리고 있는 것은 당신이다. 당신이 삶의 매 순간을 낭비하고 있다. 자동차를 타고 이리저리 바쁘게 다니지만, 아무것에도 눈길을 주지 않는다. 당신은 거기에 존재하지도 않는다. 그저 다음에는 무엇을 해야 할지를 생각하느라 바쁘다. 당신은 한 달, 아니 심지어는 한 해를 앞질러서 가고 있다. 당신은 삶을 살고 있는 게 아니라 마음을 살고 있다. 그러니 삶을 앗아가는 것은 당신이

지, 죽음이 아니다. 사실 죽음은 이 순간에 주의를 기울이게 함으로써 삶을 되찾도록 도와준다. 그것은 당신이 이렇게 말하게 만든다. '이크! 잘못하다간 내 아이들을 잃겠군. 그들을 보는 것이 이게 마지막일 수도 있겠군. 이제부터는 아이들에게, 그리고 아내와 친구들과 사랑하는 사람들에게 마음을 좀 더 기울여야겠어. 삶을 좀 더 진하게 살아야 겠어!'

모든 경험을 온전히 살아가면 죽음은 당신에게서 아무것도 앗아가지 않는다. 당신은 이미 모든 것을 이뤘으므로 빼앗길 것이 아무것도 없다. 현자가 언제나 죽을 준비가 되어 있는 것은 이 때문이다. 그들의 경험은 이미 온전하고 완전하므로 죽음이 언제 오는가는 아무런 상관이 없다. 당신이 음악을 그 무엇보다 사랑한다고 하자. 당신은 좋아하는 오케스트라가 연주하는 특정한 클래식 곡을 듣기를 좋아했다. 그것이 평생의 꿈이었다. 마침내 그 일이 일어난다. 당신은 현장에서 그 곡을 듣는다. 그것은 당신을 완전히 만족시킨다. 맨 첫 소절 하나만으로도 당신을 천상으로 데려가기에 충분하다. 이것은 초월적 평화 속으로 젖어드는 데도 한 순간이면 충분하다는 사실을 보여 준다. 죽기 전에 더 많은 시간이 필요한 것이 아니다. 필요한 것은, 주어진 시간 동안 더 깊은 경험을 하는 것이다.

이것이 삶의 매 순간을 살아가는 방법이다. 삶의 경험으로 당신을 완전히 채워라. 삶이 당신 존재의 밑바닥을 건드리게 하라. 그것이 불가능한 순간은 없다. 심지어 당신에게 끔찍한 일이 일어난다고 할지라도 그것을 그저 삶의 또 다른 경험으로서 바라보라. 죽음이 모든 것을 덧없는 것으로 만들어 놓는다는 사실은 깊은 평화를 가져다준다. 모든 것이 그저 시공간 속을 지나쳐 간다.

현명한 사람은 삶이란 결국 죽음에 속한 것임을 안다. 죽음은 때가 차면 당신에게서 삶을 돌려받으러 오는 자다. 죽음은 주인이고 당신은 세입자일 뿐이다. 사람들은 이렇게들 말한다. '그는 빌린 시간을 살고 있어,' 혹은 '그는 삶을 조금 더 연장했어.' 시간을 어디서 빌리고 누구에게서 연장했다는 말인가? 물론 죽음에게서다. 소유권자는 죽음이다. 그것은 언제나 죽음의 것이었다. 우리는 죽음과 좋은 관계를 맺어 놓아야 한다. 그리고 그것은 두려워하는 관계여서는 안 된다. 하루를, 또 하나의 경험을 허락한 것에 대해, 그리고 삶이 소중해지도록 희귀성을 창조해 준 것에 대해 죽음에게 감사하라. 이렇게 하면 삶은 마음대로 낭비할 수 있는 것이 아니라 깊이 음미해야 할 것이 된다.

죽음은 삶의 궁극적 현실이다. 요가 수행자와 성자들은 죽음을 온전히 받아들인다. 성 바오로는 이렇게 말했다. '죽음이여, 네 독침이 어디에 있느냐? 무덤이여, 네 승리는 어디에 있느냐?' 고린도전서 15장 55절 위대한 존재들은 죽음에 대해 이야기하기를 꺼리지 않는다. 요가 수행자들은 전통적으로 공동묘지나 화장터에 가서 명상했다. 그들은 거기 앉아서 육신의 나약함과 죽음의 불가피함을 자신에게 상기시켰다. 불교도들은 만물이 무상함을 명상하기를 배운다. 모든 것이 덧없다. 죽음은 당신에게 이것을 일러 준다.

    그러니 마음의 지껄임 속에서 넋을 놓고 있지 말고 삶의 덧없음을 명상하지 않겠는가? 뭔가 의미 있는 것을 생각해 보지 않겠는가? 죽음을 겁내지 말라. 죽음이 당신을 해방시키게 하라. 죽음으로부터 삶을 온전히 경험할 용기를 얻어라. 하지만 기억하라. 그것은 당신의 삶이 아니다. 당신은 자신에게 일어나는 삶을 경험하는 것이지, 일어나기를 바라는 삶을 경험하는 것이 아니다. 다른 일이 일어나게 하려고 애쓰느라고 삶의 한 순간도 허비하지 말라. 당신에게 주어진 순간을 감사하고 음미하라. 시시각각 죽음이 다가오고 있는 것을 모르겠는가? 이것이 삶을 사는 방법이다. 죽음의 낭떠러지 끝에 서 있는 것처럼 살라. 왜냐하면 실로 그러하니까.

제 18장

# 중도의 비밀

삶을 하나의 영적인 길로서 살기를 이야기하면서 가장 심오한 가르침인 『도덕경』을 언급하지 않는다면 중요한 것이 빠진 것이다. 도덕경은 논하기가 매우 어려운 것을 논하고 있다. 노자는 그것을 '도道'라고 했다. 문자 그대로 직역하면 그것은 '길'을 뜻한다. 도란 매우 미묘한 것이라서 그것을 직접 건드릴 수는 없고 그 언저리만을 이야기할 수 있다. 도덕경은 모든 삶의 가장 근본적인 이치를 설한다. 그것은 음과 양, 여성과 남성, 빛과 어둠 사이의 균형을 논한다. 도덕경은 단번에 읽고도 한 자도 이해하지 못할 수도 있고, 한 자 한 자 읽을 때마다 눈물이 쏟아질 수도 있다. 문제는 그것이 말하고자 하는 것을 이해할 만한 바탕이 있느냐는 것이다.

유감스럽게도 영적 가르침들은 종종 알쏭달쏭한 말로써 진리의 핵심을 감춰 놓는다. 하지만 이 균형, 이 도는 실제로 매우 단순하다. 삶의 비밀을 진정으로 깨우친 사람은 아무것도 읽지 않고도 이 진리를 알아낸다. 도를 이해하려면 매우 천천히, 그리고 매우 단순하게 배워야 한다. 그러지 않으면 그것이 눈앞에 있어도 놓쳐 버린다.

아주 단순한 질문으로써 다가가는 것이 도에 접근하는 가장 좋은 방법이다. 예컨대, 쉬지 않고 음식을 먹는 것이 좋을까? 좋지 않다. 음식을 전혀 먹지 않고 사는 것이 좋을까? 좋지 않다. 이 중간 어딘가에서 당신은 도를 지나쳤다. 진동추는 굶어 죽는 것과 배불러 죽는 것 사이를 왕래할 수 있다. 그것이 진동추의 양극단이다. 음과 양, 확장과 수축, 행위와 무위, 모든 것에는 양극단이 있다. 만사가 이 흔들리는 진동추의 이행단계 중의 어딘가에 있다. 극단으로 가면 살아남지 못한다. 극단은 그토록 극단적이다. 예컨대 당신은 더운 날씨를 좋아하는가? 그렇다면 화씨 6,000도는 어떤가? 당신은 즉석에서 증발해 버릴 것이다. 추운 날씨가 좋다고? 절대온도 영도는 어떤가? 당신 몸의 분자들은 더 이상 움직이지 않을 것이다.

좀 덜 극단적인 예를 들어보자. 당신은 다른 사람과 가까이 지내기를 좋아하는가? 그렇다면 너무나 가까워서 한시도 떨어지지 않고 지내는 것은 어떤가? 식사도 함께하고 어딜 가도 함께 가고 모든 것을 함께한다. 전화를 할 때도 모든 통화를 함께할 수 있도록 스피커폰을 사용한다. 너무나 가까이 있고 싶어 한 나머지 당신들은 동일한 인격이 된다. 이것이 얼마나 지속될 수 있으리라고 생각하는가?

　이것이 인간관계의 한 극단이다. 다른 쪽 극단은 각자 자신만의 공간을 원하는 것이다. 당신들은 각자 자신의 일만 한다. 서로 독립적이다. 따로 있기를 너무 좋아한 나머지 오로지 함께해야 할 일이 생겨야만 만난다. 하지만 여행도 따로 하고 밥도 따로 먹고 집도 따로 가지고 산다. 몇 년 동안이나 서로 만나지도 않는다! 이 양극단 모두가 결국 같은 결말을 가져올 것이다. 너무 가깝거나 너무 멀거나, 어느 쪽이든 얼마 지나지 않아 서로 말조차 하지 않게 될 것이다. 모든 것이 양극단, 음극과 양극을 지니고 있다.

　이제 좀 더 미묘한 수준으로 들어가 보자. 6,000도나 절대온도 영도는 심하다. 굶어 죽는 것도, 죽도록 먹는 것도 관심 없다. 하지만 누군가와 매우 가까워서 늘 함께 지내는 것은 괜찮은 생각처럼 느껴진다. 최소한 잠시 생각해 볼 수는 있을 것 같다. 만일 그렇다면 그것은 당신의 진동추가 그 반대쪽에 너무 오랫동안 머물러 있어서 그런 것이다. 당신은 너무 외롭게 지냈다. 너무나 많은 저녁을 홀로 먹었고 너무나 많은 영화를 혼자서 보았고 너무나 많은 여행을 홀로 다녔다. 다시 말해서 당신의 진동추는 중심에서 너무 벗어나 있었던 것이다.

　진동추를 오른쪽으로 30도 당겼다가 놓으면 왼쪽으로 30도 만큼의 폭으로 진동한다는 것을 우리는 과학시간에 배웠다. 노자에게 물어볼 필요도 없이, 내면세계의 법칙도 외부세계의 법칙과 동일하다. 동일한 법칙이 세상만사를 지배한다. 진동추를 이쪽으로 이만큼 당기면 그것은 저쪽으로 저만큼 흔들린다. 며칠 동안 굶주렸다면 당신은 음식을 보면 체면을 돌보지 않고 마치 짐승처럼 허겁지겁 입에 쓸어 넣을 것이다. 얼마나 짐승처럼 행동하느냐는 짐승의 본능이 발동할 만큼 얼마나 굶었느냐와 정확히 직결된다.

그러면 도는 어디에 있는가? 도는 그 중간에 있다. 그곳은 어느 쪽으로도 미는 힘이 없는 곳이다. 음식이든, 인간관계든, 섹스든, 돈이든, 행위든, 무위든, 무엇이 됐든 간에 진동추는 그 사이의 균형점에 이를 수 있다. 모든 것은 음양을 품고 있다. 도란 이 두 힘이 고요히 균형을 이루는 곳이다. 그리고 도를 벗어나지 않는 한 그 힘들은 평화로운 조화 속에 머물려고 할 것이다. 도를 알고자 한다면 이 두 극단 사이에 무엇이 있는지를 좀 더 잘 살펴봐야만 한다. 왜냐하면 어느 쪽이든 극단은 오래가지 않기 때문이다. 진동추는 한쪽 끝에서 얼마나 오래 머물 수 있을까? 한 순간뿐이다. 진동추는 얼마나 오랫동안 움직이지 않고 쉴 수 있을까? 영원히 머물 수 있다. 거기에는 균형을 벗어나게 하는 힘이 없기 때문이다. 이것이 도이다. 그것은 중심이다. 하지만 그것은 고정되고 정체되어 있는 것을 의미하지 않는다. 그것은 그보다 훨씬 더 역동적인 것임을 당신은 곧 알게 될 것이다.

우선 당신은 모든 것이 음과 양을 지니고 있고, 또 고유한 균형점을 가지고 있음을 알아야 한다. 이 모든 균형점들이 서로 어우러져서 조화될 때 도를 이룬다. 이 전체적 균형은 시공간 속을 움직이면서 평형 상태를 유지한다. 그것의 힘은 엄청나다. 도의 힘을 상상해 보고 싶다면 이리저리 흔들릴 때 얼마나 많은 에너지가 낭비되는지를 살펴보면 된다. 당신이 A지점에서 B지점으로 가려고 한다고 하자. 그런데 그리로 곧장 걸어가는 것이 아니라 갈지자로 흔들리면서 간다. 그러면 시간도 더 걸리고 많은 에너지를 낭비하게 된다. 달리 말해서, 흔들리면서 길을 가는 것은 효율적이지 않다. 효율을 높이려면 당신의 모든 에너지를 길 위에만 모아야 한다. 이렇게 하면 옆으로 흔들리는 데 허비된 에너지가 중심으로 모아질 것이다. 이 집중된 에너지는 주어진 일을 훨씬 더 효율적으로 해내는 데 쓰일 수 있다. 이것이 도의 힘이다. 양극단 사이를 흔들리기를 멈추면 당신은 자신이 상상보다 훨씬 더 많은 에너지를 지니고 있음을 깨달을 것이다. 다른 사람이 한 시간 걸려서 하는 일을 당신은 몇 분 만에 할 수 있을 것이다. 다른 사람을 녹초로 만드는 일이 당신에게서는 아주 적은 에너지만 가져갈 것이다. 이것이 어떤 일을 해내기 위해 양극단과 씨름하는 것과 중심에 머무는 것의 차이다.

　이 원리는 삶의 모든 측면에 적용된다. 균형을 잡고 있다면 당신은 건강을 위해 적당한 때가 되면 먹는다. 이렇게 하지 않으면 결국은 너무 적게 먹거나 많이 먹거나 잘못된 음식을 먹은 결과를 보상하는 데다 에너지를 낭비하게 될 것이다. 극단적인 행위의 결과로 몸에 짐을 지우는 것보다 균형 잡힌 방식으로 몸을 관리하는 것이 훨씬 더 효율적이다.

　일상 속에서 우리는 양극단에다 엄청난 에너지를 허비하고 있다. 극단에 치우칠수록 그것은 모든 노력을 고스란히 바쳐야 하는 일이 된다. 예컨대 언제나 함께 지내기를 고집하는 관계는 하루 종일 매달려야 하는 일과 같다. 다른 쪽 극단으로 가서, 아무런 관계도 가지지 않고 늘 외롭고 우울하다면 큰일을 성취하지 못할 것이다. 그러니 다시 말하지만, 극단으로 가는 것은 당신의 모든 에너지를 뺏기는 짓이다. 행위의 효율은 당신이 중심에서 얼마나 벗어나 있는가에 의해 결정된다. 당신은 진동추의 진동에 에너지를 소모하고 있으므로 그만큼의 에너지를 삶을 사는 데에 쓰지 못하게 된다. 극단은 좋은 스승이다. 양극단을 들여다보면 균형을 잃은 행동 습관의 결과를 쉽게 찾아볼 수 있다.

　줄담배를 피우는 사람의 예를 들어보자. 그는 입에 담배를 달고 있으면서 연신 불을 붙여댄다. 그의 삶의 상당 부분이 담배 피우기에 바쳐져 있다. 담배를 사고, 불을 붙이고, 담배를 피운다. 게다가 흡연이 허용된 장소를 찾아다니는 것도 바쁜 일이다. 그는 또 담배를 피우러 밖으로 나가기를 싫어해서 공공장소에서 흡연을 허용하는 법안 제정 운동을 하는 단체에 가입해 있다. 얼마나 많은 에너지가 흡연에 쏟아지고 있는지를 보라. 이제 그가 담배를 끊기로 했다고 상상해 보자. 한

가치도 피우지 않겠다는 것이다. 일 년 후에 그에게, 작년에는 어떻게 지냈느냐고 물어본다면 그는 담배를 끊었다고 할 것이다. 그것이 지난해의 그의 인생이었던 것이다. 그는 처음에 담배 끊는 껌을 씹었지만 별 도움이 안 됐다. 그 다음엔 붙이는 약을 써 봤다. 그것도 안 들자 그는 최면요법까지 시도했다. 진동추가 담배 피우기의 극단에 가 있었으므로 그것을 멈추려면 반대쪽 극단까지 흔들려야 했던 것이다. 양쪽 극단이 모두 엄청난 시간과 에너지와 노력의 낭비였다. 훨씬 더 생산적인 삶에 쓰일 수 있었는데 말이다.

극단을 지속시키려고 기를 쓰고 있을 때는 그 어떤 일에도 진척이 없다. 바퀴가 구덩이에 빠진 것이다. 극단으로 치우치면 치우칠수록 진척은 줄어든다. 길은 더욱 패이고 바퀴는 더 깊이 빠진다. 당신을 도(道)로 데려다줄 에너지가 없다. 그것은 모두 극단을 지속시키는 데 바쳐지고 있다.

길은 중간에 있다. 왜냐하면 그곳이 에너지의 균형이 잡히는 곳이기 때문이다. 그렇다면 진동추가 바깥쪽으로 흔들리는 것을 어떻게 멈출 수 있을까? 정말 놀랍게도, 그것은 그냥 내버려 두면 그렇게 된다. 당신이 극단에 에너지를 공급해 주지 않는 이상 진동추는 계속 흔들릴 수가 없다. 극단을 그냥 내버려 둬라. 거기에 끼어들지 마라. 그러면 진동추는 저절로 중심에 멈출 것이다. 그것이 중심에 가까워질수록 당신은 에너지로 충만해질 것이다. 낭비되고 있던 모든 에너지가 이제 당신의 것이 되었기 때문이다.

중심을 잡고 극단 속으로 끼어들지 않기로 하면 당신은 도를 깨우치게 될 것이다. 당신은 그것을 붙잡으려 하지 않는다. 건드리지도 않는다. 극단으로 흔들리는 데에 쓰이지 않을 때, 에너지가 하는 일이 바로 이것이다. 삶 속에서 사건이 일어날 때마다 에너지는 스스로 길을 찾아 그 중심으로 가서, 거기에 고요히 머문다. 도는 비어 있다. 태풍의 눈과 마찬가지로, 비어 있음이야말로 그 힘이다. 주변의 모든 것이 소용돌이치지만 그것은 움직이지 않는다. 삶의 소용돌이는 그 중심으로부터 에너지를 가져오고 중심은 삶의 소용돌이로부터 에너지를 가져온다. 날씨에서나 자연에서나 삶의 모든 측면에서나 모든 법칙은 동일하다.

흔들림 속으로 말려들지 않고 중심을 잡고 있으면 에너지는 스스로 균형을 찾는다. 에너지가 넘치므로 의식은 훨씬 더 맑아진다. 매 순간의 경험 속에 머무는 것이 당신의 자연스러운 상태가 될 것이다. 어떤 일에 붙들리거나 극단적인 생각에 사로잡혀 있지 않을 것이다. 의식이 맑아지면 삶의 사건들은 정말 마치 느린 화면이 전개되는 것처럼 보일 것이다. 이렇게 되면 그 어떤 일도 더 이상 당신을 혼란에 빠뜨리고 압도하지 못할 것이다.

이것은 보통 사람들이 사는 방식과는 사뭇 다르다. 그들이 운전을 하고 가는데 누군가가 끼어들기를 하면 그들은 다음 한 시간, 혹은 그

날 내내 화가 나 있을 것이다. 도에 머무는 사람에게 사건은 그것이 일어나고 있는 동안만 지속된다. 그로써 끝이다. 당신이 운전을 하고 가는데 누가 끼어들면 중심으로부터 벗어나는 에너지를 느낀다. 당신은 실제로 그것을 가슴속에서 느낀다. 그것을 놓아 보내면 당신은 중심으로 다시 돌아온다. 당신은 극단을 좇아가지 않는다. 그러면 에너지도 현재의 순간으로 돌아온다. 다음 사건이 일어나면 당신은 거기에 있다. 당신은 언제나 그 자리에 있고, 그것이 과거의 불균형에 반응하고 있는 사람보다 훨씬 더 큰 능력을 발휘하게 해준다. 사람들은 대부분 자신의 중심을 잃게 만드는 약점을 가지고 있다. 균형을 잃어버리면 아무도 가게를 대신 봐주려고 하지 않는다. 당신이 자리에 없으면 뻗쳐 나오는 에너지를 돌볼 사람이 없다. 명심하라. 목적을 잊지 않고 그 자리에 남아 있는 자가 결국은 이긴다.

도 안에서 움직일 때, 당신은 언제나 그 자리에 있다. 삶은 극도로 단순해진다. 도 안에서는 삶에서 어떤 일이 일어나는지를 쉽게 알 수 있다. 그것은 바로 당신 눈앞에서 펼쳐진다. 그러나 극단 속에 휘말려 들어가 마음속에 온갖 반응이 일어나고 있으면 삶이 혼란스럽고 복잡해 보인다. 그것은 삶이 복잡한 것이 아니라 당신이 혼란에 빠져 있기 때문이다.

혼란에 빠져 있기를 그치면 매사가 단순해진다. 좋고 싫음이 없이 오로지 중심에 머물러 있기만을 원하여 중심을 더듬어 가고 있는 동안에 삶은 저절로 펼쳐진다. 모든 것을 한 줄에 꿰는 보이지 않는 실이 있다. 만사가 그 중심의 균형점을 통해 고요히 움직여 간다. 이것이 도이다. 그것은 진실로 그 자리에 있다. 그것은 당신의 인간관계 속에 있고 식사 행위 속에 있고 사업 활동 속에 있다. 그것은 만물 속에 있다. 그것은 태풍의 눈이다. 그것은 완전한 평화 속에 있다.

그 중심 속에 머무는 것이 어떤 느낌인지를 짐작해 보기 위해 돛배로 항해를 하는 예를 들어 보자. 먼저 바람이 없을 때 바다에 나가는 것에서부터 시작해 보자. 그것은 한 극단이다. 배는 움직이지 않을 것이다. 이제 바람이 심하게 불 때 돛이 없이 나가 보자. 이것은 반대쪽 극단이다. 이번에도 배는 한 발도 못 움직인다. 돛배는 아주 적절한 비유인데, 돛배에는 다양한 힘들이 상호작용하기 때문이다. 바람과 돛과 키와 돛을 맨 밧줄의 탄력이 매우 복잡하게 서로 얽힌다. 바람이 부는데 돛을 너무 느슨하게 달면 어떻게 될까? 아무런 소용이 없다. 너무 팽팽하게 당기면 어떻게 될까? 배가 뒤집어진다. 바람을 제대로 받으려면 아주 적당하게 당겨 줘야 한다. 바람의 힘을 받는 돛의 중심부가 적당히 팽팽해야 한다. 너무 많아도 안 되고 적어도 안 된다. 그곳이 소위 스위트 스포트(sweet spot:골프클럽, 테니스라켓, 야구배트 등에서 공을 맞추기에 가장 좋은 곳-역자 주)이다. 바람은 아주 적당히 돛을 때리고 당신은 밧줄을 아주 적당히 당기고 있는, 그런 느낌을 상상해 보라. 당신은 완벽한 균형의 느낌과 함께 배를 몰아간다. 그때 바람이 바뀌고,

당신은 또 거기에 맞추어 적응한다. 당신과 바람과 돛과 물이 하나다. 모든 힘들은 조화상태에 있다. 그중 하나의 힘이 바뀌면 다른 힘들도 동시에 함께 바뀐다. 이것이 도道 속에서 움직인다는 것의 의미다.

항해의 도에서 균형점은 고정되어 있지 않다. 그것은 역동적 평형이다. 당신은 균형점에서 균형점으로, 중심에서 중심으로 움직인다. 당신은 어떤 개념도, 좋고 싫음도 가질 수 없다. 그저 힘이 당신을 움직이도록 놔둬야 한다. 도 안에는 개인적인 것은 없다. 당신은 힘의 손아귀에 들려 있는 한갓 도구일 뿐으로, 균형의 춤사위에 참여하고 있다. 당신은 일이 어떻게 풀려가야 한다는 개인적인 선호가 아니라 오로지 균형에만 모든 주의가 머물러 있는, 그런 경지에 도달해야 한다. 삶의 모든 것이 이렇게 되어야 한다. 균형 속에서 일할 수 있게 되면 당신은 삶 속을 자유롭게 미끄러져 갈 수 있다. 도에 이르면 애씀 없는 행위가 일어난다. 삶이 일어나고, 당신이 거기에 있다. 당신이 그것을 일어나게 하지 않는다. 아무런 부담도, 스트레스도 없다. 당신이 중심에 앉아 있는 동안 힘이 스스로를 돌본다. 그것이 도이다. 그것은 삶의 모든 것 중에서도 가장 아름다운 자리이다. 그것을 만져볼 수는 없지만 그것과 하나가 될 수는 있다.

아침에 일어나서 무엇을 해야 할지를 챙겨 보고, 그것을 하는, 그런 식으로 사는 것이 도가 아니라는 것을 당신은 결국 깨닫게 될 것이다. 도 안에서 당신은 장님이다. 당신은 장님이 되기를 배워야 한다. 도가 어디로 가는지를 당신은 결코 볼 수 없다. 다만 도와 함께 있을 수 있을 뿐이다. 한 장님이 지팡이를 짚고 도시를 걷는다. 그 지팡이에 이름을 하나 붙여 주자. 그것은 극단을 찾는 자이며 가장자리를 더듬는 자이며 음양을 더듬는 자이다. 지팡이를 짚고 걷는 사람들은 종종 갈지자걸음을 한다. 그들은 걸어야 할 길을 찾는 것이 아니라 디디면 안 될 길을 찾고 있는 것이다. 그들은 극단을 찾고 있다. 길이 보이지 않을 때 할 수 있는 것은 오직 가장자리를 더듬는 것뿐이다. 하지만 가장자리를 발견하고 그리로 가지 않으면 당신은 길에 머물러 남아 있을 것이다. 이것이 도 안에서 사는 방법이다.

모든 위대한 가르침들은 균형의 길, 중도를 가르친다. 자신이 거기서 살고 있는지, 아니면 극단 속을 헤매고 있는지를 끊임없이 살펴라. 극단은 그 반대극을 만들어낸다. 현명한 사람은 그것을 피한다. 중심에서 균형을 찾으라. 그러면 조화 속에서 살게 될 것이다.

제19장

## 사랑 가득한 신의 눈으로 보라

신에 대해 누가 무엇을 알 수 있겠는가? 우리는 신에 대한 무수한 관념과 견해와 가르침을 가지고 있다. 하지만 거기에는 모두 사람의 손때가 묻어 있다. 신에 대한 우리의 모든 생각들이 그 모태 문화에 얼마나 깊이 젖어 있는지는 놀라울 정도다.

다행히도 우리의 깊은 내면에는 신성과의 직접적인 연결점이 있다. 개인적 자아를 초월한 우리 존재의 한 부분이 있다. 당신은 마음이나 몸 대신 그 부분과 하나가 되기를 의식적으로 택할 수 있다. 이렇게 하면 자연스러운 변신이 당신 안에서 일어나기 시작한다. 이 변신을 지켜보는 동안 시간이 지나면 신 앞으로 나아간다는 것이 어떤 느낌인지를 알게 될 것이다. 당신은 실제로 영Spirit을 향해 움직이는 것이 어떤 느낌인지를 알기 시작한다. 당신의 내면에서 목격되는 변화는 당신이 다가가고 있는 그 힘의 반영이다. 몸이 젖으니 비인 줄을 알고 몸이 따스하니 불인 줄을 아는 것처럼, 당신은 변화된 자신이라는 거울을 들여다봄으로써 신의 본성을 알 수 있다. 이것은 철학이 아니라 직접적인 경험이다.

다른 것들과 마찬가지로 영적 성장도 경험될 수 있다. 당신은 삶에서 분노와 회한과 부정적인 생각들에 깊이 사로잡혔던 적이 있을 것이다. 그것이 어떤 기분인지를 당신은 안다. 그리고 그런 기분일 때 당신이 타인들에 대해 어떤 느낌을 느끼는지도 안다. 가슴의 느낌이 어떠하며 어떤 생각과 행위가 나오는지를 안다. 그 공간을 당신은 잘 안다. 그것은 철학이 아니라 직접적인 경험이다.

그 부분을 지나서 성장하면 당신은 그 긴장과 불안의 느낌으로부터 떠나온다. 당신이 앉은 내부의 장소로부터 그 낮은 진동수의 구름이 점점 멀어져 갈 것이다. 구름은 아직도 거기 있을지 모르지만 자신을 그것과 동일시하거나 붙잡고 있지 않는 한 그것이 더 이상 당신을 사로잡을 수가 없다. 낮은 수준의 진동을 풀어놓으면 당신은 저절로 그것이 자신이라거나 당신이 그것과 상관이 있다는 생각을 그치게 된다. 그것을 놓아 보내면 당신의 영Spirit이 떠오른다.

당신의 영이 떠오르는 것을 어떻게 알 수 있을까? 자신이 숨을 쉬고 있음을 아는 것과 똑같이, 심장이 뛰고 있음을 아는 것과 똑같이, 당신이 생각을 하고 있음을 아는 것과 똑같이 그것을 알 수 있다. 당신은 그 안에 있고, 그것을 직접 경험한다.

떠오른다는 것은 무슨 뜻일까? 그것은 자신의 내부로 더욱 깊이 가라앉는 경험이다. 당신은 더 이상 낮은 차원의 자아에 붙들려 있지 않으므로 내면이 더욱 넓어지는 것을 느끼기 시작한다. 당신과 내면의 생각이나 감정들 사이에 거리가 더 멀어진 것을 느낀다. 당신은 안으로 들어갔다가 위로 떠오른다.

떠오르는 것은 어떤 느낌일까? 당신은 분노와 두려움과 자의식을 전처럼 많이 느끼지 않는다. 이전처럼 자주 가슴을 닫고 긴장하지 않는다. 당신이 원하지 않는 일이 아직도 일어나지만 그것이 당신을 크게 건드리지 않는다. 그것이 당신이 있는 깊숙한 곳까지 도달하지 않는다. 왜냐하면 당신은 사건에 반응하는 당신의 부분 뒤로 떨어져 나왔기 때문이다. 이것은 어디서 듣는 것이 아니라 당신이 실제로 경험하는 것이다. 당신 존재의 낮은 진동을 놓아 보낼 때 저절로 일어나는 일이다. 당신은 내면으로 깊숙이 들어가서 더 깊은 진동으로 떠오른다.

당신은 어디로 가는 것일까? 자신에게 무슨 일이 일어나고 있는지를 이해할 만한 아무런 바탕이 없어도 여전히 당신은 어딘가로 가고 있는, 부정할 수 없는 경험을 하고 있다. 당신은 자신의 영적 존재 속으로 들어가고 있음을 느끼기 시작한다. 존재의 육체적, 심리적 부분과의 관계를 줄여 가면, 당신은 순수한 에너지의 흐름과 더욱 깊이 동화되기 시작한다.

형상보다 영과 더 깊이 동화되는 것은 어떤 느낌일까? 당신은 불안과 긴장을 느끼며 돌아다니곤 했다. 이제 당신은 사랑을 느끼며 걸어 다닌다. 아무런 이유도 없이 그저 사랑을 느낀다. 당신의 배경이 사랑이다. 당신의 배경이 열림과 아름다움과 음미이다. 그렇게 느끼려고 일부러 어떻게 할 필요가 없다. 그것이 영의 느낌이다. 평상시 몸의 느낌이 어떠냐고 묻는다면 당신은 대개 한두 군데 불편한 느낌이라고 할 것이다. 마음은 어떤가? 당신이 정말 솔직하다면 아마도 불만과 두려움으로 꽉 차 있다고 대답할 것이다. 그러면 영은 보통 어떤 느낌일까? 진실을 말하자면, 그것은 언제나 좋은 느낌, 언제나 고양된 느낌이다. 그것은 언제나 열려 있고 가벼운 느낌이다.

이 때문에 당신은 자연히 자신의 영적인 부분에 점점 더 중심을 두기 시작한다. 영을 찾아다니는 것이 아니라 그것이 아닌 것들을 다 놓아 보냄으로써 그렇게 한다. 그 밖에는 정말 다른 길이 없다. 개인적 자아는 영을 만날 수 없다. 개인적 자아는 놓아 보내야 한다. 그것을 놓으면 당신은 내면으로 들어간다. 더 깊이 들어가면 높아진다. 진동수가 높아지고 느끼는 사랑과 가벼움의 정도가 높아진다. 당신은 솟아오르기 시작한다. 당신은 갈수록 빠른 속도로 계속 발전해 간다.

당신 존재의 육체적, 감정적, 정신적 측면들을 기꺼이 놓아 보내고 나면 영이 당신의 상태가 된다. 당신은 자신에게 무슨 일이 일어나고 있는지를 다 알고 있노라고 주장하지 않는다. 그저 내면으로 들어가면 갈수록 경험이 점점 더 아름다워짐을 알 뿐이다. 다양한 전통의 위대한 성자와 현자들이 묘사하는 그 진동을 자연스럽게 경험하기 시작한다. 당신 또한 깊은 영적 체험을 하고 '주의 날에 영 안에' 요한계시록 1장 10절 거할 수 있음을 깨닫는다.

하지만 과연, 당신이 신에 대해 무엇을, 어떻게, 알 수나 있을까? 당신 너머에 있는 무엇에 대해 당신이 어떻게 알 수가 있는가? 당신은 그 너머로 갔다가 돌아온 사람들이 당신이 경험하고 있는 영이 곧 신에 이르는 문이라고 말한 것을 안다. 자기 존재의 낮은 차원의 측면들을 놓아 보냈을 때 그들은 당신이 경험하고 있는 바로 그것을 경험했다. 그들은 엄청난 사랑과 영과 빛이 내면에서 일깨워지는 것을 느꼈다. 그들은 감각기관을 통해서는 지금 그들의 안에서 일어나고 있는 것보다 더 높은 것이 들어올 수가 없다고 느꼈다. 그들은 더 깊이 안으로 들어가고 더 위로 떠올랐다. 그러다가 어느 날 갑자기, 그들은 사라졌다. '나'라는 느낌이 더 이상 없었다. 사랑과 빛을 경험하고 있는 분리된 나의 느낌이 없어졌다. 그저 사랑과 빛 속으로 녹아들어 끝없이 확장해 가는 참나의 느낌만이 존재했다. 마치 한 방울의 물이 대양 속으로 합쳐지듯이.

자신을 하나의 개인으로 인식하는 의식의 물방울이 충분히 깊숙이 들어가면 그것은 대양 속에 떨어진 물방울처럼 된다. 아트만영혼이 파람아트만 Paramstman(지고의 영혼) 속으로 떨어지는 것이다. 개인의 의식이 우주적 일체성 속으로 떨어진다. 그것이 끝이다.

그런 일이 일어날 때 사람들은 이런 흥미로운 말을 한다. '나와 아버지는 하나다.' 요한복음 10장 30절, '너희에게 하는 이 말은 내가 하는 것이 아니요 내 안에 거하는 아버지께서 하시는 것이니.' 요한복음 14장 10절

그들은 모두 이런 식으로 말했다. 그들은 신의 우주적 일체성 속에서 하나가 되었고, 그 안에는 차별이 존재하지 않았다고 한다. 개인의 영인 의식의 물방울은 태양으로부터 비쳐오는 한 줄기의 빛살과도 같다. 각각의 빛살은 태양과 실로 다름없다. 의식이 자신을 빛살과 동일시하기를 그치면 자신이 태양임을 깨닫는다. 존재들은 그런 상태 속으로 녹아든다.

요한복음에서 그리스도는 이렇게 말한다. '이들이 모두 하나 되게 하소서. 아버지, 당신은 내 안에 있고 나는 당신 안에 있듯이 이들도 우리 안에서 하나이기를…… 나는 이들 안에 있고 당신은 내 안에 있으니 이들도 온전히 하나 되기를…….' 요한복음 17장 21-23절 힌두교의 베다도 그렇게 가르쳤고 유대교의 카발라도 그렇게 가르쳤고 위대한 수피 신비 시인도 그렇게 썼다. 그리고 모든 시대 모든 위대한 종교 전통들도 그렇게 가르쳤다. 그러한 상태가 존재한다. 우리는 우주적 절대자 속으로 녹아들 수 있다. 신 속으로 녹아들 수 있다.

이것이 신에 대해 아는 방법이다. 당신은 신과 하나가 된다. 궁극적

으로, 신에 대해 아는 유일한 방법은 자신을 그 속으로 녹아들게 하고 무엇이 일어나는지 보는 것이다. 이것은 우주 의식이며, 이처럼 깊은 경지를 성취한 존재들의 특징은 모든 종교에서 유사하다.

신을 향한 이 길을 가는 사람에게는 어떤 일이 일어날까? 가는 동안에 어떤 변화를 겪게 될까? 이것을 이해하려면 모든 창조물과 동식물과 자연의 모든 아름다움에 대해 엄청난 사랑을 느끼기 시작할 때 어떤 일이 일어날지를 상상해 보면 된다. 모든 아이들이 마치 내 자식 같고 만나는 모든 사람들이 저마다의 고유한 색깔과 모양과 소리와 표현법을 지닌 아름다운 꽃처럼 보인다면 어떨지를 상상해 보라. 깊이, 더 깊이 들어가다 보면 놀라운 사실을 발견하게 될 것이다. 당신은 더 이상 분별과 심판을 하지 않는다. 분별과 심판의 작용이 그저 멎어 버리는 것이다. 오로지 음미와 감사와 존중만이 있다. 단정과 비판만 있던 곳에 이제는 존경과 사랑과 소중히 여기는 태도가 있다. 가리고 따지는 것은 분별이요 심판이다. 보고 경험하고 존중하는 것, 이것이 뒷전에서 심판하지 않고 삶 속으로 뛰어드는 것이다.

아름다운 식물원을 거닐면 마음이 열리고 가벼워짐을 느낀다. 사랑을 느낀다. 아름다움을 느낀다. 잎이 왜 이렇게 생기고 저렇게 달렸는지를 따지지 않는다. 잎사귀들은 저마다 크기와 모양이 다르고 달린 모습이 다르다. 그것이 아름다움을 만들어낸다. 사람들에 대해서 이처럼 느낀다면 어떨까? 사람들이 모두 똑같은 옷을 입고 똑같은 생각을 하고 똑같은 행동을 할 필요가 없다면 어떨까? 그들이 꽃과 같아서 어떻게 생겼든 간에 다 아름답게 보인다면 어떨까?

그런 일이 일어날 때 당신은 신을 힐끗 본다. 그것이 신을 아는 최선의 방법이다. 당신이 그에게로 다가가는 동안 어떤 일이 일어나는지를 잘 살펴보라. 그것이야말로 신에 대해 뭐든 알 수 있는 유일한 방법이다. 어떤 책을 통해 신을 알려고 한다면 그와 반대로 써놓은 다른 책을 발견할 것이다. 그뿐인가, 같은 책에 대한 다섯 가지의 다른 해설서를 발견할 것이다. 누가 어떤 것을 쓰면 다른 사람이 그것이 잘못임을 입증하는 논문을 써서 박사학위를 받을 것이다. 신을 향한 당신의 추구를 정신적 차원으로 끌고 내려오면 누군가가 거기에 반박을 가할 것이다. 그것은 모두가 마음의 게임이다.

그런 식으로는 신을 알 수가 없다. 그것은 실질적 체험을 통해서 와야 한다. 명상을 할 때 일어나는 일이 그것이다. 낮은 차원의 자아를 놓아 보낼 때 일어나는 일이 그것이다. 당신은 영Spirit 속으로 밀려들어 가고, 그러는 동안 내면에서 변화가 일어난다. 해야 할 일은 단지 그것을 알아차리는 것뿐이다. 당신은 신성한 본성을 향해 이끌리는 자신을 발견할 것이다. 더 깊이 들어갈수록 이 자연스러운 본성이 내면에서 활짝 피어나는 것을 발견하게 될 것이다. 옮기는 걸음마다 그러한 신성의 경지에 머문다는 것이 어떤 것인지를 더욱 뚜렷이 알게 될 것이다.

신성한 힘의 존재를 아는 사람들이 있다. 그들은 신성 의식Divine Consciousness이 실재함을 알 정도로 충분한 내적 체험을 했다. 그들은 전지전능하고 편재하며 모든 것을 동등하게, 늘 인식하고 있는 어떤 힘을 일별했다. 그것은 삼라만상을 의식한다.

신성의 경지에서는 창조계가 어떻게 보일까? 초월세계로 가서 신의 눈으로 우주를 본 이들은 무엇을 보았을까? 그들은 분별과 심판이 없음을 본다. 분별과 심판은 오래 전에 사라졌다. 구경할 아름다운 것들만 많다. 그들은 이렇게 느낀다. '이제 나는 모든 꽃들을 동시에 볼 수 있다. 이제 난 나의 모든 아이들과 나의 다채로운 분신들이 무엇을 하고 있는지를 경험할 수 있다. 이제 나는 내 창조물들의 모든 다양한 표현과 행위에 대해 더 많은 사랑과 연민과 이해와 찬탄을 느낀다.' 이것이 성자들이 느끼는 것이다. 진정한 성자는 신과 함께 머문다.

신은 심판하지 않는다는 것이 정말 사실이라면 어떨까? 신은 사랑이라면? 진정한 사랑은 심판하지 않는다는 것을 우리는 모두 알고 있다. 사랑은 대상 속에서 오로지 아름다움밖에 보지 않는다. 불순한 것은 존재하지 않는다. 불순한 것이 있을 수가 없다. 무엇을 바라보든 모두가 아름답다. 이것이 진정한 사랑이 보는 방식이다. 이것이 사랑의 눈에 비치는 세상이다. 그러니 만약 신이 사랑이라면, 무한한 사랑과 조건 없는 연민으로 충만한 그 눈에는 세상이 어떻게 보여야 할까?

누군가를 진정으로 사랑해 본 적이 있다면 진정한 사랑이 무엇을 뜻하는지를 알 것이다. 그것은 상대방을 나 자신보다 더 사랑하는 것을 뜻한다. 누군가를 진정으로 사랑하면 당신의 사랑은 그의 인간적 면모 너머를 바라본다. 당신의 사랑은 과거의 잘못과 현재의 결점을 포함해서 그의 온 존재를 보듬어 안는다. 그것은 어머니의 무조건적인 사랑과 같다. 어머니는 육체적, 정신적으로 문제가 있는 아이에게 자신의 온 삶을 바친다. 그녀는 아이가 아름답다고 생각한다. 그녀는 아이의 결점에 눈길을 주지 않는다. 사실 그녀는 그것이 결점이라고 생각지도 않는다.

　이것이 신이 자신의 창조물을 바라보는 방식이라면 어떤가? 당신이 이와는 다르게 들어왔다면 혼란스러울 것이다. 당신은 신성의 힘에 의해 온전히 보호 받고 사랑 받고 존중 받는 느낌을 느끼도록 고무 받는 대신, 신은 인간을 심판한다고 배워 왔다.

　그렇게 배웠으므로 당신은 죄책감과 두려움을 느낀다. 하지만 죄책감과 두려움은 신성에 이르는 통로를 열어 주지 않는다. 그것은 단지 가슴을 닫아거는 역할을 할 뿐이다. 그러나 사실은, 신은 사랑이고, 당신이 직접 그것을 확인할 수 있다. 한순간만이라도 당신이 누군가를 진정한 사랑의 눈으로 바라볼 수 있다면 당신은 그 눈이 자신의 눈이 아님을 깨달을 것이다. 당신의 눈은 결코 그토록 큰 사랑으로서 누군가를 바라볼 수 있었던 적이 없었다. 당신의 눈은 그처럼 무조건적이었던 적이 없었다. 백만 년을 바라본다고 해도 당신의 눈으로는 상대방에게서 오로지 아름다움과 전적인 완벽함만을 보았던 적이 없었다. 그 눈은 당신을 통해 굽어보는 신의 눈이다.

당신을 통해 무엇을 주기 위해 신이 손을 뻗칠 때, 주고 싶지 않은 것은 없다. 당신은 마지막 숨결을 내주고도 그것을 기억조차 하지 않을 것이다. 주저하는 생각 따위는 마음을 스치지도 않을 것이다. 사랑하는 이를 위해 무엇이든, 모든 것을 다 내줄 것이다. 이처럼 깊은 사랑을 느낄 때, 당신은 그것이 당신보다 훨씬 더 큰 무엇으로부터 오는 것임을 느낀다. 그것은 초월적인 사랑이다. 그것은 거룩하고 조건 없고 이기심 없는 사랑이다. 스승들은 그런 사랑을 이야기했다. 저 너머의 세계를 가본 이들은 그것이 우리가 영 속으로 들어가면 이르게 될 경지라고 했다. 그것은 영이 자신의 창조물을 바라보는 방식이다. 이것이 당신이 배웠어야 할 사실이다. 당신은 무엇을 하든, 무엇을 했든, 언제나 신의 사랑을 받을 것이다.

예수는 제자들에게 집을 나가 재산을 탕진하고 돌아온 탕아의 이야기를 들려주었다. 그가 도움을 구해 집으로 돌아왔을 때 아버지는 일을 하며 집에 남아 있었던 아들보다도 더 반갑게 그를 맞이했다. 예수는 이것을, 다른 아들은 언제나 집에 있었지만 탕아는 잃어버렸으므로 아버지가 늘 그리워했기 때문이라고 설명했다. 거기에는 심판이 없었다. 오직 사랑밖에 없었다. 누가복음 15장 11-32절

예수는 또 말했다. '너희들 가운데 죄 없는 자가 먼저 돌을 던져라.'

요한복음 8장 7절 그는 무엇을 가르쳤는가? 무슨 말을 했는가? 그는 이 세상을 어떻게 바라보았는가? 그는 완전히 자기 없는, 연민에 찬 사랑을 가르쳤다. 그는 도둑과 강도와 나란히 십자가에 매달렸다. 도둑이 예수에게 자기를 기억해 달라고 하자 예수는 그가 자신과 함께 낙원에 들어가리라고 말했다. 누가복음 23장 39-43절 그가 십자가에 매달렸을 때 처음으로 한 말은 무엇이었는가? '아버지, 저들을 용서하소서. 저들은 자신이 무슨 짓을 하고 있는지를 모르나이다.' 누가복음 23장 34절 이것이 어머니의 사랑이다. 이것이 어머니가 자식들에 대해 하는 말이다. 그 사랑과 연민은 너무나 깊어서 아이들은 잘못을 저지를 수가 없다. 어머니가 자기 없는 사랑을 할 수 있을진대 사랑의 창조자인 신이야 말할 필요가 있겠는가?

  신이 이 세상을 어떻게 바라보는지 알고 싶은가? 그가 온갖 부류의 사람들에 대해 어떻게 느끼는지를 알고 싶은가? 그렇다면 태양을 보라. 태양이 성자는 다른 사람보다 더 밝게 비춰 주는가? 성자는 숨 쉴 공기를 더 많이 받는가? 비가 이웃집 나무에 더 많이 내리는가?

  햇빛을 외면하고 수백 년 동안 어둠 속에서 살 수 있다. 하지만 빛을 향하기만 하면 그것은 여전히 거기에 있다. 그것은 수백 년 동안 그 환한 빛을 즐겼던 사람들과 똑같이 당신을 위해서도 늘 거기에 있었다. 자연의 모든 것은 이와 같다. 나무의 열매는 모든 사람에게 기꺼이 자신을 내준다. 자연의 어떤 힘이 사람을 차별하는가? 인간의 마음 외에

신의 그 어떤 창조가 심판하겠다고 나서는가? 자연은 누구든 받겠다면 그저 주고 또 준다. 받지 않겠다고 해도 그 때문에 벌 받지 않는다. 받지 않기로 함으로써 당신이 스스로 자신을 벌하는 것일 뿐이다. 당신이 빛을 향해, '난 너를 바라보지 않겠어. 난 어둠 속에서 살 거야.'라고 해도 빛은 그저 계속 비춘다. 당신이 신께, '나는 당신을 믿지도 않고, 당신과는 볼일이 없어.'라고 해도 창조계는 여전히 당신을 부양한다.

당신의 신과의 관계는 태양과의 관계와도 같다. 몇 년 동안 태양을 외면했다가 어둠 속에서 나오기로 했더라도 태양은 당신이 떠난 적이 없었다는 듯 여전히 빛나고 있을 것이다. 당신은 사과할 필요도 없다. 그저 머리를 들어 태양을 바라보기만 하면 된다. 당신이 신을 향하기로 마음먹었을 때도 마찬가지다. 그냥 그렇게 하면 된다. 그러지 않고 거기에 죄책감과 부끄러움이 끼어들게 한다면 그것은 단지 신성한 힘을 가로막는 당신의 에고일 뿐이다. 당신은 신성을 막을 수 없다. 신성의 본질은 빛이요, 사랑이요, 연민이요, 가호요, 베풂이기에. 그것은 태양과 같다. 당신은 태양이 당신을 비추지 못하게 막을 수 없다. 오직 그것을 바라보지 않기로 마음먹을 수 있을 뿐이다. 바라보기만 하면 그것이 거기에 있는 것을 볼 것이다.

영 속으로 들어가면 그것이 이 세상을 굽어보는 눈임을 깨닫게 될 것이다. 그것은 만물과 모든 사람을 굽어 비추는 가슴이다. 그 눈을 통해 보면 가장 비참한 피조물도 아름다워 보인다. 이것이 아무도 이해하지 못하는 부분이다. 사람들은 신이 이 지구를 내려다보고 운다고 한다. 성자들은 신이 이 지구를 내려다볼 때면 어떤 조건에서도 언제나 환희에 젖는다고 한다. 황홀경만이 신이 아는 유일한 것이다. 신의 본성은 영원한 의식적 지복이다. 당신이 어떤 짓을 하더라도, 거기에 흠을 입히지 못한다.

멋진 것은, 당신도 이 황홀경을 경험할 수 있다는 것이다. 그리고 당신이 이 환희를 경험하기 시작할 때, 그것이 신의 본성을 이해하게 되는 때이다. 그러면 어느 누구도 당신을 화나게 하거나 실망하게 하지 못한다. 어떤 것도 문제를 일으키지 못한다. 모든 것이 당신 앞에 펼쳐지는 창조계의 아름다운 춤사위로 보일 것이다. 당신의 평상 상태는 점점 더 높이 고양될 것이다. 당신은 부끄러움 대신 사랑을 느낄 것이다. 자신이 한 말이나 행위 때문에 신을 향해 눈을 들기가 두렵기는커녕 당신은 신을 조건 없는 평온한 안식처로 알게 될 것이다.

이것을 깊이 생각하라. 그리고 심판하는 신이라는 관념을 놓아 보내라. 당신은 사랑 깊은 신을 가졌다. 사실은, 사랑 자체가 곧 신이다. 그리고 사랑은 사랑밖에 못 한다. 당신의 신은 환희 속에 있으며, 당신은 그것을 말릴 수 없다. 그리고 신이 환희 속에 있다면 그가 당신을 바라볼 때, 그는 과연 무엇을 볼까?

## 참 고 문 헌

Freud, Sigmund. 1927. *The Ego and the Id.* Authorized translation by Joan Riviere. London: Leonard & Virginia Woolf at the Hogarth Press, and the Institute of Psycho-Analysis.

*Holy Bible: King James Version.* Grand Rapids, MI: Zondervan.

Maharshi, Ramana. 1972. *The Spiritual Teachings of Ramana Maharshi.* Copyright 1972 by Sri Ramanasramam. Biographical sketch and glossary copyright 1998 Shambhala Publications, Inc. Boston: Shambhala Publications, Inc.

Merriam-Webster. 2003. *Merriam-Webster's Collegiate Dictionary.* 11th ed. Springfield, MA: Merriam-Webster.

*Microsoft Encarta Dictionary* by Microsoft. Accessed April 17, 2007. http://encarta.msn.com/encnet/features/dictionary/dictionaryhome.aspx.

Plato. 1998 edition. *Republic.* Translated with an introduction and notes by Robin Waterfield. New York: Oxford University Press, Inc.

Yamamoto, Kosho. 1973 edition. *The Mahaparinirvana Sutra.* Translated from the Chinese of Kumarajiva. *The Karin Buddhological Series No.5.* Yamaguchi-ken, Japan: Karinbunko.

### 감 수 의 글

마이클 싱어의 저서 『상처받지 않는 영혼 The Untethered Soul』은 대단히 흥미로운 책입니다. 이미 적지 않은 수의 명상 서적이 시중에 나와 있지만, 이 책은 여러 모로 주목할 만합니다. 영어 원제가 간명하게 보여 주듯 우리의 영혼을 속박이나 굴레 tether, 즉 자신을 규정하는 한계로부터 자유롭게 하는 방법에 대한 논의가 이 책의 요지입니다. 요컨대 명상은 우리의 영혼을 자유롭게 하는 방법이라는 거지요. 그 의미를 조금 더 자세하게 살펴볼까요.

　명상이란 도대체 무엇일까요? 명상의 근본 목적은 무엇이고, 우리는 왜 명상을 해야 할까요? 여러 종교의 명상 수행법 중에서 더 효과적인 방법이 과연 있을까요? 인간이 달나라에 간 지 한참이 지난 오늘날에도 여전히 명상은 의미가 있을까요? 이런 의문들은 우리가 명상이라는 단어를 접하게 될 때 자연스럽게 떠올리는 물음들입니다. 하지만 답을 찾는 일이 그리 쉽지 않다는 점을 우리는 쉽사리 짐작할 수 있습니다. 마이클 싱어는 이처럼 꼬리에 꼬리를 무는 당혹스러운 물음에 적절하고 균형 잡힌 해답을 제시합니다.

　저자에 따르면 명상은 내가 누구인지를 알게 만듭니다. 그런데 나를 안다는 것은 무슨 의미일까요? 자의식적 존재인 인간이 스스로 '의식'의 신비를 알게 되는 것이 명상의 요체라는 것입니다. 여기에는 인간 의식은 그 전모가 쉽사리 파악되는 단순한 실체가 아니라는 전제가 깔려 있습니다. 덧붙이자면, 의식적 존재인 인간이 자신의 의식을 활용해 그 의식의 신비를 알게 된다는 기묘한 역설이기도 하지요. 주지하다시피 나라는 개체 외부에는 무한한 우주 Outer Space 가 펼쳐져 있습니다. 동시에 에리히 프롬 Erich Fromm 이 잘 지적한 것처럼 우리 내면에도 그 끝을 알 수 없는 광활한 공간 Inner Space 이 엄연히 존재합니다. 일견 작아 보이는 각 개체마다 어떻게 이토록 무한한 의식이 내재할 수 있을까요. 이 점에서 명상은 내면에 태생적으로 갖추어져 있는 무한한 차원을 탐구함으로써 존재의 신비와 경이로움을 인식하고, 그 비범한 통찰과 지혜를 자신의 삶에 적용하는 움직임으로 정의될 수 있습니다. 그런데 이렇게 명료하게 정의될 수 있는 명상은 현대에 이르러 사뭇 다른 상황을 맞이했습니다.

무엇보다 현대는 종교의 자유가 철저하게 구현되는 다종교 사회입니다. 일부 사회를 제외하고 종교는 개인이 자유롭게 선택할 수 있는 대상이 되었습니다. 심지어 우리는 종교의 폐해를 비판하면서, 무종교인이 될 수 있는 자유마저도 누리고 있습니다. 또 그 어느 때보다 높은 수준으로 체계화된 유물론적 세계관은 종교의 무용성無用性을 철학적으로 뒷받침해 주고 있습니다. 이런 여러 사정이 결합되어 우리는 인류사에 유례가 없었던 종교적 자유를 향유하고 있지요.

그런데 현대적 정황은 고대에서부터 발전되어 온 명상에 마치 양날의 칼처럼 작용합니다. 종교가 주장하는 초월적 차원을 받아들이지 않는 사람들에게 명상은 그저 허망한 노력에 불과합니다. 내면세계의 탐구를 통해 우리가 미처 알지 못했던 의식의 차원을 발견할 수 있다는 주장은 그들에게 그리 매력적으로 들리지 않겠지요. 동시에 현대의 다종교 상황은 특정한 명상 기법이 특정 종교 전통에 의해 더 이상 독점될 수 없게 만들었으며 그 독특성과 의미에 관해서도 쉽사리 간과할 수 없는 의문을 제기하고 있습니다. 열린 마음을 가진 사람들이라면 이제는 어떠한 명상법이라도 얼마든지 자유롭게 시험해 보고 있습니다. 이처럼 다양한 명상 기법이 널리 알려지고, 채택되면서 특정 명상법의 절대적 우월성을 주장하기가 곤란하게 된 상황은 명상이 도대체 무엇이고, 더 효과적인 명상법이 있는가라는 물음을 더욱더 절실한 것으로 만듭니다. 달리 표현하자면 특정 종교 전통이 발전시킨 명상법이 다른 종교를 가진 사람들, 혹은 종교가 없는 사람들에게 어떤 의미와 효과를 지니는지 진지하게 묻지 않을 수 없게 된 것입니다.

이 책은 이러한 현대적 궁금증에 적절한 답을 제시하고 있습니다. 무엇보다 저자는 우리가 주고받는 일상적인 단어를 사용해 명상의 의미와 구체적인 방법을 꼼꼼하게 되짚어 나갑니다. 저자의 저술 방식은 그저 기술 방식의 독특성으로 보이기 쉽습니다만, 그 이면에는 참으로 깊은 의미가 숨겨져 있다고 생각됩니다. 그저 평범한 것으로 보이는 우리의 의식이 명상을 통해 숨 막힐 정도로 경이로운 차원을 드러낼 수 있는 것처럼 말이지요.

저자 마이클 싱어는 젊은 시절 우연한 기회에 갖게 된 내면적 체험으로 수행 전통에 본격적으로 입문했습니다. 자신의 직접적인 체험에 뿌리를 둔 탓일까요. 이 책은 특정 종교 전통의 언어가 아닌, 참으로 일상적이고 쉬운 단어를 사용해 명상이라는 난해한 주제를 다룹니다. 이 과정에서 명상의 목적과 의미, 그리고 궁극적인 지향점이 무엇이어야 하는지를 자신의 경험에 기초해 명료하게 제시하고 있습니다. 이런 태도는 명상이 종교가 없는 사람들에게도 어떤 의미를 갖는지와 각기 다른 종교 전통의 상이한 명상법을 어떻게 이해할 것인가와 같은 어려운 질문에 적절한 해답을 제공한다고 믿습니다. 저자는 명상을 특정 종교 전통의 소유물이 아니라, 모든 개인이 자신의 삶에서 실천할 수 있는 그 무엇으로 제안합니다. 심지어 종교가 없는 사람에게도 말이지요. 요컨대 명상이란 초자연적 능력이나 우리 삶을 일거에 변화시키는 비범한 통찰의 획득이 아닌 온갖 일상적 사건에도 흔들리지 않는 자기중심을 찾고, 내면적 평화를 유지하게 만드는 삶의 기술이라는 주장이지요.

나아가 저자는 그의 주장을 세심하게 펼치고 있습니다. 명상이 어떻게 가능하며, 그 목적이 무엇인지를 논리적 흐름에 따라 크게 다섯 부분으로 나누어 소개하는 방식을 택하고 있습니다. "잠든 의식을 일깨우기", "에너지를 경험하기", "자기를 놓아 보내기", "그 너머로 가기", "삶을 살기"가 그것입니다. 일상적 언어를 활용한 꼼꼼한 기술 방식은 대단히 친절할뿐더러, 종교가 선택의 대상인 다종교 상황에서 명상의 중요성과 의미를 소개하는 가장 효과적인 태도로 여겨집니다. 책의 결론 역시 명료합니다. 명상을 통해 "가장 높은 영성의 길은 삶 그 자체"라는 점과 우리가 찾을 가장 높은 지혜는 "중도의 길"을 취하라는 점을 인식하고, "심판"이 아닌 "사랑"을 삶 속에서 구현하라는 것입니다.

그 어느 때보다 치열한 경쟁과 급격한 변화를 겪고 있는 현대에 명상으로 상징되는 '느린 삶', '치유', '전일성'에 대한 관심이 폭발적으로 일어나고 있습니다. 아마도 균형을 회복하려는 자연스러운 움직임이겠지요. 이제 명상은 소수의 사람들에게 초월적 통찰을 주거나 혹은 초자연적이고 신비스러운 능력을 얻게 만드는 통로로만 기능할 수 없게 되었습니다. 동시에 인간 의식이 더 이상 신비mystery를 품고 있지 않다는 견해에 강력한 반례로 기능한다는 점에서 명상은 극단으로 치닫는 현대인들의 삶에 균형과 조화를 부여합니다. 이것이 바로 오늘 우리가 새삼 명상에 주목해야 할 이유가 아닐까요?

그리 길지 않은 분량임에도 불구하고 명상의 현대적 의미와 중요성을 참으로 친절하게 되짚어 주는 이 책이 독자들에게 소개되어 무척 기쁩니다. 일견 평범해 보이는 일상적 삶의 이면에 경이로운 신비가 숨겨져 있다는 가슴 뛰는 진실을 이 책을 통해 확인할 수 있기를 기원합니다.

성해영 서울대학교 종교학과 교수

상처받지 않는 영혼

초판 1쇄 발행 2014년 5월 8일
개정판 1쇄 발행 2025년 6월 20일
개정판 2쇄 발행 2025년 9월 25일

지은이 | 마이클 A. 싱어
옮긴이 | 이균형
감수자 | 성해영

발행인 | 정상우
편집인 | 주정림
디자인 | 석운디자인
펴낸곳 | (주)라이팅하우스
출판신고 | 제2022-000174호(2012년 5월 23일)
주소 | 경기도 고양시 덕양구 으뜸로 110 오피스동 1401호
주문전화 | 070-7542-8070 팩스 | 0505-116-8965
이메일 | book@writinghouse.co.kr
홈페이지 | www.writinghouse.co.kr

한국어출판권 ⓒ 라이팅하우스, 2014
ISBN 979-11-93081-14-3 (03180)

- 이 책은 저작권법에 따라 보호받는 저작물이므로 무단 전재와 복제를 금지하며, 이 책 내용의 전부 또는 일부를 이용하려면 반드시 저작권자와 라이팅하우스의 서면 동의를 받아야 합니다.
- 라이팅하우스는 독자 여러분의 원고 투고를 기다리고 있습니다. 출판하고 싶은 원고가 있으신 분은 book@writinghouse.co.kr로 기획 의도와 간단한 개요를 연락처와 함께 보내 주시기 바랍니다.
- 파손된 책은 구입하신 서점에서 교환해 드리며 책값은 뒤표지에 있습니다.